新时代大学生理想信念教育
常态化研究

XINSHIDAI DAXUESHENG LIXIANG XINNIAN JIAOYU
CHANGTAIHUA YANJIU

卢翠荣 著

河北科学技术出版社

·石家庄·

图书在版编目（CIP）数据

新时代大学生理想信念教育常态化研究 / 卢翠荣著. -- 石家庄：河北科学技术出版社，2023.6
 ISBN 978-7-5717-1635-6

Ⅰ. ①新… Ⅱ. ①卢… Ⅲ. ①大学生－思想政治教育－研究－中国 Ⅳ. ①G641

中国国家版本馆CIP数据核字(2023)第104966号

新时代大学生理想信念教育常态化研究
XINSHIDAI DAXUESHENG LIXIANG XINNIAN JIAOYU CHANGTAIHUA YANJIU

卢翠荣 著

责任编辑：	李 虎
责任校对：	徐艳硕
美术编辑：	张 帆
封面设计：	蔡惠萍
出版发行：	石家庄市友谊北大街330号（邮政编码：050061）
印 刷：	河北万卷印刷有限公司
经 销：	新华书店
开 本：	787mm×1092mm 1/16
印 张：	16.25
字 数：	260千字
版 次：	2023年6月第1版 2023年6月第1次印刷
书 号：	978-7-5717-1635-6
定 价：	98.00元

前 言

习近平总书记强调："理想指引人生方向，信念决定事业成败。没有理想信念，就会导致精神上'缺钙'。"大学生是新时代中国特色社会主义事业的生力军。大学生理想信念状况不仅关系着自身成长，也关系着国家和民族未来，更关系着全面建成社会主义现代化强国目标和中华民族伟大复兴中国梦的实现。大学生理想信念的确立和巩固不是一蹴而就的，需要一个长期培养、持续磨砺、不断践行的过程。党的十八大以来，党和国家高度重视大学生理想信念教育，党的十九届四中、五中、六中全会均明确提出了"推进理想信念教育常态化制度化"的要求。这是新时代大学生理想信念教育的根本遵循和行动指南。

本书主体内容共有五部分。

第一部分：新时代大学生理想信念教育常态化的理论释义。新时代背景下，大学生理想信念教育常态化必须坚持以习近平新时代中国特色社会主义思想为指导，突出大学生理想信念教育在思想政治教育中的核心地位，在日常教育教学中全方位融入、全过程渗透、全员参与，使大学生理想信念教育形成一种经常性、生活化的状态，构建规范有序、科学高效的长效运行机制，引导大学生牢固树立马克思主义信仰和社会主义、共产主义信念，以坚不可摧的理想信念抵御和防范各种腐朽思想、错误言行的影响与冲击，成为中国特色社会主义事业的合格建设者和可靠接班人。

第二部分：新时代大学生理想信念教育常态化的理论基础。马克思主义理想信念教育理论蕴含的经常性、持久性教育思想，为大学生理想信念教育常态化提供了理论支撑。大学生理想信念教育常态化要从大学生的现实生活世界出发，将日常生活作为最基本的教育场域，用马克思主义中国化的最新理论成果强化大学生的思想武装，并自觉转化为日常行动。大学生理想信念教育常态化是准确把握事物发展变化的运动规律，深刻领会思想认识从量变到质变的积累过程，通过绵绵用力、久久为功，形成理想信念教育持久稳定的状态。根据理想信念教育一般规律理论，在实际教育中要注重反复施教，强化渗透转化，通过反复抓、抓反复，看到大学生在反复教育中的细微进步，循循善诱、循序渐进，促进理想信念不断巩固。

第三部分：新时代大学生理想信念教育常态化的现实依据。进入新时代历史方位，中国正处于百年未有之大变局，大国之间的博弈与较量日益加剧，意识形态领域的斗争更加尖锐。进入新发展阶段，随着物质生活的日益丰富，"精神贫困"现象对大学生的成长成才带来了较大影响。全媒体时代，多元化的教育环境和纷繁复杂的网络文化使大学生的思想观念不断受到冲击。普及化教育阶段，高等教育规模持续增加，教育主客体素质参差不齐。如何有效解决存在的问题、应对新的挑战，迫切需要推进大学生理想信念教育常态化。一方面，以常态化理念开展理想信念教育，能够巩固马克思主义在意识形态领域的指导地位，落实立德树人根本任务，促进大学生全面发展。另一方面，从常态化视角开展理想信念教育，有利于"教化式"向"浸润式"教育、"漫灌式"向"滴灌式"教育、"有意识"向"无意识"教育、"粗放型"向"精细化"教育转变，增强大学生理想信念教育的实效性。

第四部分：新时代大学生理想信念教育常态化的现状与分析。通过对新时代大学生理想信念教育常态化现状的调查研究发现，近年来党和国家持续出台常态化教育的相关政策，不断加强马克思主义学院建设，大力推动思政课程和课程思政同向同行，大学生理想信念状况总体向好，大学生理想信念教育常态化具有良好的发展基础。然而，必须清醒地认识到大学生理想信念教育虽然取得了一定成绩，但是距离党和国家提出的常态化教育要求还有一定差距。教育者的工作理念还没有转到常态化教育方向，还没有形成科学、规范的常态化制度体系，对各种常态化教育载体的运用相对滞后，教师队伍还没有将理想信念教育寓于日常教育教学活动之中，常态化教育评价的指挥棒作用还未充分发挥，常态化教育效果还不够明显等问题仍旧存在。究其原因，从现实层面来看，主要是外部环境日趋复杂，运行机制尚不健全，教师素质参差不齐；从理论层面来看，主要是忽视了"路径依赖—制度创新"的科学思维，"主体性—主体间性"的关系视角，"显性—隐性"的策略转变，"实然—应然"的内生逻辑以及"理论—生活"的落地措施。

第五部分：新时代大学生理想信念教育常态化的原则与实现路径。推进大学生理想信念教育常态化，要坚持以马克思主义为指导的总体原则，紧紧围绕培养社会主义事业建设者和接班人这一目标，将"现实的人"作为出发点，抓住人的本质，把握现实特点，立足学生需求，充分发挥理想信念教育常态化的文化功能，着力传递政治文化、道德文化、社会主义先进文化等，以实现"三全育人"为关键点，坚持全员、全过程、全方位开展理想信念教育，使大学生拥有追求理想、坚定信仰、超越现实的内在要求与趋向，成为能够担当大任、全面发展的人。推进大学生理想信念教育常态化，要从目标、运行、组织、保障等方面建设科学高效的制度体系；要从"四史"和社会主义实践中挖掘教育内容，将理想信念教育常态化与社会主义核心价值观培育、道德教育有机结合，重构分层分类的教育资源；要科学运用新型媒体介质，创新开展社会实践，丰富校园文化活动，优化贴近大学生活的理想信念教育常态化载体；要增强教师对理想信念教育常态化的引领力、引导力和内驱力，建设一支协同创新的教师工作队伍；要确定大学生理想信念教育常态化衡量指标，将量化研究和质性研究有机结合，做好过程监督与结果评价，通过不断总结经验、改进不足、调整策略，将大学生理想信念教育常态化工作落地落实。

新时代大学生理想信念教育常态化是一项基础性工程、战略性任务，必须全面贯彻习近平新时代中国特色社会主义思想，科学把握理想信念的形成和教育规律，根据新环境、新变化、新问题，构建"科学理念引领、制度规范保障、内容资源重构、载体介质优化、教师队伍提升、衡量指标明确"的"六位一体"常态化运行体系，为培养理想信念坚定的社会主义事业建设者和接班人提供有力支撑。

卢翠荣
2022年10月

目 录

引 言 ··· 1

    第一节 选题背景与研究意义 ································· 2

    第二节 国内外研究现状 ····································· 7

    第三节 研究思路与研究方法 ······························· 15

    第四节 重点难点与创新点 ··································· 17

第一章 新时代大学生理想信念教育常态化的理论释义 ············ 19

    第一节 常态与常态化 ··· 20

    第二节 理想信念教育常态化 ································· 28

    第三节 新时代大学生理想信念教育常态化 ··················· 34

第二章 新时代大学生理想信念教育常态化的理论基础 ············ 45

    第一节 马克思主义理想信念教育理论 ························· 46

    第二节 马克思主义日常生活理论 ····························· 54

    第三节 马克思主义质量互变理论 ····························· 64

    第四节 理想信念教育一般规律理论 ··························· 70

第三章 新时代大学生理想信念教育常态化的现实依据 ············ 79

    第一节 新时代大学生理想信念教育常态化的紧迫性 ··········· 80

    第二节 新时代大学生理想信念教育常态化的必要性 ··········· 90

    第三节 新时代大学生理想信念教育常态化的重要性 ··········· 98

第四章 新时代大学生理想信念教育常态化的现状与分析　　105

第一节 新时代大学生理想信念教育常态化的良好基础　　110
第二节 新时代大学生理想信念教育常态化存在的问题　　122
第三节 新时代大学生理想信念教育常态化存在问题的现实原因　　154
第四节 新时代大学生理想信念教育常态化存在问题的理论分析　　158

第五章 新时代大学生理想信念教育常态化的原则与实现路径　　163

第一节 坚持马克思主义的常态化教育总体原则　　164
第二节 建设高效有序的常态化教育制度体系　　175
第三节 重构分层分类的常态化教育内容资源　　185
第四节 优化贴近生活的常态化教育载体介质　　201
第五节 建设协同创新的常态化教育师资队伍　　217
第六节 确定切实可行的常态化教育衡量指标　　228

结　语　　235

参考文献　　237

Introduction
引 言

第一节 选题背景与研究意义

一、选题背景

理想信念教育是高校思想政治工作研究的传统课题，也是常做常新的时代课题。2019年，党的十九届四中全会提出："要推动理想信念教育常态化、制度化。"①2020年，党的十九届五中全会指出："推动理想信念教育常态化制度化，加强党史、新中国史、改革开放史、社会主义发展史教育，加强爱国主义、集体主义、社会主义教育。"②2021年，党的十九届六中全会提出："推动理想信念教育常态化制度化，完善思想政治工作体系。"③可见，理想信念教育常态化制度化是当前思想政治教育领域的重要研究课题。习近平总书记指出："一个国家，一个民族，要同心同德迈向前进，必须有共同的理想信念作支撑。"④这既是中国特色社会主义的政治优势，也是实现中华民族伟大复兴的力量源泉。理想信念的形成是一个复杂漫长的过程，受到各种外部条件的影响，要不断调整并提高内部因素作用。因此，理想信念教育是一个持续深化的过程，必须坚持不懈，常态化推进。

大学生是国家和民族的未来。大学生理想信念状况既与自身健康成长有关，同时也与我国社会主义现代化强国目标实现密不可分。固本培元，凝心铸魂，理想信念教育始终处于首要地位。党的十八大以来，以习近平同志为核心的党中央高度重视青年理想信念教育工作，提出了

---

① 《中共中央关于坚持和完善中国特色社会主义制度、推进国家治理体系和治理能力现代化若干重大问题的决定》，北京：人民出版社，2019年，第23页。
② 《中共中央关于制定国民经济和社会发展第十四个五年规划和二〇三五年远景目标的建议》，《人民日报》2020年11月4日第3版。
③ 《中共中央关于党的百年奋斗重大成就和历史经验的决议》，《人民日报》2021年11月17日第7版。
④ 《习近平谈治国理政》第二卷，北京：外文出版社，2017年，第323页。

许多新理念、新思路和新部署，大学生理想信念教育取得了显著成效。在"两个大局"交织、"两个一百年"交汇的新时代背景下，中国迎来了最好的发展时期。中国的崛起改变了世界格局，令一些西方国家如坐针毡，想方设法围堵中国，意识形态领域斗争从未停歇。随着物质和精神文化的不断丰富，人们的思想观念、精神追求和价值取向也更加多元。青年知识分子聚集的高校已成为各种思潮的汇聚之地，校园思想文化呈现出复杂的状态，表面的风平浪静并不能掩盖各种暗潮涌动，大学生的世界观、人生观、价值观不断受到潜移默化的影响，理想信念教育工作形势非常严峻，面临着许多新问题、新挑战。在实际工作中，理想信念教育基调很高、落地不易，途径很多、坚持不易，口号很响、务实不易，任务很大、检验不易，在实效性、长效性方面与现实要求还存在着一定差距。

高校肩负着培养社会主义事业建设者和接班人的历史重任，教育引导大学生树立马克思主义信仰和社会主义、共产主义信念，对于落实立德树人根本任务，推动高等教育高质量发展，培养担当民族复兴大任的时代新人，具有十分重要的现实意义。大学生群体思维活跃、独立意识较强，正处于人生发展的关键时期、理想信念形成的重要阶段。由于受到思想尚未成熟、社会经验不够丰富、分辨是非能力不高等因素影响，大学生对外界各种诱惑的抵御能力较弱，存在一些个人主义、享乐主义等倾向，高校理想信念教育距党和国家提出的常态化要求还有一定差距。一方面，大学生理想信念教育常态化体系尚未形成，在一定程度上存在"重学业轻思想""重形式轻内容""重表面轻实质"等问题，在某些范围内有"一阵风""走过场"现象发生，还没有达到深入、持久、高效的目的。另一方面，理想信念教育主要集中于在校阶段，实习见习阶段相对薄弱，存在任务式、零散式问题；教育内容生活化不够，存在呆板说教、枯燥乏味的问题，没有融入大学生日常生活中，尚未成为教育主客体共同的行为习惯；教育方法浸润性不强，存在口号式、运动式问题，未使大学生全身心沉浸在理想信念教育之中；理想信念教育的"文化功能"发挥得不够充分，还没有深入挖掘先进文化的丰富意蕴与人文价值；教育的规范性和稳定性较差，还未建立系统完善的制度体系等来保障理想信念教育常态化开展。这些问题必须予以高度重视，亟待从理论和实践方面进行深入研究探索，提出切实可行、有针对性的解决对策。

二、研究意义

1. 理论意义

第一，有利于拓展理想信念教育的理论内涵。理想信念不会自发产生，需要在科学理论指导下，进行规范、深入地教育引导。一直以来，党和国家非常重视大学生理想信念教育，积累了丰富经验，并且取得了良好成效。但是，随着国内外局势的风云变化和意识形态领域斗争的日益尖锐，对理想信念教育提出了更高更具体的要求。传统意义上的单向理论灌输和简单说服教育已经不能满足现实需求，理想信念教育不能"急于求成"，也不能企图"立竿见影"，要整体规划、持久开展，抓好日常教育这一环节，实现教育对象思想上由量变到质变的飞跃，并形成一种稳定状态。只有推动大学生理想信念教育常态化，做到显性教育与隐性教育并重，让大学生深刻理解共产主义追求的科学性、先进性，深入了解社会主义发展的必然性、曲折性，才能使大学生沉浸在理想信念教育中，潜移默化地转化为日常行为，从而自觉抵制各种错误观点、消极思想、不良价值观的侵蚀。因此，进行大学生理想信念教育常态化研究，能够拓展理想信念教育的理论内涵。

第二，有利于丰富和发展大学生思想政治教育理论研究。理想信念教育是思想政治教育的核心。做好大学生思想政治教育工作的关键是要解决好学生的理想信念问题，解决好精神支柱和精神动力问题。大学生理想信念教育成效的好坏直接决定着大学生思想政治素质的高低，直接影响着思想政治教育效果的好坏，直接关系着人才培养质量的优劣。因此，开展大学生思想政治教育，必须围绕理想信念教育这一核心，这个过程不是一蹴而就的，需要通过持之以恒的教育，将其贯穿于大学生学习生活各阶段，落实到教育教学全过程，成为全体教职员工的行动引领，渗透到校园文化全领域。探索大学生理想信念教育常态化规律，就是探索大学生思想政治教育规律。加强对这一问题的研究，不仅有利于推进理想信念教育理论方面的研究，而且对于思想政治教育理论的研究具有推动作用。从理想信念教育常态化角度出发，能够丰富思想政治教育的内容，促进思想政治教育在理念、制度、内容、载体等方面的深化研究。因此，本文的研究有助于拓宽思想政治教育理论研究视角，带动思想政治教育其他方面的理论进行深入研究。

第三，有利于深化马克思主义中国化、时代化、生活化理论研究。理想信念教育不是一种单向灌输，有其自身的发展规律。在教育过程中，要面向"现实的人"的需要，发挥精神动力作用，强化精神激励和精神引导。本文立足新时代，以常态化教育作为思维框架，把握教育主体和教育客体双向互动的原则，将人的自由全面发展作为目标，深入挖掘马克思主义理想信念教育理论，充分运用马克思主义日常生活理论和马克思主义质量互变理论，从普遍联系中把握常态化发展规律，把着眼点和着力点放在生活层面，突出从理想信念教育的人本性、经常性、持久性、感染性、渗透性等视角来理解常态化，对于进一步推进马克思主义的中国化、时代化、生活化具有理论意义。

2. 现实意义

第一，有助于引导大学生坚定理想信念。大学生是青年群体中的重要组成部分，也是各种政治力量争夺的重点对象。西方鼓吹"普世价值"，渲染"中国威胁论""中国崩溃论"等，带有鲜明的政治图谋。在一些错误思潮的影响下，部分大学生对中国特色社会主义事业的未来发展缺乏信心，存在理想信念模糊、立场摇摆不定等现象。通过开展深入、持久的理想信念教育，对于大学生牢固树立马克思主义信仰和社会主义、共产主义信念，构筑抵御错误思潮侵蚀的防火墙，具有现实意义。

第二，有助于创新大学生理想信念教育实践。一直以来，党和国家高度重视理想信念教育工作，在扎实推进中不断取得成效。但是面对日趋复杂的教育环境，必须清醒地认识到大学生理想信念教育中还存在着一些不容忽视的问题，大学生理想信念教育常态化发展格局还没有完全形成，理想信念教育还没有完全转化为全部教师的思想自觉和行动自觉，教育主客体之间缺乏双向互动，理想信念教育还没有充分融入大学生日常学习生活当中，缺乏从"理论—生活"的落地举措。在对理想信念教育理论分析的基础上，对大学生理想信念教育常态化现状进行实际调查研究，找到"非常态化"问题所在，剖析原因，对于建立科学、稳定、规范的大学生理想信念教育常态化运行体系、创新和优化教育实践具有现实意义。

第三，有助于提升大学生理想信念教育成效。对大学生开展理想信念教育是一个持续的过程，要坚持不懈地进行下去。在这个过程中，教育主客体将不断面对新的情况和新的挑战。通过大学生理想信念教育常态化研究，有助于形成经常性、持续性开展理想信念教育的理念，构建理想信念教育长效运行机制，重构更接地气、更具感染力的常态化教育内容，采取更加丰富多彩、生动活泼的常态化教育方式，建设全员育人的教师工作队伍，开展常态化教育评价等，能够稳步提升大学生理想信念教育成效。

第二节 国内外研究现状

一、国内研究现状

理想信念教育是思想政治教育的核心工作，需要长期开展，并且不断进行深入的研究。党在百年奋斗征程中，不断总结理想信念教育经验，多次从不同角度、多个侧面阐述了理想信念教育的重要意义。时代的进步与发展，对理想信念教育赋予更多的使命，也对理想信念教育的研究提出了更高的要求。国内学术界对于理想信念教育问题，进行了许多有益探索，提出了很多颇有见地的观点，发表了大量论文论著，积累了丰富的理论与实践经验，为本论文研究提供了宝贵的参考和借鉴。

1. 针对理想信念教育内涵、原则和方法研究

朱喜坤阐释了理想信念教育的概念，就是对全体社会成员进行社会主义、共产主义教育，帮助他们树立远大的、共同的理想，坚定马克思主义信念。理想信念教育比理想教育的内容更丰富，强调信念引导。[1]刘建军、曹一建认为，理想信念是一个完整的理论体系，可以概括为对马克思主义的信仰、对社会主义的信念、对社会主义建设事业必胜的信心、对党和政府领导的信任，"四信"教育缺一不可。[2]顾玉平分析了理想信念的培育机理，认为在理想信念培育中灌输是常用的方法，但是要注重受众者内心的体验与认同，教育过程中要用事实来支撑，增强说服力。[3]李少斐在《社会主义理想信念教育方式、方法再探讨》一书中，探讨了面向生活实践的教育方式，认为大众生活是理想信念教育真实而

---

[1] 参见朱喜坤：《论理想信念教育的概念与地位》，《理论学刊》2006年第12期，第80页。
[2] 参见刘建军、曹一建：《思想理论教育原理新探》，北京：高等教育出版社，2006年，第223—235页。
[3] 参见顾玉平：《理想信念的结构、生成与培育》，《理论月刊》2017年第7期，第70—72页。

且完整的载体。①胡海霞认为,理想信念教育生活化是提高教育实效性的重要途径。②潘才奎认为,新媒体时代的理想信念教育,要利用新媒体实现教育具象化,构建现实和虚拟相结合的教育平台。③范斯义、杨明提出在重大疫情背景下,理想信念教育要强化理论武装,加强信息沟通,壮大主流舆论,营造校园文化氛围,关注学生心理健康,引导大学生铸牢理想信念。④白钰分析了新媒体视阈下,高校理想信念教育环境、内容和手段方面的新特点,提出由自媒体转向全媒体、由专项转向系统、由线下转为线上线下并重、由抽象转为具体的创新路径。⑤

2. 针对不同人群理想信念教育的研究

对于党员干部人群,李朗认为理想信念教育话语的温度、效度、信度和深度不够,应着重增强现实性、规范性、通俗性和时代性。⑥李曙光、康秀云在抽样调查基础上,指出了新时代党员领导干部理想信念教育在内容、方式、制度、配套措施等方面存在的问题,并提出了具体优化措施。⑦王红从新时代视角,分析了中华民族、世界社会主义和人类社会发展正在经历的重大转折,并为党员干部理想信念教育开拓了新视野。⑧邵献平、高琳等立足于理想信念在共产党人精神中的重要地位,

---

①参见李少斐:《社会主义理想信念教育方式、方法再探讨》,北京:社会科学文献出版社,2016年,第112页。
②参见胡海霞:《理想信念教育生活化的三重解读》,《人民论坛》2018年第15期,第128页。
③参见潘才奎:《新媒体时代理想信念教育的新途径》,《人民论坛》2018年第1期,第115页。
④参见范斯义、杨明:《重大疫情背景下大学生理想信念教育探微》,《学校党建与思想教育》2020年第22期,第65页。
⑤参见白钰:《新媒体视阈下高校理想信念教育的创新路径》,《教育理论与实践》2021年第24期,第33—34页。
⑥参见李朗:《高校党员干部理想信念教育话语体系建构研究》,《学校党建与思想教育》2019年第22期,第25—27页。
⑦参见李曙光、康秀云:《新时代党员领导干部理想信念教育的问题及对策——以我国六个省份的抽样调查为基础》,《理论学刊》2018年第3期,第42页。
⑧参见王红:《新时代党员干部理想信念教育的新视野》,《学术研究》2018年第7期,第6页。

阐释了理想信念教育的重要价值和实现路径。[①]对于大学生群体，赵书认为，大学生理想信念教育在思政理论课主渠道作用发挥、工作思维方式和观念、社会环境等方面还存在着一些问题，并从思想政治理论课教学、党建工作、发挥家庭、学校和社会合力等层面提出了具体解决路径。[②]陈文斌、张煜认为，在经济全球化条件下，大学生主流思想健康向上，但是受到市场经济、择业观念、文化环境和自我认识不足等因素影响，导致部分大学生理想模糊、信念迷茫等，要加强理论武装，组织大学生研读经典著作，参加社会实践，进行艰苦奋斗教育等，不断深化理想信念教育。[③]王易、宋友文从国际国内两个方面分析了当前大学生理想信念教育面临的新形势。[④]周芳、严敏总结了中国共产党成立一百年来，青年理想信念教育的基本经验为：始终坚持以马克思主义理论为引领，始终坚持党的领导，确保青年理想信念教育的核心地位，始终不懈地开创青年理想信念教育的新路径。[⑤]卢丹蕾、王树荫全面梳理了改革开放以来中国共产党人的理想信念教育观、理想信念及理想信念教育基本理论、特定群体的理想信念及教育状况、不同社会环境和时代背景下理想信念教育研究情况等。[⑥]

[①] 参见邵献平、高琳：《加强党员干部理想信念教育的几个基本问题》，《学习月刊》2016年第9期，第10—11页。
[②] 参见赵书：《"90后"大学生理想信念教育存在的问题及对策刍议》，《思想理论教育导刊》2013年第7期，第140页。
[③] 参见陈文斌、张煜：《大学生理想信念教育实践的困境与选择》，《黑龙江高教研究》2011年第4期，第128—130页。
[④] 参见王易、宋友文：《新形势下大学生理想信念教育的问题与对策》，《思想理论教育导刊》2011年第4期，第57—58页。
[⑤] 参见周芳、严敏：《中国共产党青年理想信念教育的发展历程与基本经验》，《江汉论坛》2021年第9期，第44—45页。
[⑥] 参见卢丹蕾、王树荫：《改革开放以来理想信念研究述评》，《思想教育研究》2016年第11期，第110—115页。

3. 针对理想信念教育常态化的研究

项久雨从青年理想信念教育常态化制度化的历史回顾中，厘清了常态化制度化的内在逻辑，认为常态化是对理想信念教育时间维度的数量要求。①李丹琪、李辽宁认为，青年理想信念教育常态化制度化要与日常工作、学习和生活相结合，注重生活化、规范化和科学化，实现可持续发展。②孔祥慧、李新仓从价值意蕴、要求和原则等方面分析了常态化理想信念教育机制，提出了组织、协同、实践、评价等方面的机制构建路径。③尚洪波、王刚从历史、理论和实践逻辑的角度，认为理想信念教育常态化制度化要将文化融入其中，并从学校教育、网络教育和社会实践教育等方面来实现。④虞爱华认为理想信念教育常态化制度化通过系统思维来推进，要培植精神家园、发扬斗争精神，全面客观认识国内、国际环境，贯穿历史、现实和未来，主动占领网络战场，统筹谋划，精准施策。⑤童友智提出，党员干部之所以存在理想信念问题，关键是系统化、常态化教育机制不健全，可以着重从思想与行动、教育培训、实践养成、环境优化、贯彻落实等方面健全和完善。⑥

4. 针对思想工作常态化的研究

蔡静静认为实现学雷锋常态化要强化日常宣传、树立典型引领、创新载体形式、纳入高等教育等实践路径。⑦杨新红对党的作风建设

---

①参见项久雨、范海群：《青年理想信念教育常态化制度化的百年回顾与新时代推进理路》，《思想理论教育》2021年第7期，第49页。
②参见李丹琪、李辽宁：《青年理想信念教育常态化制度化的内涵要义与实现路径》，《思想教育研究》2020年第10期，第121页。
③参见孔祥慧、李新仓：《新时代青年大学生理想信念教育常态化机制研究》，《思想教育研究》2020年第9期，第134页。
④参见尚洪波、王刚：《新时代推动理想信念教育常态化、制度化的三重逻辑》，《南京师大学报（社会科学版）》2020年第4期，第102页。
⑤参见虞爱华：《推动理想信念教育常态化制度化》，《红旗文稿》2020年第10期，第7页。
⑥参见童友智：《构建基层党员干部坚定理想信念常态化机制》，《理论建设》2018年第6期，第86—88页。
⑦参见蔡静静：《从教化到内化：大学生"学雷锋"常态化的实践路径》，《中国成人教育》2013年第24期，第56页。

常态化进行探索,指出了坚持常态化的思想教育、制度机制、群众监督和法治方式等具体路径。①蒯正明认为,完善党的作风建设常态化机制需要从新常态组织领导、制度体系、监督机制和评价体系等方面着手。②季惠斌从价值认同、制度规范、机制运行、考核监督等四个层面,阐释了思想政治教育常态化的内涵,分析了工作中存在的问题,提出了常态化建设的对策建议。③

二、国外研究现状

1. 针对政治信仰教育的研究

国外关于政治信仰的教育主要体现在公民教育当中。杜威认为公民教育要回归生活,要让个体在热爱生活中奋发向上,使每个个体的努力和成长都成为推动社会进步的重要力量。④罗尔斯的自由主义公民观,认为公民的道德能力是"通过公共文化及其解释的历史传统的理想教育培育起来的。"⑤德国著名教育理论家乔治·凯兴斯泰纳认为,要从政治任务、道德素质和生存技能三个方面进行公民教育,通过建立劳作学校开展劳作教育,来提高学生的道德品质,增强集体意识。⑥美国教育家赫钦斯提倡永恒主义的教育哲学,他主张教育应该使人们形成一个共同理想,推进世界进步发展,在公民教育中要重视对传统的回归及理想的训练。赫钦斯阐述了自由教育思想,认为理智

---

①参见杨新红:《推进党的作风建设常态化的现实路径探析》,《理论导刊》2015年第3期,第55页。
②参见蒯正明:《新时期完善党的作风建设常态化机制的路径探析》,《理论探讨》2016年第1期,第131页。
③参见季惠斌:《大学生思想政治教育常态化研究》,《思想理论教育导刊》2016年第4期,第117—120页。
④参见[美]杜威:《民主主义与教育》,王承绪译,北京:人民教育出版社,1990年,第9—15页。
⑤[美]罗尔斯:《政治自由主义》,万俊人译,南京:译林出版社,2000年,第90页。
⑥参见[德]乔治·凯兴斯泰纳:《凯兴斯泰纳教育论选著》,郑惠钦译,北京:人民出版社,1993年,第220页。

的训练符合人类精神的抱负。①帕特丽夏·怀特强调,民主的、正派的思想应该渗透于学校的风气和学校成员的关系品格之中,认为"缺乏民主的正派,任何公民教育都是不完善的。"②

2. 针对道德信仰教育的研究

法国著名哲学家、思想家和教育家卢梭认为,道德教育的目标是要塑造自然人和道德公民。卢梭提出要顺应自然天性,倡导自然教育,认为生活和实践是主要手段。③法国另一位教育家涂尔干在《道德教育》中确认了一种以理想为核心的道德教育,他认为纪律精神、社会群体的影响和自主意识是道德教育三要素,在道德外化的过程中理想一直处于核心地位,道德来源于共同生活。④美国波伊曼从哲学层面探讨了现代道德面临的困境,认为道德规范的目标是为了促进人类繁荣进步,为参与者创造有价值的生活。⑤英国乔格蒙·鲍曼认为,教育是一种新秩序的工具,道德世界是一个理性的、有秩序的世界。教育要使人们遵守伦理准则,成为有道德的人。⑥拉瑞·P.纳希在《道德领域的教育》中提到,把价值观教育整合进课程,是对教师的普通学业目标的补充,并不与之冲突。⑦

---

① 参见[美]赫钦斯:《民主社会中教育上的冲突》,陆有铨译,台北:桂冠图书股份有限公司,1994年,第80页。
② [英]帕特丽夏·怀特:《公民品德与公共教育》,朱红文译,北京:教育科学出版社,1998年,第115页。
③ 参见[法]卢梭:《爱弥儿——论教育》上卷,李平沤译,北京:商务印书馆,2009年,第8—10页。
④ 参见[法]涂尔干:《道德教育》,陈光金等译,上海:上海人民出版社,2001年,第313页。
⑤ 参见[美]波伊曼:《生与死——现代道德困境的挑战》,江丽美译,广州:广州出版社,1998年,第6页。
⑥ 参见[英]乔格蒙·鲍曼在:《生活在碎片之中——论后现代的道德》,郁建兴、周俊、周莹译,上海:学林出版社,2002年,第300页。
⑦ 参见[美]拉瑞·P.纳希:《道德领域中的教育》,刘春琼、解光夫译,哈尔滨:黑龙江人民出版社,2003年,第206页。

3. 针对宗教信仰教育的研究

英国学生在完成义务教育前，就对宗教有基本的认识与了解，目的是增进对世界的理解，将宗教教育作为促进人全面发展的一种手段。德国将宗教信仰作为思想教育的根本，宗教课是公立学校课程的一部分，通过宗教教育转变青年学生思想，将其培养成为资产阶级所需要的人。德国著名教育家弗·鲍尔生认为，宗教教育要使青年学生具有宗教信仰，不仅熟悉和相信教义，还要服从教会。[①]为此，德国政府将宗教教育纳入国家基本法。法国允许私立教育机构开设宗教课程，学生可以在这些机构内接受宗教教育。美国虽然实行"政教分离"，但是仍然教育青年将宗教作为精神信仰，宗教在思想政治教育中扮演重要角色，教育青年要信奉上帝，宗教信仰深刻地影响和改变着青年的思想与行为。美国学者罗德尼·斯达克和罗杰尔·芬克在《信仰的法则》一文中探讨了人们信教的原因，从宗教个体和宗教群体层面进行了分析。奥伊肯在《人生的意义与价值》中谈到，如果没有一种崇高的信仰给生活带来热情和欢乐，就不可能使人生得到巨大的成功。[②]斯迈尔斯在《信仰的光芒》一书中提到，弗莱西列尔山谷的人民顽强不屈地坚守着韦尔多教信仰，"虽然这个信仰曾给他们带来过痛苦和屈辱，但他们从来没有放弃过。"[③]罗伯特·M.赫钦斯在《美国高等教育》一书中指出，"没有神学或形而上学，统一的大学就不会存在。"[④]可以说，宗教文化和宗教教育，支撑着西方人的精神世界，西方国家的理想教育、政治教育、价值观教育等都是利用宗教的巨大影响力和在宗教信仰教育的引领下进行和完成的。

[①] 参见[德]弗·鲍尔生：《德国教育史》，滕大生、滕大春译，北京：人民教育出版社，1986年，第18页。
[②] 参见[德]奥伊肯：《人生的意义与价值》，张蕾译，北京：新星出版社，2013年，第4页。
[③] [英]斯迈尔斯：《信仰的光芒》，陈豪译，北京：金城出版社，2010年，第240页。
[④] [美]罗伯特·M.赫钦斯：《美国高等教育》，汪利兵译，杭州：浙江教育出版社，2001年，第58页。

4. 针对信仰教育方法的研究

美国采用隐性教育方式,非常重视校园氛围、课外活动、学生参与、教学内容与方法、教师示范和语言等要素的建设,使学生在无意识的状态下,自然而然接受教育。美国注重在管理、服务中融合思想道德教育,注重教师言行、文化氛围等隐蔽课程的渗透作用,将信仰教育融入其中,具有鲜明的政治色彩。英国主张生活化的道德教育,注重围绕现实生活选取教育素材,使学生能够在现实模拟中加深理解,从而形成良好的道德品质。德国主张将政治教育与课外活动相结合,注重融入日常的教育体系构建。苏联有关理想信念教育方法的研究颇丰。苏霍姆林斯基认为思想"生活"在人身上,"生活"在人的行动之中。他认为对学生的理想信念教育要每天每时进行,使每个学生在每个教师的每一堂课上都获得教育。[1]安·谢·马卡连柯认为教育应该渗透到学校日常生活和每一项集体活动当中。[2]托先科则指出,青年教育工作有必要区分"临时性的""经常性的"工作方式。[3]

综上所述,国内外学者对理想信念教育的研究具有全面性,充分论证了理想信念教育在大学生培养过程中的必要性和重要性,同时在大学生理想信念教育常态化实践方面取得了一定成绩,这些研究成果凝聚着专家学者和教育工作者的智慧与力量,对本文具有重要的借鉴意义和参考价值。但是,已有研究还存在着一些不足:一是学者们对理想信念教育常态化缺乏从理论释义和学理分析的角度进行研究,还需要在理想信念教育常态化的科学内涵、基本内容和主要特征等方面进行深入阐释。二是在大学生理想信念教育常态化实证调研方面还存在着不足,需要进行广泛深入调研,结合现实情况发现问题,分析原因,使研究更具针对性。三是对大学生理想信念教育常态化实现路径方面还没有形成深层次、系统性的见解,对实际工作指导力度不够,具体教育实践案例还相对不足。

---

[1] 参见[苏]苏霍姆林斯基:《关于全面发展教育的问题》,王家驹等译,长沙:湖南教育出版社,1984年,第51页。

[2] 参见[苏]安·谢·马卡连柯:《论共产主义教育》,刘长松、杨慕之译,北京:人民教育出版社,1981年,第41页。

[3] 参见[苏]托先科:《共产主义教育概论》,李元立、关怀译,北京:工人出版社,1986年,第318页。

第三节　研究思路与研究方法

一、研究思路

本书以马克思主义为指导，着眼于新时代高等学校人才培养的新要求，推动大学生理想信念教育思路转变，从常态化视角出发，进一步深化和拓展大学生理想信念教育的内涵。通过深入调研，力争全面了解当前大学生理想信念教育常态化现状和存在的问题，从现实和理论层面分析问题产生的原因，结合具体教育实践，提出具有针对性的解决对策，构建规范性、稳定性的常态化运行体系，增强大学生理想信念教育的实效性和长效性，为培养信仰坚定的时代新人提供有力支撑。

本书的研究内容共包括五部分，具体思路如下。

第一部分是新时代大学生理想信念教育常态化理论释义。对常态与常态化、理想信念教育常态化等概念进行解读与辨析，阐释新时代大学生理想信念教育常态化的科学内涵、基本内容和主要特征，为进行深入研究奠定基础。

第二部分是新时代大学生理想信念教育常态化的理论基础研究。以马克思主义理想信念教育理论、马克思主义日常生活理论、马克思主义质量互变理论和理想信念教育一般规律理论为指导，为新时代大学生理想信念教育常态化研究提供理论依据。

第三部分是新时代大学生理想信念教育常态化的现实依据研究。结合国际国内发展形势和时代变化，围绕百年未有之大变局、新发展阶段、全媒体时代和普及化教育等客观因素影响，研究剖析推进新时代大学生理想信念教育常态化的紧迫性、必要性和重要性。

第四部分是新时代大学生理想信念教育常态化现状及分析。结合工作实践开展专题调研，通过编制大学生理想信念教育常态化调查问卷和访谈提纲，从中梳理和明晰大学生理想信念教育常态化发展的良好基础，找到制约大学生理想信念教育常态化发展的问题，针对这些问题分别从现实和理论层面进行深入分析，阐释问题产生的原因。

第五部分是新时代大学生理想信念教育常态化的原则与实现路径研究。以塑造"现实的人"为出发点、以培养"全面发展的人"为落脚点、以发挥"文化育人功能"为着力点、以实现"三全育人"为关键点,阐释新时代大学生理想信念教育常态化的总体原则;探索"科学理念引领、制度规范保障、内容资源重构、载体介质优化、教师队伍提升、衡量指标明确"的"六位一体"的实现路径。

二、研究方法

1. 文献研究法

通过搜集整理和建档归纳相关文献资料,做到全面了解、准确把握新时代大学生理想信念教育常态化研究的现状和最新动态。在对国内外大量文献资料进行汇总梳理和深入研究的基础上,进行对比分析和吸收借鉴,发现已有研究中存在的不足和薄弱环节,进行重点探究,找到新的创新点,进行理论和实践探索。在研究过程中,涉猎繁复,其中重点涉及的文献资料有马克思主义经典著作、国内外公开发表的学术论文、国外相关译著、新闻报道、政策文件及网络资料等。

2. 调查研究法

要了解当前大学生理想信念状态,掌握理想信念教育常态化的现实情况,明确常态化教育中存在的问题,找到非常态化因素,必须开展具有科学性与实效性的调查与研究工作。结合当前高校理想信念教育常态化实践活动,开展广泛的实地调查研究,进行全面深入分析,发现实际工作中存在的问题,积极寻找解决策略。对有代表性的师生进行深度访谈,倾听有针对性的对策与建议,为本研究提供说明和佐证。

3. 系统研究法

开展新时代大学生理想信念教育常态化研究是一项系统工程。运用系统研究方法,可以更加具体、全面和客观地认识相关问题。运用系统研究方法要注重构成系统的要素。通过研究分析大学生理想信念教育常态化构成要素，认识要素之间的相互联系，进而保证研究的整体性。同时要认识到系统不是静止不变的，要坚持发展的观点和科学的态度，浸润理论研究全过程，不断吸纳各种实证元素，及时充实理论研究，保持动态平衡，使大学生理想信念教育常态化研究体系更加完善。

4.案例剖析法

在探讨新时代大学生理想信念教育常态化对策、路径时，以研究展示生动的案例为依托手段，为推进大学生理想信念教育常态化提供实践依据。根据大学生理想信念教育常态化已经进行的探索，总结相关经验，有效助力新时代大学生理想信念教育常态化运行体系的构建。

5.多学科研究法

本书涉及教育学、哲学、政治学、管理学、历史学等多学科内容，需要开展跨学科的综合分析与研究，进行多学科有效融合，充分挖掘理想信念教育常态化内容资源，创新载体介质，确定衡量指标，结合其他学科理论，在大学生理想信念教育常态化体系构建和对策思考中进行有针对性的规律探寻和路径探索。

第四节 重点难点与创新点

一、重点难点

1.研究重点

本书将"新时代大学生理想信念教育常态化实现路径"作为研究重点，旨在以新时代大学生为主体，对我国部分高校大学生理想信念教育常态化存在的问题进行深入调研，在厘清新时代大学生理想信念教育常态化内涵的基础上，全面探索理想信念教育"非常态化"的破解之策，明确新时代大学生理想信念教育常态化的总体原则，探索科学有序、务实高效的实现路径。

2. 研究难点

"大学生理想信念教育常态化理论基础"是本论文研究难点。大学生理想信念教育常态化的顺利实现，离不开科学理论的指导。由于当前学界对大学生理想信念教育常态化的研究还不多，对理论基础的科学把握存在一定难度，需要以马克思主义理论为指导，结合我国改革开放以来，特别是新时代高校思想政治建设面临的理论和现实问题，加以系统梳理与科学阐释。

二、创新之处

（1）本书对大学生理想信念教育常态化内涵进行了系统梳理与阐释。针对党的十九届四中、五中、六中全会对理想信念教育提出的新要求和新任务展开研究，彰显了大学生理想信念教育研究的新时代特征。选取新时代大学生群体作为研究对象，从常态化思想研究入手，厘清大学生理想信念教育常态化的内涵、特征、表现等，为进行深入研究奠定了基础。

（2）本书通过实证研究对新时代大学生理想信念教育常态化进行了深入剖析。对当前大学生理想信念教育常态化现状进行了有针对性的调研，通过问卷调查、深度访谈、数据分析等方法，对大学生理想信念教育常态化工作进行客观评价，形成严谨的调研报告。同时，对大学生理想信念教育常态化实践案例进行归纳整理，运用从一般到个别再到一般的认识方法，使研究更具有针对性和科学性。

（3）本书对新时代大学生理想信念教育常态化实现路径进行了全面探索。针对当前大学生理想信念教育常态化存在的问题，剖析存在问题的根源，阐释了以马克思主义为指导的常态化教育总体原则，提出构建"科学理念引领、制度规范保障、内容资源重构、载体介质优化、教师队伍提升、衡量指标明确"的"六位一体"实现路径，使研究更具可行性和参考性。

Unit One

第一章
新时代大学生理想信念教育常态化的理论释义

习近平总书记指出："理想信念的坚定，来自思想理论的坚定。认识真理，掌握真理，信仰真理，捍卫真理，是坚定理想信念的精神前提。"①在新的历史条件下，推动大学生理想信念教育常态化是思想政治教育需要研究解决的重要课题。正确认识"常态与常态化"的基本概念，客观把握"理想信念教育常态化"的深刻含义，全面领会"大学生理想信念教育常态化"的科学内涵、基本内容与主要特征，是深入研究新时代大学生理想信念教育常态化的逻辑前提和必要准备。

第一节 常态与常态化

一、关于"常态"概念的多学科解读

常态，也就是固定的姿态，是一种平常的状态。常态是事物运动发展的一种经常性状态，也是人们认识事物发展状态所形成的一般性共识。通常与正常、经常、平常、日常等状态联系起来。对常态的把握就是对事物发展规律的把握，不仅有利于体现人类的主体性，而且有利于通过外界力量和各种手段调整，来推进事物实现良性运动和可持续性发展。在不同的学科领域对"常态"有着不同的释义。

1. 管理学领域

常态相对于非常态而言，等同于"常规"，是指一个组织或部门制定相应的管理制度，采取有效的管理措施，来保证正常的工作秩序。常态管理要明确对日常工作的标准和要求，在管理过程中要建立健全各项规章制度，对管理活动所涉及机构、岗位、人员的职、责、权，考核内容与方式进行明确规定，清楚划分职责范围，建立相互之间的协调联

---

① 《习近平谈治国理政》第二卷，北京：外文出版社，2017年，第50页。

动机制，确保工作有效衔接和规范运行，操作流程和工作体系能够实现闭环运转，将各项管理指标落到实处。通过建章立制、分工负责、检查督导、考核奖惩等，做到管理规范、分工合理、运行顺畅，达到事事有人管，人人有专责，件件有标准，增强工作的目标性和计划性，克服随意性，杜绝推诿扯皮等现象，提升管理效能，使整个管理工作流程规范化、运行机制科学化。

人们经常提到的规范化管理是一种常态管理，管理的标准和制度是建立在人们长期实践的基础上，经过科学总结和精心提炼而形成的，同时要随着实际情况的改变和社会的发展变化而不断完善与提高，这也是一项长期进行的系统工程。常态管理涉及的范围比较广，内容也非常丰富，不仅要体现基础性和专业性，还要兼顾前瞻性和适应性，需要密切关注社会发展趋势和市场需求变化，及时调整管理工作内容，把规范化管理纳入常态制度中，以更好地促进各项工作健康有序发展。

2. 教育学领域

在新的课程背景下，出现了示范课、观摩课、优质课、竞赛课等概念。但是教学工作主要还是在自然状态下每天进行的"常态课"。常态课能够准确反映教师平常的教学水平，是最真实的一种课堂形态，也是向学生传播知识的主阵地。如果说公开课、示范课等主要是为了提高教师的施教能力，作为教师阶段性研究成果的汇报呈现，是学科教学研究集体智慧的实践环节和集中展示教学水平、教师教学思想和教学方法的锻炼课堂，那么，常态课就是教师为了传授学生知识，需要经过认真准备、长期坚持的常规课堂。常态课所占比例较大，教学目标集中，教学任务明确，能够体现教师真实教学状态，对于提高学生学习能力具有重要作用。常态课没有固定的模式，教师可以采取多种教学方法，在讲课过程中也可能会出现一些问题，在解决这些问题的过程中能够促进教师总结经验、深入思考、加强改进。常态课注重提高日常教学质量，确保每位学生在每门课程、每堂课上都能学有所获，达到预期学习目标。因此教师只有以课堂为主阵地，认真上好每一节常态课，精心谋划、细心准备，使学生"一课一得、课课有得"，这样才能收到实实在在的教学成效。

教师如果对常态课重视不够，就会在一定程度上制约教育教学质量的提升。常态课不是面对学生进行的某一堂课教学，而主要是教师开展的日常教学工作，需要有教学目标、教材、教师与学生、教学活动、教学评价等上课环节的规则与要求。只有在自然状态下，教师根据学生的知识水平和认知能力，在日常教学工作中按照既定的目标和计划，运用创造性思维，开发各种优质教学资源，采取灵活、新颖的方法，不断进行深入思考与经验积累，使日常教学活动满足学生的学习需求，这样才能不断提高教学质量，实现预期的教育教学和人才培养目标。

3. 心理学领域

在心理学研究领域，"常态"是与"超常态""病态""变态"等相对应的。从人的智力水平角度来看，"常态"的智力水平就是一个普通人、正常人所达到的智力水平，"超常态"的智力水平则是指超出正常水平，智力水平特别高或者特别低甚至弱智的状态。智力超高、超低或弱智的人都是少数，普通状态智力水平的人占据了大多数，也就是说大多数人是智力常态者。从人的行为角度来讲，"常态"的行为就是大多数人能够接受的、正常的、具有一定环境约束的行动，而与此相违背的行为就是变态或病态行为。病态行为是由于神经系统出现问题而导致精神失常的行为，变态行为则是不符合人们的正常思维或认知，违背某种环境下大多数人所提倡的行为。从这个角度来说，也不是所有的常态行为都是正确的，变态行为都是不正确的，当在一定范围内人们的思维或认知发生偏差时，所谓的"常态"行为也有可能是不正确的，而在这个范围内的"变态"行为却可能是正确的行为。

4. 社会学领域

人类社会是以低级到高级、简单到复杂的线性规律发展的。在社会发展总线中的每一个线段代表的都是具有普遍性、客观性的社会发展常态，这种常态存在于任何一种社会模式当中，是社会生产力平稳发展的一种客观存在。在社会发展的历史长河中，无论社会模式和社会制度如何变迁，总能在变化当中寻找到一种合适的生产关系，来满足当前阶段的生产力发展水平，使社会进入常态发展阶段。随着生产力的不断发展，当生产关系制约生产力发展时，社会革命就会到来。人类社会就是从常态到非常态，再到新常态的发展过程，人们对社会发展的认识也经过感性、知性、理性和具体、抽象、具体的过程，形成一个完整的认知体系，从而找到推进社会不断前进的本质与规律所在。实践证明，任何社会发展的最终目的都是为了大力发展生产力，建立与此相适应的生产关系，以满足社会个体的物质文化需要。社会发展常态协调运转的一个重要因素是在市场、政府和社会三者之间建立和谐关系，保持稳定运行状态，但是这种状态不是一成不变的，而且市场、政府和社会的职能在一定范围内也会浮动变化，这种稳定状态是一种运动的相对静止状态。社会只有处于常态发展阶段，才能在保持基本稳定的条件下来大力促进生产力发展，推动人类社会不断进步。

5. 科学领域

美国著名科学家库恩提出了"常态科学"这一概念，也称为"常规科学"。他将哲学思想运用于科学发展中，提出了一种范式的运转规律，这种新的科学发展模式是在常规科学与革命科学的交替中建立起的，包括前科学时期、常态科学时期、危机时期、革命时期和新的常态科学时期。在"前科学"或"前范式"时期，对现象有许多解释，这些解释当中有的正确，有的不正确，但是随着时间的推移，人们认识能力的提升，有一个科学认知观点会得到人们的赞同，在科学发展中成为占主导地位的范式，进入到科学常态发展时期。经过一定时期发展后，在反常现象的冲击下，进入危机或反常时期，导致科学革命发生，之后会迎来新的常态科学时期。在这样的循环往复中，建立了一种动态发展模式，从而促进科学不断向前发展。在很多情况下科学的价值倾向存在不确定性，这种不确定性并不会像人们所预期的那样，在技术发展的过程中消失，反而是在不断地积累。人们意识到科学知识是一种客观的现实存在，但这种存在并不是完全能够被人类所掌控的，人们在关注科学技术创新之外，也更加注重如何更好地利用和控制科学，以减少决策中日益增加的风险和不确定性。

在多学科领域了解"常态"概念的基础上，还需要明确"常态"与"新常态"的关系。从辩证唯物主义角度来看，事物的发展不仅需要常态思维，也需要非常态思维。常态思维与非常态思维二者不是对立的，而是辩证地统一于新常态思维之中。"新常态"最初的提出是用于对中国经济发展态势的判断。2014年，习近平总书记首次从我国经济发展的角度提及"新常态"这一概念。之后在APEC工商领导人峰会上，习近平总书记再次阐述了"新常态"，他指出中国经济新常态对经济增量、增长动力、发展前景和市场活力等都带来了新的发展机遇。所谓新常态，就是事物在经过常态发展阶段后，进入到一种非正常状态，然后经过自身与外力的共同作用，重新恢复到正常状态的现象。事物的这一发展变化具有趋势性和不可逆性。没有常态就不会有新常态。新常态思维是建立在事物常态发展基础上，但又不只限于常态思维的固有框架，强调的是事物发展的独特性和自我可能性。伴随着思维内容的拓展和深化，思维形式会更加新颖和多样，思维的方向也从单向不断走向多向，从这个角度来讲，新常态思维凸显的是思维的全面性，要充分利用个体的差异性和矛盾性，把握创新的契机，在否定之否定过程中，事物不断创造满足自身发展的条件，超越自身局限，实现向前发展。

二、关于"常态化"的概念诠释与基本要义

1. 概念诠释

"常态化"中的"化"是使事物转变成某种状态或性质，具有转化、转变、使变化的意思。"常态化"不仅体现了人类在事物常态发展过程中具有主动性、能动性和创造性，而且还具有稳定性和可控性的力量。在实际工作中，"化"就是目标转换为具体过程，通过创造一个情景或平台，明确规定实施标准、运行程序和考核评价内容等，建立贯穿整个工作过程的运行程序和制度规范。对于"化"的理解，不仅强调事物属性转变的过程，而且注重结果，主要是事物拥有某种性质或特点，突出的是某种既成的状态。由此可以得出，常态化是在内、外力量作用下，使事物趋向一种正常或合理的状态，是将某种非常规、不平常的状态转变成常规、平常的状态，在这一转变过程中使之保持稳定性和可持续性。

2. 基本要义

常态化是要达到一种稳定状态，蕴含着事态的调整和结构、性质、功能的改变等一系列动态过程。常态化是随着量的积累不断追求质变的过程，这与事物发展的前进性与曲折性相统一，同时这一过程具有一定的计划性，但并不全是在人们计划调节下形成的，有可能是随着事态的发展而自然达到的一种状态。因此，常态化发展不是一劳永逸，也不是

一蹴而就的。

第一，树立常态化思维。常态化思维是一种系统化和可持续性思维，体现了事物发展的曲折性和重新回归的特质。之所以提出常态化发展，是要从根本上解决事物发展过程中潜在的或生成的多变性和矛盾性问题，是事物发展的日常基本运行状态，要从本质上把握，在过程中实现。由于事物发展的本质是动态的，因此要在动态中保持稳定，在稳定中促进发展。要实现动态平衡的常态化发展，还需要处理好突发事件、偶然因素、不可预见的变化和多元价值冲突等矛盾，及时调整思维方式，本着稳定持续发展的目标，以开放、包容的姿态不断推进事物自身的改造和创新。

第二，把握常态化内涵。常态化的内涵包括时间和频率，涉及"时时、处处、事事、人人"。"时时"属于时间范畴，主要指的是行为活动、价值观念或制度规范、运行机制等，具有一贯性、稳定性和可持续性；"处处"属于空间范畴，主要指普遍性，强调多种场所或情境下所从事的活动或具有的价值理念；"事事"涉及相关的每一件事情，强调的是事务性。"人人"从参与范围角度，既强调活动主体又强调客体，主要是指二者的普遍参与程度，个别的或少数人的参与就很难实现常态化。常态化关键在于"常"与"长"。"常"就是经常，要成为日常习惯、行为要求，要建立行之有效的运行机制，实现经常化、日常化、正常化。"长"就是长期，要注重长效、制度保障，要实现长期化、目标化和实效化。

第三，注重常态化实质。从形式上来看常态化，主要是侧重于治理手段、方式方法和基本的发展状态，通常只注重有形的和外在的常态化，忽视隐性条件对常态化的意义，带有一定的片面追求效率的实用主义色彩。从实质上来看常态化，主要是侧重于最终目标实现和事物发展过程中的主体状态，两个方面共同构成常态发展。但当前的常态化主要强调的还是形式上的，从表面看在延续性地进行某一些工作，忽略了事物自身的内在需求，需要挖掘事物发展深层次的动机与能动性，从事物发展本质出发实现形式上的常态化与实质上的常态化相统一。

第四，体现常态化特征。常态化最重要的特征是"以人为本"，是在人的参与、计划范围之内的常态化，是人们自我实现和发展的重要策略。在常态化情景下，人们的思维、心态和价值观念都相对平稳，具有相对较高的自觉性、可信度和认同感，有比较明晰的行为趋向和选择标准，同时还应有较强的社会包容性。常态化主要彰显的是人们把握和治理事态发展变化的应变能力和控制能力。但是在现实生活中，事物的发展状态在很大程度上存在强烈的自上而下的控制论色彩，多是被拥有相关权力的人所掌控，过多地强调用制度和机制来进行干预，所以不可避免地存在因价值偏见和利益冲突等而引发的各种问题，真正做到"以人为本"的常态化还有相当大的难度。常态化要始终把握人的自身需求，遵循事物发展规律，发挥人的主观能动性，增强执行力和认同感；要注重提高主客体的内在潜能，提升其学习力和创新力，达到思想上有统一认识、行动上有良好习惯、管理上有制度保障、运行上有流程标准，从而实现事物的持续稳定发展。

第二节　理想信念教育常态化

一、理想信念教育常态化的提出与解析

1. 理想信念教育常态化的提出

一个国家和民族要取得长远发展，必须有共同理想作为支撑，这对于筑牢全党和全国人民精神之基，凝聚起强大的精神力量具有重大而深远的意义。党的十九届四中全会提出，要"推动理想信念教育常态化、制度化。"[①]这对理想信念教育提供了新的内容与视角，对于深入持续开展理想信念教育进行了全面部署。党的十九届五中、六中全会分别指出"推进理想信念教育常态化制度化"，这是党中央立足战略高度，重申与强调理想信念教育常态化的重要性和紧迫性，为今后理想信念教育工作提供了方向指引和根本遵循。

2. 理想信念教育常态化的解析

所谓理想信念教育常态化就是指持续深入地开展理想信念教育，使教育主客体始终保持一种经常的、平常的、日常的教育状态，逐步形成一种科学、规范、有序、稳定的思想政治教育模式，从而增强理想信念教育实效性。理想信念教育常态化需要依靠一系列科学的原则、制度、规范、程序、标准等来保障教育活动正常开展，明确做什么、怎样做、达到什么效果等。这是一项系统工程，需要各组成部分和中间环节相互作用和持续发力，才能保证稳定的运行状态，因此理想信念教育常态化的过程和方式也决定了教育的最终成效。探究理想信念教育常态化的特征，主要可以归纳为以下几个方面。

[①]《中共中央关于坚持和完善中国特色社会主义制度、推进国家治理体系和治理能力现代化若干重大问题的决定》，北京：人民出版社，2019年，第23页。

一是体现在日常性上。理想信念教育常态化突出抓常抓长，要把理想信念教育融入日常生活、成为一项常规性工作，建立全员、全程、全方位教育的制度体系。通过可亲、可感、可信的方式，将教育内容渗透到日常社会生活和教育的方方面面，真正影响、触动和引导被教育者，营造良好的日常教育氛围，使理想信念教育元素无时不在、无处不用，从而达到日用而不觉的效果。

二是体现在长期性上。理想信念教育常态化要通过长期的、不懈的努力来实现，这也是由理想信念形成的长期性所决定的。理想信念的确立不能期望一节课、一个报告、一个活动就可以解决问题。因而，理想信念教育不是短期的阶段性工作，而是一项长期的历史性任务。理想信念教育常态化要坚持教育的长期性，才能避免运动式、突击式的教育形式，使之成为一项常抓不懈的工作。

三是体现在可持续性上。理想信念教育常态化虽然不是固定不变的，但也不可以随意或盲目地进行改变，需要遵循特定的教育规律，采取具有计划性和针对性的手段开展教育活动，在教育理念、教育内容、教育管理等多方面连续进行。理想信念教育过程中各环节要有机衔接，各要素要协同作用，只有实现理想信念教育可持续性发展，才能构建出环环相扣、螺旋式上升、波浪式前进的理想信念教育常态化模型。

四是体现在长效性上。理想信念教育常态化要坚持目标导向，要在长效机制建设上下功夫，善于总结运用理想信念教育中的好经验好做法，不断扩大理想信念教育的辐射效应，使之固化为行之有效的体制机制。同时要重视引入心理学、教育学、社会学等多学科资源，深入研究和把握理想信念教育规律，为形成可推广的教育模式提供科学的理论支撑。要积极探索适合不同行业、不同领域、不同群体开展理想信念教育的方法途径，既要精准有效覆盖，又要生动鲜活开展，形成全社会理想信念教育常态化机制。

二、理想信念教育常态化与相关概念辨析

1. 理想信念教育常态化与制度化

"所谓制度化就是将人类对自然法则和社会法则的价值抽象思维形式即文化观念，客观化为一种强制性的社会价值准则或价值体系。"[①] 制度化是使社会生活科学化、有序化和规范化的一种变迁过程。制度化的目的不是为了单纯建立制度，主要是为了保障事物规范运行，促进其科学、合理发展。理想信念教育常态化是对理想信念教育时间维度的数量要求，是一种经常开展的状态，要在日常中抓紧抓实，经常抓、深入抓、持久抓，不能毕其功于一役。理想信念教育不是一次活动，要突出常规工作，融入日常教育，长期坚持、形成常态。理想信念教育制度化是对理想信念教育实践操作的质量要求，反映了对理想信念教育客观规律的理性认识，要从建立机构、确定共同的价值观念、制定相应的规范等方面出发，明确理想信念教育常态化的内容、方法、程序、标准等要求，规范教育者的行为，避免工作的随意性与盲目性。

理想信念教育常态化与制度化的不同之处在于：从内涵方面来讲，理想信念教育常态化是指理想信念教育趋于一种正常的、平常的状态，是稳定运行过程；而理想信念教育制度化是理想信念教育趋向规范化、有序化变迁，是保障执行的过程。从功能上来看，理想信念教育常态化是理想信念教育日常工作的标准和要求，做到"时时、处处、事事、人人"开展理想信念教育；而理想信念教育制度化具有秩序功能、控制功能和组织功能，不仅能使理想信念教育达到制度完备与规范统一，而且还有助于将理想信念教育规范内化，促进人们行为的协调，并将教育对象的发展与教育成效紧密联系在一起。从性质上来说，理想信念教育常态化

[①] 司马云杰：《文化悖论》，西安：陕西人民出版社，2003年，第141页。

注重日常行为习惯的养成，在没有硬性的规章制度来要求与约束时，教育主客体也会自觉地按照相关规范来行动；而理想信念教育制度化是硬性要求，具有一定的强制性，必须建立健全制度体系明确要求理想信念教育应当按照一定的范式开展实践，建立相应配套完善的督导督办检查机制，实现责权明确、奖罚分明。

对于理想信念教育，常态化和制度化两方面要求是相辅相成、密切相关、同频共振的。常态化是制度化的实践过程，是表现与外在；制度化是常态化的运用与完善，是内在与需求，不能将两者割裂开来或者独立起来，需要一体把握、统筹推进。一方面，常态化是制度化的基础和前提。制度的形成必须依据长期的、系统的、全面的理想信念教育实践，没有常态化作基础，制度化就会成为脱离实际、孤立抽象的政策条文，缺乏针对性和实效性，难以保证理想信念教育效果。同时，完善的理想信念教育制度只有落实到日常工作中，才能体现制度的规范性和约束力，才能体现自身价值，实现教育目标。另一方面，制度化是常态化的重要保障。常态化离开制度化的保障就会失去规范，成为无本之源，理想信念教育就很难融入日常教育教学工作中，难以形成一种持久、规范的运行状态。制度化的目的是实现常态化，没有制度化的规范引导，理想信念教育常态化就存在随意性、盲目性和无序性，成为一种简单重复与循环，缺乏系统性，并非真正意义上的常态化，达不到深入持久的目的，也就不能够提升理想信念教育质量和效果。由此可见，理想信念教育常态化和制度化二者是相互依存、同步推进、不可分割的。

2. 理想信念教育常态化与平常化

平常就是普通、平凡，也有平日、平时之意，指经常发生或出现的事物或场景，通常用于形容事物或人"普通""不特别"的语境中。

平常化没有特殊的要求，突出强调的是普通和一般，而常态化则要求科学把握方法论，有专门的规范要求、工作方法和实施措施。

理想信念教育常态化不是平常化，二者有着显著的区别。首先，常态化突出理想信念教育的重要性，要把理想信念教育作为一项重要工作常抓不懈；平常化就是将理想信念教育作为一项日常工作和普通工作来抓。其次，常态化注重在日常工作中抓规范提高水平，推进理想信念教育工作的标准化、规范化建设，要有健全的规章制度，并且严格落实；而平常化则没有相关要求，有制度出台、能完成上级交办的任务，平常待之即可。最后，常态化要着力提高教育者的认知能力，有效激发内生动力，组织动员教育者把力量凝聚到提高理想信念教育成效上来，为理想信念教育工作提供有力保障。理想信念教育平常化不能引起教育主体和客体的更多关注，得过且过，在很大程度上影响教育成效。因此，理想信念教育常态化与平常化最大的区别在于，在常态化视角下，理想信念教育工作会有更高的标准和更严的要求。

理想信念教育常态化与平常化也有相通之处，常态化讲究将理想信念教育工作融入日常、抓在平常，常态化是在平常化的基础上进一步深化与提升，要紧紧围绕理想信念教育的根本目标，不断完善优化规章制度，创新教育方法与形式，建立运行高效的落实机制和考核、奖惩、激励机制，使理想信念教育举措落到实处。此外，常态化与平常化都要求教育主体和客体多一些平和心态，少一些盲目、激进的运动式举措，不追求表面化、形式化的内容，以稳定持续的状态推进落实理想信念教育工作。

3. 理想信念教育常态化与生活化

生活是人的"专利"，是主体能动与受动的统一。人的生活即是一个总体，一个有机的、不可分割的整体，其中的每一种形式、每一个环节、每一个方面都无法脱开其他形式、环节或方面而独自发展。[①]生活化主要是指在人的成长过程中，持续不断地创新和改变日常生活，为人的生存、发展和完善创造无限可能，实现生活对人的教化和感化。这一过程不能脱离人的实际生存世界，不是一蹴而就的，是持久的、长期的，具有客观历史性。日常生活时时刻刻在人与人、人与自然、人与社会之间发生。理想信念教育生活化是指要在理想信念教育中重视日常生活养成，使受教育者的理想信念在日常生活中确立并不断巩固。

教育即生活。教育是一个经验不断累积的过程，这个过程离不开生活实践，教育的效果需要在生活中提高，也需要在生活中检验。生活即教育。生活中的一切事物都存在教育的可能，生活本身就有教育意义。正是由于与生活产生了关系，并且以生活为中心，这才产生了教育。可见，教育不是孤立存在的，教育与生活密不可分，教育既存在于生活之中，又服务于生活，同时也是生活的组成部分，能够帮助学生获得更多的生活体验，创造更好的生活条件，是社会生活延续的工具。理想信念教育生活化是将理想信念教育置于现实的生活背景之中，在理想信念教育过程中紧密联系学生生活实际，创设更多具有教育意义的生活情境，从生活中寻找理想信念教育素材，解决大学生在学习生活中的困惑，激发学生作为生活主体接受教育的强烈愿望，让学生在生活中感悟和领会教育实质，将理想信念转化为生活动力，从而更好地生活。

理想信念教育常态化不是生活化，二者存在不同之处。从时间上说，常态化意味着持续性和深入性，它不是突击性的教育任务，不能一劳永逸，而是要常抓不懈，要建立理想信念教育的长效机制。生活化主要强调的是在日常生活阶段融入理想信念教育内容，将教育与生活紧密联系

[①] 李文阁：《回归现实生活世界——哲学视野的根本置换》，北京：中国社会科学出版社，2002年，第232页。

起来，找到二者的切入点，从生活中感悟理想信念教育的重要意义，通过理想信念教育增强生活动力，真正实现教育即生活和生活即教育的目标。从空间上说，常态化意味着理想信念教育的覆盖面要到位，从生活到学习，从日常点滴到重要活动，从体系构建到评价考核，要做到教育不留死角，从每一个人抓起。生活化更注重的是以日常生活为主要载体，使教育主客体自觉认知并认同，使其在复杂的生活实践中将"知"转化为"行"，实现教育客体在生活中的自我学习、自我教育和自我提高。

理想信念教育常态化与生活化也是紧密相关的，两者都强调理想信念教育与日常生活之间的紧密关系。一方面，理想信念教育常态化离不开生活化，日常生活是理想信念形成的现实基点，理想信念教育只有把握日常生活这一生成路径，才能实现常态化。理想信念教育常态化的价值也必须在日常生活当中体现出来。另一方面，理想信念教育生活化离不开常态化，需要在常态化中持续推进、坚持不懈，从而形成稳定状态，不断巩固理想信念教育生活化的效果。

第三节 新时代大学生理想信念教育常态化

一、新时代大学生理想信念教育常态化的科学内涵

1. 新时代大学生理想信念教育的内涵

大学生理想信念教育是高校思想政治教育的重要内容。新时代大学生理想信念教育就是立足新的历史方位，满足新的时代要求，高校教育工作者以习近平新时代中国特色社会主义思想为指导，运用科学有效的方法对大学生施加有目的、有计划、有组织的影响，帮助大学生树立马克思主义信仰和中国特色社会主义共同理想、共产主义远大理想的教育活动。具体来说，新时代大学生理想信念教育主要包括以下几方面内容。

一是马克思主义理论教育。马克思主义是我们立党立国的根本指导思想。大学生正处于世界观、人生观和价值观形成的重要阶段,需要增强理论辨析能力,能够利用马克思主义的立场、观点和方法来分析问题、解决问题。因此,新时代大学生理想信念教育必须加强马克思主义理论教育,引导大学生学好马克思主义基本原理,认识到马克思主义的重要意义,能够将马克思主义理论与日常实践紧密结合,将马克思主义理论作为树立马克思主义信仰和社会主义、共产主义信念的思想基石和力量源泉。

二是中国特色社会主义理论体系教育。中国特色社会主义理论体系是马克思主义中国化的最新理论成果。新时代大学生理想信念教育要引导大学生正确认识关于中国建设、巩固和发展的理论原则、实践探索和取得的伟大成就,能够增强"四个意识",系统掌握中国特色社会主义理论的重要思想内容、历史依据、发展进程和时代意义,自觉运用习近平新时代中国特色社会主义思想武装头脑,自觉担当起推动中国特色社会主义事业不断发展的历史使命。

三是爱国主义教育。爱国主义是中华民族的民族心、民族魂,激励着广大青年永远把祖国的利益放在最高位置,为民族振兴而不懈努力。爱国主义是中华民族最重要的精神财富,也是中国人民团结奋进、维护民族独立与尊严的最强大精神动力。新时代大学生理想信念教育要引导大学生增强爱国之情、砥砺强国之志、实践报国之行,深入开展国情与形势政策教育,大力弘扬民族精神和时代精神,传承和弘扬中华优秀传统文化,不断增强大学生的民族归属感、认同感。

四是"四史"教育。历史是最好的教科书,也是最好的清醒剂。新时代大学生理想信念教育要深入开展党史、新中国史、改革开放史、社会主义发展史宣传教育,引导大学生深刻认识历史和人民选择中国共产党、选择马克思主义、选择社会主义道路、选择改革开放的必然性,弄清楚中国共产党为什么能、马克思主义为什么行、中国特色社会主义为什么好等基本道理,加深对党的历史与理论的理解和认识,坚定不移听党话、跟党走。

2.新时代大学生理想信念教育常态化的内涵

大学生理想信念的确立和巩固不是一蹴而就的,需要一个长期培养、磨砺和践行的过程,大学生理想信念教育是一个持续深化的过程,需要常态化进行。所谓大学生理想信念教育常态化,就是坚持以习近平新时代中国特色社会主义思想为指导,突出大学生理想信念教育在思想政治教育中的核心地位,在日常教育教学中全方位融入、全过程渗透、全员参与,使大学生理想信念教育形成一种经常性、生活化的状态,构建规范有序、科学高效的长效运行机制,引导大学生牢固树立马克思主义信仰和社会主义、共产主义信念。具体来说,一方面,大学生理想信念教育要在日常工作中常抓不懈,形成规范性制度和长效性机制,实现全员、全过程、全方位教育;另一方面,大学生理想信念教育常态化要符合时代要求,坚持传承与发展并举,在保持继承性的基础上,实现逐步推进,稳步发展,不断适应复杂多变的新形势,不断提高人才培养质量。

大学生理想信念的确立和巩固是一个理性选择的过程。在这一过程中,教育者要持续不断地进行恰当教育和引导,使教育主客体之间相互作用、密切配合,促进内外因素形成合力和推动力。因此,大学生理想信念教育常态化的内在逻辑,是一个不断发展与实践的过程,需要建立健全相应的制度规范和体制机制加以保障。大学生理想信念教育常态化要着力构建基础牢固、重点突出、深入持久的长效运行机制,要在复杂多变的情境中找到运行规律,提出明确的日常行为规范和工作要求,并且坚持长期贯彻落实。同时教育者和教育对象要在情感上培育共同的认知,克服急于求成、急功近利的思想。因此,大学生理想信念教育常态化需要绵绵用力、持之以恒，抓常抓细抓长，实现思想上认清、任务上明确、制度上保障、行动上落实，从知到行环环相扣，知行合一，久久为功。

大学生理想信念教育常态化实质上是要使理想信念教育工作规范化开展和长效性落实，使理想信念教育的过程由显性向隐性转化，而理想信念教育的价值由隐性转化为显性，增强教师进行大学生理想信念教育常态化的主动性和自觉性，将理想信念教育渗透到教育教学全过程，使大学生能够真切感受到教育的针对性，增强理想信念教育的实效性，这也是教育主体客体化和教育客体主体化相互转化的过程。区分理想信念教育常态化的主体和客体，是从宏观角度出发，强调党对理想信念教育的领导作用，强调教育者的主导作用，把握正确的方向。教育对象作为客体，并不是要置于次要地位，而恰恰相反，要充分满足教育对象的主体需求，高度重视其作为客体的积极性、能动性和创造性，教育主体要正确认识、科学把握教育客体的主体性，并充分利用、积极培育教育客体的主体意识。只有通过教育客体内在的思想矛盾运动，自觉地将教育主体输出的理想信念和教育信息内化于心、外化于行，这样才能实现理想信念教育常态化的真正目标。

大学生理想信念教育常态化要针对大学生特点，从复杂多变中寻求规律，提出明确的日常工作行为规范和要求，并且坚持长期贯彻落实，逐步成为教育者和教育对象共同认可、共同遵守的思维方式和行为理念。在实际工作中，要结合时代要求，不断创新大学生理想信念教育理念和内容方法，构建常态化制度体系和运行机制，形成相对稳定和规范的运行模式。判断大学生理想信念教育中的某些理念和行为是否形成常态化，主要看理想信念教育实践活动是否符合以下标准：一是从时间上看，是否长期坚持去做，是否将时间频率和质量效果统筹考虑，是否将工作要求认真贯彻落实，是否具有较强的规范性、稳定性和长效性。其中规范性是大学生理想信念教育常态化的基础，只有建立在规范性之上的常态化，才能使外在约束和规范转化为自觉行动，不是为了完成任务而敷衍应对，在规范性的引导下，理想信念教育常态化才能持续深入开展，成为自我发展过程中的动力源泉，达到稳定性和长效性。二是从教育主客体看，是否形成了理想信念教育工作者和教育对象的习惯性思维方式和行为方式，成为双方共同的价值追求，并且共同培育形成了较高的认同感。大学生理想信念教育常态化要避免唯书、唯上和形式主义，增强理论诠释的先进性和科学性，防止出现教条化和泛政治化现象，提高教育主客体的思想自觉和行动自觉，将常态化理念贯彻落实到具体的教育教学工作中，真正实现主客体之间双向互动，并且不断与时俱进，根据新形式、新变化做到及时更新观念、方法、内容、体制，达到动态平衡。三是从运行机制上看，是否有相对明确的理想信念教育常态化制度规范，有具体的考核监督要求，并且固化下来，成为自觉遵守的约定，形成了一种固有的文化氛围。大学生理想信念教育常态化运行机制要避免短期行为，防止出现功利主义思想，否则会影响和制约理想信念教育的可持续发展。

二、新时代大学生理想信念教育常态化的基本内容

党的十九届四中、五中、六中全会强调要"推动理想信念教育常态化制度化"，巩固全国各族人民团结奋斗的共同思想基础。推动大学生理想信念教育常态化，应当立足于新时代的历史方位，以习近平新时代中国特色社会主义思想为指导，深刻把握大学生理想信念教育的历史逻辑、理论逻辑和实践逻辑，建立理想信念教育科学、规范、稳定、长效的运行机制，持续巩固大学生的马克思主义理论基础，引导大学生筑牢信仰之基，保持思想定力；常补精神之钙，挺起民族脊梁；把稳思想之舵，扣好人生第一粒扣子，以中国人民共同坚守的理想信念抵御和防

范各种腐朽思想、错误言行的影响与冲击。大学生理想信念教育常态化的内容没有相对统一的规定，可以从教育资源、教育载体、教育手段等不同角度进行划分。

从教育资源方面来看，大学生理想信念教育要从常态化运行角度重新界定、取舍、构建教育内容体系，尽可能剔除那些渗透于各类载体中的"假""大""空""虚"内容，不断优化已有教育资源，进一步开拓更新教育资源，完善教育理论体系。理想信念教育常态化的效果很大程度上取决于大学生在社会主义实践中的认知和体验。理想信念不会凭空产生，必须依赖教育方法的不断改进和教育活动的持续推动。一方面，教育资源要整合已经积累的理性知识或经验证明的知识，融入大学生的真实生活情境当中，在理论认同的基础上，能够在日常生活实践中感知和领悟，并且逐步建构和不断巩固理想信念，帮助大学生坚定"四个自信"。另一方面，教育资源要进行动态调整，随着社会生活的改变而改变。由于"现在的社会不是坚实的结晶体，而是一个能够变化并且经常处于变化过程中的有机体"[1]，大学生理想信念教育常态化资源要结合新时代中国特色社会主义取得的最新实践成果，涵盖政治、经济、文化、社会生活等各方面，及时地进行开发与更新，不断深化对社会主义理论观点、实践途径等的理解认识，增强时代感和现实性，以提升常态化进程中理想信念教育资源的有效解释力，增强教育话语体系的科学化程度。

从教育载体方面来看，大学生理想信念教育常态化要将与大学生学习生活结合紧密，具体而细微的场景作为教育的真实、完整载体，让大学生对马克思主义、社会主义和共产主义的认识理解真正建立在坚实的感性基础之上。由于新时代大学生的成长历程和生活背景有其特殊性，必须将社会主义历史发展的真实情境作为教育常态化的载体，精确还原历史本来面貌，讲清历史事实，对以往实践的功过是非进行辨析，

---

[1]《马克思恩格斯文集》第5卷，北京：人民出版社，2009年，第10、13页。

让学生掌握马克思主义的世界观和方法论，明白什么是社会主义的本质，了解中国特色社会主义的强大优势，明晰中华民族伟大复兴的"中国梦"与实现"个人梦"之间的关系。自从马克思对社会发展客观规律正确揭示以来，共产主义远大理想就成为无产阶级立足现实生活的共同价值追求。理想信念教育常态化要在重新深度解读马克思主义科学理论的基础之上，用与时俱进、生动鲜活的教育案例，紧密结合社会主义实践的曲折经历，从现存的经济社会关系当中，拓展理想信念教育常态化的实践载体和文化载体，发挥网络新媒体的作用，通过多种载体形式使大学生深刻认识并且认同中国特色社会主义制度的显著优势，能够直面和思考今后发展至关重要的问题，科学合理地对待和分析所涉及的社会主义实践问题，不唯书、不唯上，以辩证思维去看待，为大学生理想信念的培育、生长搭建新载体，拓展新空间，实现新常态。

从教育手段方面来看，大学生理想信念教育常态化要将隐性和显性教育手段有机结合，通过隐蔽性和间接性的方式，对大学生产生潜移默化的影响，使其在不知不觉的状态中接受循序渐进的教育。通常情况下，显性教育手段主要依靠制度、机制、规范等措施，具有强制性、直接性、外显性作用，大学生理想信念教育常态化离不开这些显性教育手段，这些手段可以使理想信念教育常态化实现效率高、见效快、约束力强的效果。但是这些显性教育手段不能直击学生内心深处，容易产生异化或治标不治本，还需要运用科学性、规范性和艺术性相结合的教育手段去积极配合。隐性教育手段包括渗透于大学生日常生活当中的课堂教学、校园文化建设、第二课堂活动、社会实践、教师言行等方面的内容。对于隐性教育手段，可以从大学生的道德情感、行为习惯、思维理念等内生动力方面进行培养，实现理想信念教育常态化的根本目标。隐性教育手段使大学生接受起来比较容易、效果也会更持久，但在组织实施过程中难度较大、不易操作，效果衡量也相对复杂。因此，大学生理想信念教育常态化要将显性教育与隐性教育有机结合，使二者同向发力，协同作用，真正从学生实际需要出发，实现内化于心、外化于行，达到教育引导与自我提升的统一。

三、新时代大学生理想信念教育常态化的主要特征

大学生理想信念教育常态化具有明确的目的性，就是通过经常性、持续性地开展理想信念教育活动，使大学生牢固树立马克思主义信仰和社会主义、共产主义信念。大学生理想信念教育常态化除具有理想信念教育的基本特点之外，从常态化教育视角来看，主要特点有：

1. 体现理想信念教育规范的运行状态

大学生理想信念教育常态化首先表现为组织、运行的科学性与规范性，强调在工作中使政策与教育方法达到可持续性和稳步性，提升工作的执行力和实效性。当前大学生理想信念教育主要还是采用行政手段，轻视制度规范和运行机制建设，一些形式化的会议、文件较多，发言讲话套话、口号较多，对于理想信念教育要求选择性落实、象征性执行，使一些规定变成了"稻草人"。而常态化教育则注重从制度建设和机制建设两个方面予以加强，使大学生理想信念教育活动更加规范有序，将原则性、口号性的内容与要求，结合实际落地落实，使举措更加具体化。

从当前形势和长远发展来看，要解决大学生理想信念教育不够深入、持久的问题，避免部门重叠扯皮、推诿的问题，看似人人都在负责、实际人人不负责的问题，理想信念教育常态化是必要途径。大学生理想信念教育常态化重视制度和机制建设，能够激发教育者和被教育者执行制度和参与活动的动力，在贯彻、执行制度的过程中，教育者和被教育者要经历一个从思想认知、接受到认同的过程，这是理想信念教育实现常态化的重要前提。有了这个基础，在常态化制度、机制规范运行的保

障下，使大学生理想信念教育的各要素、结构和条件之间达到同步、协调与融合。

大学生理想信念教育常态化在加强制度和机制建设的基础之上，还要注重教育引导学生内化于心、外化于行，能够把行为规范转变为自觉行动和生活习惯，从而内化为自身坚定的信仰。从一定程度上讲，大学生理想信念教育常态化主要还是要解决大学生的思想问题，制度规范在某种意义上也具有暂时性和有限性，大学生理想信念教育常态化的最终目标是转化为大学生的自我意识、自觉行动，实现自我教育和自我发展。

2.体现理想信念教育完备的工作体系

大学生理想信念教育常态化强调教育工作要形成长效机制，以构建理想信念教育常态化体系作为总目标，抓牢抓实日常教育工作，发挥体系的贯通与牵引作用，让理想信念教育与教育教学工作结合起来，与管理服务育人结合起来，与学生成长成才实践结合起来，与时代发展需要结合起来，全面提升思想政治工作成效。构建大学生理想信念教育常态化体系，是关系理想信念教育生命力、创造力的系统工程，必须联系日常教育教学实际，调动教育主客体的积极性和能动性，把理想信念教育融入核心价值观培育、道德教育，在思想政治理论课教学、专业学习、课外活动、文化氛围营造和社会实践等各个环节中予以体现，贯通教学、科研、管理体系，形成一个理念科学、运行规范的系统化、整体性工作格局。要注重从内容资源、载体介质、师资队伍等方面，推动理想信念教育守正创新，增强时代感和吸引力，实现动态与稳定、短期与长期、传承与创新的辩证统一，将整个工作一体化推进，持续巩固理想信念教育的核心地位，使理想信念教育在新时代焕发新的生机与活力，充分体现大学生理想信念教育常态化的现实意义。

理想信念本身是一种价值体系，其内容与形式会随着时代的变迁而发生相应的变化，它既是一个动态的系统，也是一个需要持续深化的过程，需要有规范稳定的教育体系加以保障。同时，应当不断从大学生理想信念教育实践中积累、提炼好的经验与做法，进一步总结提升，建立健全和不断完善已有教育体系，实现从非常态到常态、再到新常态的飞跃。因此，大学生理想信念教育需要常态化，常态化也体现了大学生理想信念教育体系不断完善的过程。

3. 体现理想信念教育有效的工作机理

大学生理想信念教育常态化首先是以大学生对教育内容的主观态度为基础的。接受还是拒绝、真正接受还是虚假接受，决定了理想信念教育是有效、低效还是无效。教育者不是通过强制性要求、硬性规定或命令来开展理想信念教育，而是与大学生一样，都是平等的参与主体，通过日常渗透，逐步推进，反复强化，使大学生进行自主性学习，是否接受和接受多少都是由大学生自己决定，依靠大学生的主观态度对理想信念教育内容予以接受。

随着大学生理想信念教育的逐步深入，大学生接受了教育内容，产生了科学的认知，还要在此基础上达到真正认同，并且将其内化于心、外化于行。这个过程不是一蹴而就的，涉及理想信念教育的每个环节、各个方面，既要转变教育者的观念，又要创新教育载体、丰富教育内容，还要遵循理想信念形成规律，"情感不但作用于认知，而且渗透于认同活动的整个过程，从信息的接受、选择到分析、加工，始终以一种弥散的方式作用于整个认同活动。"[①]大学生理想信念教育常态化要着眼于认知、情感、意志等因素，不仅仅要"晓之以理"，更重要的是能够"动之以情"，这样才能帮助学生将教育内容从认识、认知层面上升到意志、信念层面，做到内化于心、外化于行。

有了接受和认同，对于大学生来说已经做好了现实转化的基础。理想信念需要持续巩固到行动认同，具体体现于外在实践过程当中，这是大学生按照理想信念教育的思想引领和价值导向作出的行为选择，在

[①] 魏永强、郑大俊：《思想政治教育认同的心理结构及其生成机制》，《学校党建与思想教育》2014年第3期，第17页。

这一过程中实现自我提升。这也是大学生理想信念教育常态化促进理性认同的巩固和深化，并且带来情感认同的强化与升华的特征表现。

4. 体现理想信念教育健全的工作机制

大学生理想信念教育常态化就是通过建立持久、稳定的政策规定，采取科学、规范的工作方法，形成健全、完善的工作程序，确保开展理想信念教育的日常规则能够有机联系和有效运转。常态化主要体现的是工作机制存在一定的张力，能够在动态环境中保持平衡，各要素之间相互协同，内部结构、条件协调有序，组织、运行更加合理、科学和规范。大学生理想信念教育常态化要贯穿于大学生平时学习生活的全过程和各方面，要使大学生在接受教育和自我学习、思想认识上做到潜移默化，不走形式，不搞突击，不求"短平快"和"立竿见影"，而是着眼于长期目标，抓"常规"、抓"经常"、抓"过程"、抓"细节"，在日积月累中见成效。要尊重客观规律，促进行为习惯养成，形成日常工作机制，让理想信念教育科学化、日常化、生活化，让常态化举措落到实处、落地生根，体现在细微之处，融入到点滴当中，使大学生自觉、主动接受，从而全面、全方位、全过程地推动大学生理想信念教育常态化深入持久稳定开展。

大学生理想信念教育常态化提升了工作的执行力和实效性，将理想信念教育看成是一种多维元素、多个环节、多种规范组成的科学体系，从整体上把握是实现这一目标的关键，确保制度的持久、深入和发展，引导大学生把行为规范转变为自觉行动和生活习惯，并逐步内化为稳定的品格。作为特殊的实践活动，如果大学生理想信念教育常态化只是通过制度规范作为有效保障，那么在某种意义上来说就具有一定的局限性。在具体实践活动中，需要进一步从根本上解决教育的深层次难题，从而转化为自我教育，提升大学生理想信念教育常态化主客体的自觉性，实现真正意义上的持久、稳定和深入。

第二章 新时代大学生理想信念教育常态化的理论基础

习近平总书记强调："中国共产党人的理想信念，建立在马克思主义科学真理的基础之上，建立在马克思主义揭示的人类社会发展规律的基础之上，建立在为最广大人民谋利益的崇高价值的基础之上。"[①]立足新时代，如何对大学生理想信念教育常态化进行研究，需要从理论基础着手，进行深入分析，以马克思主义理论为指导，准确把握事物发展变化的运动规律，了解从量变到质变而形成的持久稳定状态，从理想信念的生成中把握其阶段性和曲折性规律，在理想信念教育反复施教和渗透转化规律中寻找常态化的支撑条件。

第一节 马克思主义理想信念教育理论

一、经典马克思主义理想信念教育理论

1.关于信仰的相关论述

马克思恩格斯终其毕生精力，形成了马克思主义理论体系。马克思主义的诞生，是科学思想中的伟大成果，这一科学的理论体系也为马克思主义信仰奠定了基础。信仰作为精神活动，具有精神生产的能动作用。马克思在《神圣家族》中就提到了"精神生产"这一概念，他在论述物质生产决定作用的同时，批判了唯心主义的观点。他认为在合理的行动下，精神生产能将思想中的事物变成现实。马克思和恩格斯在《德意志意识形态》中提到，人们取得自由的程度是由人类理想的相应观念决定的。恩格斯在《英国工人阶级状况》中对宗教信仰进行批判，他认为不应该给儿童灌输宗教教条，孩子们接触这些内容，会阻碍智力、精神和道德发展。马克思还认为资产阶级的信仰就是宗教信仰，而工人阶级则要从宗教信仰中解放出来。

[①]《习近平谈治国理政》第二卷，北京：外文出版社，2017年，第50页。

列宁明确提出了"共产主义信仰""马克思主义信念"的概念。他在《马克思和恩格斯通信集》中写道:"恩格斯当时还不满24岁。家庭环境使他厌倦,因此他急于要离开。他父亲是个专横的、信教的工厂主,对儿子四处参加政治集会,对他的共产主义信仰很生气。"①在这里列宁提到了"共产主义信仰"这一概念。列宁在给波利斯·克尼波维奇的信中说:"我非常满意地读完了您的书,我很高兴地看到您着手写一部严肃的大著作。通过这部著作,想必完全可以检验、加深和巩固马克思主义的信念。"②列宁在此提到了"马克思主义信念"的概念。列宁认为,无产阶级政党的任务是"赋予自发的工人运动以明确的社会主义理想,把这个运动同合乎现代科学水平的社会主义信念结合起来……"③

2. 关于信仰教育的相关论述

马克思在《第179号"科伦日报"社论》中就提到了国家教育自己的成员,就是使他们从共同目的出发,站到大家的角度,使自己成为国家的成员。这体现了马克思关于共同理想教育的思想。马克思还倡导"政教分离"原则,他在《1891年社会民主党纲领草案批判》中就提出,学校教育要摆脱宗教的影响,国民学校应该与宗教相独立,着力于培养无产阶级人才。马克思和恩格斯一直以来都非常重视对科学社会主义的宣传教育,这也是信仰教育的核心要义。马克思还将工人、农民和青少年作为信仰教育的重点人群,主张对他们进行无产阶级立场、观点和方法的教育。

1920年4月,列宁在俄国共产党的第九届大会第一次使用"理想信念的教育"这一术语。列宁十分重视对青年的理想信念教育,他主张

---

① 《列宁全集》第24卷,北京:人民出版社,1990年,第276页。
② 克鲁普斯卡娅:《论列宁》,北京:人民出版社,1960年,第182页。
③ 《列宁全集》第4卷,北京:人民出版社,1984年,第167页。

要把青年塑造成为坚定的马克思主义信仰者，要求青年团首先应当把自己培养成为共产主义者，同时再加强对青年的理想信念教育工作。列宁还特别强调对理想信念教育工作者的培养，发挥这支队伍团结带领工人群众的作用，对工人群众进行共产主义教育，使他们团结在共产党周围。

3. 关于信仰教育方式的相关论述

关于信仰教育方式，马克思强调实践教育的重要性，他在《资本论》中提到生产劳动对于儿童教育的重要性，认为将劳动与智育和体育相结合，能够实现人的全面发展。马克思恩格斯在信仰教育中注重运用理论宣传方式，他们在《德法年鉴》《新莱茵报》等媒体上阐述和宣传共产主义理论和自己的思想主张，并且经常深入到无产阶级群体中宣传共产主义，对无产阶级进行信仰教育。

列宁主张理想信念的灌输教育方式。他指出，"工人本来也不可能有社会民主主义的意识。这种意识只能从外面灌输进去。"[①]列宁强调理论与实践相结合的教育方式，认为学习共产主义不能仅从相关著作中领会，那样只会成为共产主义的书呆子或吹牛家，学习共产主义知识离不开工作和斗争，要成为真正的共产主义者，需要在工作中取得实际成绩。列宁提出说理引导和实践锻炼的重要性，认为这样的教育方法能够增强吸引力和感染力，对于理想信念教育和共产主义理论宣传能够产生积极作用。

二、中国化马克思主义理想信念教育理论

中国共产党从成立开始，就以马克思主义为指导，并与中国实际相结合，进一步丰富和发展相关理论，原创了许多具有针对性的新理论

---

① 《列宁选集》第1卷，北京：人民出版社，2012年，第317页。

和新思想，实现了马克思主义中国化。关于理想信念教育理论方面，党的历代领导集体结合社会发展形势，进行了独特的研究与探索，提出了许多新的理念与思路，既是对马克思主义理论的传承与发展，同时也形成了丰富的理论创新成果。

1. 理想信念教育的目标

毛泽东认为社会主义事业接班人首先要具有坚定正确的政治方向，这也是理想信念教育的重要目标。在抗战期间，毛泽东强调抗战教育培养的是具有正确政治方向和革命素质的青年，造就为民族解放而斗争到底的先锋队。中华人民共和国成立后，毛泽东认为青年理想信念教育的目标是要培养社会主义事业的接班人，使他们做到又红又专，"成为有社会主义觉悟的有文化的劳动者"[①]。他指出："我们的任务，就是进行马克思主义教育，争取在今后两个五年计划内，使我们的青年普遍接受基本的马克思主义教育，使他们通过实践懂得较多的马克思主义。"[②]

邓小平认为，"对马克思主义的信仰，是中国革命胜利的一种精神动力"[③]。他指出，"建设社会主义的精神文明，最根本的是要使广大人民有共产主义的理想，有道德，有文化，守纪律。"[④]在"四有"要求当中，邓小平首先强调的是有理想。他认为，团结广大人民需要有共同的理想和坚定的信念。对于青年理想信念教育，他认为培养社会主义建设的合格人才关键在于教师。江泽民指出，"青年兴则国家兴，青年强则国家强，青年有希望，未来的发展就有希望。"[⑤]他认为，"培养和造就千百万忠诚于社会主义事业的合格接班人，是保证国家长治久

[①]《毛泽东文集》第7卷，北京：人民出版社，1999年，第226页。
[②]《建国以来毛泽东文稿》第6册，北京：中央文献出版社，1992年，第374—375页。
[③]《邓小平文选》第3卷，北京：人民出版社，1993年，第63页。
[④]《邓小平文选》第3卷，北京：人民出版社，1993年，第28页。
[⑤]中央政策研究室：《江泽民论社会主义精神文明建设》，北京：中央文献出版社，1999年，第363页。

安的战略问题。"①他还指出,青年要有理想,还要有实现理想的坚定信念,需要有脚踏实地、百折不挠的奋斗精神。胡锦涛提出要教育引导青少年树立以"八荣八耻"为主要内容的社会主义荣辱观。他在全国宣传思想工作会议上指出,要引导广大干部群众不断坚定建设中国特色社会主义的理想信念。

习近平高度重视青年时期的理想信念,他指出,"青年时代树立正确的理想、坚定的信念十分紧要,不仅要树立,而且要在心中扎根,一辈子都能坚持为之奋斗。"②他强调,广大青年要自觉把个人理想融入国家和民族事业当中,志存高远,脚踏实地。2013年,习近平在同团中央新一届领导班子集体谈话时,分析了当前国内外环境复杂多变,面对各种思潮,对青年更需要在理想信念上进行有力引导。他指出,"中国梦是全国各族人民的共同理想,也是青年一代应该牢固树立的远大理想。"③中国梦是当代青年的国家梦与个人梦的有机统一,青年梦与中国梦始终交相辉映,只有把青春梦融入中国梦之中,用中国梦点燃青春梦,用青春梦激扬中国梦,二者有机结合,才能创造出更大的辉煌。习近平多次强调马克思主义理论学习的重要作用,他认为马克思主义是青年选择人生道路的强大思想武器,要"真正做到对马克思主义虔诚而执着、至信而深厚。"④

2. 理想信念教育的原则

毛泽东认为理想信念教育要与生产劳动相结合。在抗大的办校方针中,毛泽东就提到要学习、生产和作战。他提出了学校要办工厂和农场,工厂和农业合作社办学校的原则,"一切有土地的大中小学,应当设立附属农场;没有土地而邻近郊区的学校,可以到农业合作社参加劳动。"⑤毛泽东还

---

①中央政策研究室:《江泽民论社会主义精神文明建设》,北京:中央文献出版社,1999年,第336—337页。
②《习近平关于青少年和共青团工作论述摘编》,北京:中央文献出版社,2017年,第23页。
③《习近平谈治国理政》,北京:外文出版社,2014年,第50页。
④《习近平谈治国理政》第二卷,北京:外文出版社,2017年,第142页。
⑤《毛泽东文集》第7卷,北京:人民出版社,1999年,第361页。

主张要理论与实际相结合。他强调只懂得理论不懂得实际的人，就不能将理论和实际相联系。毛泽东自己就十分重视将马克思列宁主义理论和中国革命实际相结合，他强调青年要善于在实践中学习，认为读书是学习，使用是更重要的学习。

邓小平主张历史与现实相结合。他认为要用中国历史来教育青年，"了解自己的历史很重要。青年人不了解这些历史，我们要用历史教育青年，教育人民。"①邓小平强调实践的重要性，"群众从事实上感觉到党和社会主义好，这样，理想纪律教育，共产主义思想教育和爱国主义教育，才会有效。"②他认为把劳动和教育相结合，是坚定青年理想信念、增强本领的根本方法。江泽民认为做好宣传思想工作，必须"以科学的理论武装人，以正确的舆论引导人，以高尚的精神塑造人，以优秀的作品鼓舞人"③，这样才能培养"四有"新人。他认为理想信念教育不能照本宣科、空喊口号，要结合人们的思想实际，要从实际出发。胡锦涛提出理想信念教育要坚持教育与自我教育相结合、教育与管理相结合、政治理论教育与社会实践相结合、继承优良传统与改进创新相结合的原则。

习近平强调要知行合一。习近平青年时期到梁家河插队等成长经历，就为广大青年树立了良好的榜样，青年一代就是要在火热的社会实践中，树立对人民的感情、对社会的责任和对国家的忠诚，在实践中坚定自己的理想信念。他指出，"所有知识要转化为能力，都必须躬身实践。要坚持知行合一，注重在实践中学真知、悟真谛、加强磨炼、增长本领。"④青年理想信念的形成需要经过学习、积累、转化、养成和确立，习近平指出，要把理想信念"建立在对科学理论的理性认同上，建立在对历史规律的正

---

① 《邓小平文选》第3卷，北京：人民出版社，1993年，第206页。
② 《邓小平文选》第3卷，北京：人民出版社，1993年，第144—145页。
③ 《毛泽东邓小平江泽民论思想政治工作》，北京：学习出版社，2000年，第39页。
④ 《习近平关于青少年和共青团工作论述摘编》，北京：中央文献出版社，2017年，第53页。
⑤ 《习近平关于青少年和共青团工作论述摘编》，北京：中央文献出版社，2017年，第21页。

确认识上，建立在对基本国情的准确把握上。"⑤

3. 理想信念教育常态化思想

虽然党和国家领导人没有专门提出"理想信念教育常态化"这一概念，但是在关于理想信念教育的重要论述中，体现着常态化的思想。

毛泽东就曾指出："我们的同志一定要懂得，思想改造的工作是长期的、耐心的、细致的工作，不能企图上几次课，开几次会，就把人家在几十年生活中间形成的思想意识改变过来。"①他认为思想改造是需要长期进行、反复进行的，就像打扫房子和洗脸一样，必须经常进行，否则就会积满灰尘。毛泽东对于教育"经常性"的强调，说明了理想信念教育需要反复进行，长期坚持，这也说明了理想信念教育常态化的重要性。如果教育只凭借一时、一会儿，结果就是"有一些人，他们嘴上道德、气节乱喊一阵，但在政治上是不坚定的，中途会变节的，这是无道无德。"②理想信念的坚定性也离不开经常性的教育，特别是对于青年学生，在遇到各种思想冲击时不牢固的理想信念可能会动摇，因此理想信念教育不能间断与停歇。正如毛泽东所说，拥有正确的政治方向还是不够的，必须要坚定，要有坚定的政治方向，这样过三年五年也不会把它丢了。这种坚定的政治方向，需要依靠持续不断的理想信念教育才能形成。

邓小平强调："我们一定要经常教育我们的人民，尤其是我们的青年，要有理想。"③他认为，一个人的远大理想要与日常工作相结合，要在日常行动中去体现，理想的实现是由无数细小工作积累而成，这也就强调了日常教育的重要性。理想信念教育要提升实效性，必须抓住日常这个关键，开展经常性教育，要将理想信念教育体现在日常工作当中。

---

① 《毛泽东文集》第7卷，北京：人民出版社，1999年，第279页。
② 《毛泽东文集》第2卷，北京：人民出版社，1993年，第191页。
③ 《邓小平文选》第3卷，北京：人民出版社，1993年，第110页。

邓小平指出，理想信念教育是个长期的任务，不能搞运动，要以教育、引导为主。邓小平深刻认识到巩固和发展社会主义制度，是一个长期的历史过程，需要坚持不懈为之奋斗，所以，对青年的理想信念教育要经常开展，这种经常性要贯穿到日常工作中，注意方式方法，提升教育引导效果。江泽民认为，进行社会主义现代化建设依然面临着非常严峻的形势，会遇到很多复杂情况，还要应对各种风险挑战，党员干部要提高警惕，时刻经受考验，要不断加强对党员干部的理想信念教育。胡锦涛认为，对青年的理想信念教育要不断进行。因此，理想信念教育要避免运动方式，要坚持经常、持之以恒、常态化推进。

习近平总书记十分重视理想信念教育的经常性与持续性。他在谈到核心价值观养成时，就强调了日常养成的重要性，提出"要坚持由易到难、由近及远，努力把核心价值观的要求变成日常的行为准则，进而形成自觉奉行的信念理念。"[1]对于培育和弘扬社会主义核心价值观，他认为必须要融入生活，要"努力做到每一堂课不仅传播知识而且传授美德，每一次活动不仅健康身心而且陶冶性情"[2]，这样日积月累，核心价值观才能逐步培育和形成。对于爱国主义宣传教育，习近平总书记强调，更应该注重深入、持久和生动。在理想信念教育方面，他认为"形成坚定理想信念，既不是一蹴而就的，也不是一劳永逸的"[3]，坚定理想信念是终身课题，不管是党员干部还是青少年，都需要常修常炼。理想信念教育要持续开展、不断巩固，要教育引导青年坚守一辈子。对于思想认识问题，他认为，"就像房间需要经常打扫一样，思想上的灰尘也要经常打扫，镜子要经常照，衣冠要随时正，有灰尘就要洗洗澡，出毛病就要治治病。"[4]

[1]《习近平谈治国理政》，北京：外文出版社，2014年，第174页。
[2]《习近平谈治国理政》，北京：外文出版社，2014年，第184页。
[3]习近平：《信念坚定对党忠诚实事求是担当作为 努力成为可堪大用能担重任的栋梁之才》，《人民日报》2021年9月2日第1版。
[4]习近平：《在党的群众路线教育实践活动总结大会上的讲话》，北京：人民出版社，2014年，第17页。

对这种经常性教育方法的强调，也说明了大学生理想信念教育常态化的重要性和必要性。

中国化马克思主义理想信念教育理论是指导大学生理想信念教育常态化的根本指南，特别是其中蕴含的经常性、持久性理想信念教育思想，为高校更新大学生理想信念教育理念、创新教育方式、优化教育内容等指明了努力方向和工作目标，为增强大学生理想信念教育实效提供了根本遵循。

第二节　马克思主义日常生活理论

"生活"这一概念在马克思主义理论中具有非常重要的意义。"只有人才有生活，人也只表现为生活，离开了生活便没有人，离开人也无所谓生活，生活即人的现实或现实的人。"①马克思阐释了异化劳动理论，他认为生活是人类的生存手段，揭示了生活与人的本质的关系，论证了人与自然、社会及劳动的辩证关系，开启了生活理论的序幕。他从实践出发，立足于人这一主体，认为追求自由是人的本性，"抽象的人"发展成为"现实的人"，现实的生活世界必须从现实的人出发，回归于"现实的人"的生活世界。

一、日常生活是人类生存发展的现实基础

人类历史的第一前提就是人类的日常生活与活动。日常生活领域是非日常生活领域的基础和前提，也是政治生活领域、经济生活领域和文化生活领域的发源地。②马克思在分析人类社会生存发展的历史条件

---

①李文阁：《回归现实生活世界——哲学视野的根本置换》，北京：中国社会科学出版社，2002年，第131页。
②马莲、付文忠：《青年价值观引导的日常生活向度探析——以马克思主义日常生活理论为视角》，《中国特色社会主义研究》2017年第3期，第69页。
③《马克思恩格斯选集》第1卷，北京：人民出版社，2012年，第151页。

时，认为"社会结构和国家总是从一定的个人的生活过程中产生的"[①]。马克思还提到，人类生存的第一个前提是必须能够生活，他主张人类的衣食住行等基本的日常生活，是人类生存发展的现实根基，也是人类社会不断发展的基本动力和前提。

1. 日常生活的决定性

人的存在和历史发展都离不开日常生活。马克思将人的存在作为历史的产物和结果，人是社会历史的主体，而人的历史主体性是有限度的。这种历史主体限度的界线不是超历史的，而就是生活本身，是以遵循社会生活规律为限度的。

一直以来，都存在忽视人的生活的观点。历史唯心主义否定人可能体现出的某种存在，认为人的存在、人的生活是不属于自己的自主活动，而属于自身以外的意志，只是精神或绝对意志的存在的表现。针对这种意志和精神决定论，马克思指出，是现实的人创造了一切，人们为了自己追求的目标，在现实生活中从事各种活动，这些活动形成了历史，而且具有一定的规律性。历史不是人们任意创造的，也不是历史本身创造了人的活动。马克思认为必须从现实的生活出发，彻底打碎了宗教当中关于生活无意义的论断，批判和否定了将观念作为第一位、将现实生活变为经济体系附庸的思想，充分表明是人的活动创造了人的历史，人的日常生活是首要的、第一位的，是具有决定性的。

人在日常生活中创造了一切物质基础，也是在日常生活中具备了社会性。人的日常生活的改变，不能以规定、命令、强制的方式完成。毋庸置疑，把握人的日常生活与人的存在的关系，必须遵循历史唯物主义观点。

[①]《马克思恩格斯选集》第1卷，北京：人民出版社，2012年，第151页。

2.日常生活与人的生存发展

人是生活的历史性存在。这说明人的生存与发展离不开日常生活,日常生活也不能脱离作为主体的人而孤立存在。马克思从哲学本体论出发探讨了世界的本原,从现实生活关系层面揭示了人的本质,人的本质只能体现在现实的生活之中。现实的人的生活不仅是一种客观存在,更重要的是一种社会关系状态。任何个人都必须生活在一定的社会关系当中。一定历史条件下的社会关系决定了人是现实的人,是社会关系的产物,人不能孤立存在,更不能超脱于社会关系。正如马克思所论述的:"人并不是抽象的栖息在世界以外的东西。"① 人作为社会存在物,不能脱离社会,也不能脱离现实生活而存在,人的本质"在其现实性上,它是一切社会关系的总和"②。马克思也强调了任何"现实的人"都必须生活在一定社会形态下的社会关系之中。

"现实的人"的生活是表现人的本质的领域,不能空谈人的应然存在而忽视现实的人的生活。因为"我们的出发点是从事实际活动的人"③,按照马克思的观点,劳动属于生命活动,就是生产生活本身,是人维持生存的一种手段。在日常生活这一生存基础下,人进行有意识的活动。因此,探讨人的本质与生存发展离不开现实的生活,对日常生活的否定就是对人自身的否定。只有在现实生活中进行物质生产活动,人赖以生存的日常生活才能发生。日常生活的变化需要依靠人在现实生活中进行物质力量革命,而这种变化能够促进人的存在发生改变,进而使人从实然状态向应然状态发展。

人的生存并不是日常生活的全部,日常生活的全部也不仅仅是解决人的生存问题。衣、食、住、行这些人的本能需求并不是人生活的唯

---

① 《马克思恩格斯全集》第1卷,北京:人民出版社,1956年,第452页。
② 《马克思恩格斯选集》第1卷,北京:人民出版社,2012年,第135页。
③ 《马克思恩格斯文集》第1卷,北京:人民出版社,2009年,第525页。

一目的。在考察人与动物的区别时可以发现，人的生活不同于动物的生存，动物的生存是被动的、缺乏自主性的，而人的生活具有主动性、能动性和超越性特征。人在现实生活中满足物质和精神需要，不断丰富、发展和完善人自身，在整个过程中实现自己的本质。大学生理想信念教育常态化就是依托日常生活领域，来教育引导大学生在现实生活中进行自我改变和革新。

由此可见，日常生活是人生存的寓所，与每个人息息相关，成为人生存和发展的基本活动方式。在大学生理想信念教育常态化中，必须从大学生的现实生活世界出发，将日常生活作为最基本的教育场域，引导大学生在日常生活中形成理想信念。

二、日常生活在人类全部活动中具有基础地位

生活是一个内涵丰富、包罗万象的概念，涉及人的活动的所有方面。生活的内容中既包括人与人自身的关系，在日常生活中人如何实现自我、发展自我等，还包括人与他人、与社会、与自然等诸多方面的关系。从相互间关系来看，马克思认为人与自身的关系也是通过与他人的关系来实现的。人与自然和社会之间的相互联系与作用，必须依靠日常生活。在一定意义上说，人是在日常生活中成了自然与社会的一部分。

马克思认为，从现实生活的前提性结构要素来看，是由现实的个人、人的活动和物质生活条件所构成的。这里"现实的人"不是孤立的"人自身"，不能脱离现实生活而存在，是处于一定活动中并受到一定物质条件规定的人。人是最基本的构成要素，离开了现实的个人，人的活动和物质生活条件也就无从谈起。"活动"是作为"生活"的活动，不是独立存在的"物自体"，不能脱离"现实的人"，是围绕"人"这一主体而开展的活动。"物质生活条件"是个人和现实活动的基础，任何个

人的存在和任何活动成为现实,都必须在一定的物质条件基础上展开。在三要素中,"活动"使三者整合为一个不可分割的有机整体,构成日常生活有内在逻辑的原生态结构。

1. 日常生活以实践的方式存在

日常生活具有社会性,是以实践的方式存在的。马克思指出:"社会生活在本质上是实践的。"①社会性的实践活动是人类生存与发展的基础。只有在实践中,人们才能完成与自然和社会的物质、能量交换,维持自身的生存和发展;只有在实践中,人们才能为社会和他人作出贡献,并且不断丰富自身经验、提升自身素质、促进自我发展、实现人生价值。

人类生活世界的不断丰富和整体性变迁,是随着实践活动的深化与拓展而推进的。同时生活世界的改变也促进了物质生产关系不断发生变化,人们的实践交往方式也会进行飞跃式变革,原来各民族在本区域里处于闭关自守状态,但是实践活动的扩大使人们的交往由一区域延伸至其他区域,日常生活由单一范围扩大至世界范围,历史也就成为世界的历史。世界历史的形成不是因为自我意识或个人意志,也不是因为某种抽象行为,而是物质生产实践。从马克思的观点中可以看出,人的本质的形成是依靠人与社会的联系,而这种联系的建立来源于实践活动,人在实践活动中创造财富、改变自我、拥有真正的生活。物质生产实践的变化引起了社会生活形态的改变,人们在其中的交往方式也随之变化,人们在日常生活关系的发展变化中实现了不断自我扬弃与超越。大学生理想信念教育常态化要注重在日常生活中发挥实践育人的作用,引导大学生在实践中从事物质生产活动,将课堂所学理论知识转化为服务社会的具体行动,从中检验理想信念教育成效。

①《马克思恩格斯选集》第1卷,北京:人民出版社,2012年,第139页。

2.日常生活是时间和空间结构的统一

日常生活得以开展的基本前提是时间与空间，这也是一切事物存在和发展的基本条件。日常生活的时空结构不仅具有自然属性，而且需要从实践的角度去考量它的社会属性。马克思指出："劳动是活的、造形的火；是物的易逝性，物的暂时性，这种易逝性和暂时性表现为这些物通过活的时间而被赋予形式。"①从中可以看出，劳动是"活的时间"。空间结构主要体现在"人化自然"当中。马克思认为，"只有在社会中，自然界才是人自己的合乎人性的存在的基础，才是人的现实的生活要素。"②由于社会空间的存在，自然空间才可以通过实践创造的"人化自然"的方式，而不是以直接客观存在的方式呈现在人们面前，并被人们所感知和理解。

唯物史观中的时空具有社会属性，也就是社会时空。它是与人类社会的历史一起出现，经由人类实践在改变自然时空的基础上创造出来的。日常生活的时间和空间关系不是彼此孤立的，而是互为前提、能动转换的。一方面，日常生活的时间与空间可以相互转化。马克思指出："时间是人类发展的空间。"③社会时间结构既包括人类维持自身生存的合理劳动时间，还包括人类促进自身发展的自由时间，在资本主义社会还包括剩余劳动时间等。马克思认为，"创造可以自由支配的时间，也就是创造产生科学、艺术等等的时间"④。时间的加速与空间的扩展是统一的。日常生活的时间结构体现着人类社会发展水平，也决定了社会发展的空间。另一方面，日常生活的空间也是实践积累的时间。社会生活空间具有相对稳定性，在历史交替发展过程中，每一代人都是在利

---

① 《马克思恩格斯文集》第8卷，北京：人民出版社，2009年，第73页。
② 《马克思恩格斯文集》第1卷，北京：人民出版社，2009年，第187页。
③ 《马克思恩格斯选集》第2卷，北京：人民出版社，2012年，第61页。
④ 《马克思恩格斯文集》第8卷，北京：人民出版社，2009年，第86页。

用前人创造的基础上，不断开始新的实践，在社会空间中通过积累的方式进化发展。在生产力不断发展，开创更多的劳动成果过程中，人类获得了新的感知，丰富了交往手段，也不断扩大了生存空间。因此，通过人的实践活动，日常生活的时间与空间可以相互转化。大学生理想信念教育常态化要充分利用日常生活的时空场域，搭建多种平台，创新多种载体，创设"时时""处处"的渗透式理想信念教育氛围，实现潜移默化、润物无声。

由此可见，日常生活世界处于不断发展变化过程中，大学生理想信念教育常态化要引导大学生通过实践来实现日常生活状态的实然向应然变化。由于大学生自我意识的存在，通过搭建时空立体化载体介质，使大学生坚定信仰信念，自觉驱动日常生活不断向前超越。

三、日常生活的价值旨归是实现人的自由全面发展

日常生活的目的不是享受，而是创造。人们在日常生活中进行着一些自由的、创造性的活动。马克思认为在资本主义社会，处于日常生活中的人们是片面的、不自由的，所以马克思毕生的经历都在为了实现人的自由全面发展而奋斗。这是人类最高的理想追求，这一追求只有在共产主义社会里才能实现。人们在日常生活中从事着自觉自由的劳动，就像马克思所指出的那样，人们可以根据自己的兴趣来从事相应活动，人的身份也可以有很多种选择，人是自由的，人的发展是全面的，人们的日常生活达到了一种理想的自然状态。这是日常生活的本真状态和价值旨归，也是共产主义追求的价值所在。

1. 日常生活价值形成的基础

---

① 封毓昌、李文阁：《现实生活世界观：马克思主义哲学的生长点》，《哲学动态》1999年第12期，第28页。

日常生活具有积累性，是通过现实生活的不断积累，从一种状态发展成为一种新的状态，这也是日常生活价值形成的基础。日常生活世界是"人可直观的、作为人的感性活动结果的、不断生成的过程"[①]。人拥有与生俱来的自然力和生命力，人需要在日常生活中展现这些力量。马克思指出，"激情、热情是人强烈追求自己的对象的本质力量"[①]，正是由于有这些力量的作用，人才能够有改造对象的动力，来不断满足自身发展的需求。而人的需求也是一个从简单到复杂、从低级到高级的过程。最初，人追求的只是吃喝住穿等简单的肉体需要，随着日常生活的不断积累，逐渐发展成为对自身理想、价值实现的需要。

在日常生活中，人的社会关系也是不断积累的。人与人之间的交往与生产紧密联系，随着人与人交往的日益加深，国家与民族的交流也越来越频繁，世界的距离逐步缩小，朝着一体化方向发展，这种格局是伴随着人与人交往深度的扩大而形成的，人们在日常生活中社会关系的发展也是一个积累的过程。同时，人类进入文明社会之后，人的发展也具有全面的趋势。马克思认为，不能在短时间内实现所有人的自由全面发展，在阶级和私有制消灭之后，生产力水平高度发达，人们才可以拥有更加自由与广阔的发展空间。只有每个人都实现自由全面发展，才能达到所有人的自由全面发展。实现人的自由全面发展也是一个不断积累的过程，需要在生活中日积月累，是一个由低级向高级不断前进的历史过程。大学生理想信念教育常态化要注重教育在日常生活中的积累，满足大学生个体需要，奠定个人自由全面发展的思想基础。

2. 日常生活的价值指引

日常生活是建立在"为我们存在"的方向指引下的。这其中既包

[①]《马克思恩格斯文集》第1卷，北京：人民出版社，2009年，第211页。

括幸福的生活，也包括有意义的生活。马克思认为，幸福的生活不能仅仅站在个人角度，而是需要从他人、社会的角度出发，以更高境界和层次的追求为目标，在人类的大幸福中个人才能找到属于自己的幸福生活。可见，个人的幸福生活离不开与他人一起创造社会价值的过程。在赫勒的理论中，认为幸福的日常生活是在有限的成就意义上"为我们存在"的一种具有共同体意识的生活。幸福生活具有拓展的空间，面对不断变化的世界，人们面临着克服挫折与不幸、超越过去、迎接未来的新挑战等生活价值指引，幸福的日常生活最终目标是它本身。正是在不断迎接新的挑战中，人们展示和发展自己的个性，不断完善和超越自我。有意义生活的个体不是闭关自居的状态，也不能恐惧和畏缩。就如赫勒所提到的，要让日常生活能够引导每个个体，从容面对新的挑战，追求新的目标，创造新的价值，完善新的自我，通过这种生活引导，完成对人的价值指引，实现有意义的生活。

日常生活并不是一个简单的重复性活动，需要立足不同历史发展阶段，着眼于未来不断进行创造、创新，这是有意义生活的价值指引。在日常生活中，人们要把自己的新思想和新目标不断转化为生活实际，这种日常生活的价值引领是由人们自己掌握的。大学生理想信念教育常态化要发挥日常生活的价值指引作用，在面向未来的发展过程中，引导大学生不断迎接新的挑战，展示个人才华、发展自我个性，不断完善和超越自我。

3. 日常生活的价值目标

社会前进的目标是实现人的自由全面发展。马克思和恩格斯在《共产党宣言》中描述了未来社会将实现每个人的自由全面发展。由此可见，日常生活的价值目标是每个人对自由且全面发展的追求，这是一个不断积累的过程。马克思所倡导的自由是一种充分的、全面的自由，是人的一种价值理想，人要有自由才能更好地生存，人在生存中要实现自由，而且这种自由不受外界强制力所约束,是一种真正实现了的自由。自由是人必然经历的状态,是人类日常生活的基本需求,伴随着社会历史的发展而不断生成和发展。相对于限制而言,自由拥有更好的自主性。不管在任何时代,人类对自由的需要都是独一无二的,都希望受到更小的束缚。人类对自由的这种美好价值追求,离不开日常生活本身,与生产力发展密切相关,以物质基础作为基本保障。在原始社会,生产力极其不发达,人们渴求满足日常生活资料,在这种条件下,人们对更多食物和更好生活条件的追求就是对自由的向往。随着社会生产力的发展,到阶级社会之后,统治阶级巩固其政治和经济统治就是自由,而被统治阶级认为脱离压迫和被统治、实现自我解放就是自由。到共产主义社会,人自由发展指向是自我实现。

人的自由全面发展体现了人发展的全面性,这里既包括一个人在发展过程中要以全面的方式,来促进自身各方面的发展;同时也包括每个人都要全面发展,才能实现所有人的全面发展。人的发展是一个由片面向全面不断积累的过程。人的发展会遇到一些外力的阻碍,但是起决定因素的还是在日常生活中价值目标的引领,这决定着人的发展是否具有正确的方向。从整个历史层面来看,这种发展也是螺旋式上升的,目标是达到自由而全面。

人的自由发展与全面发展是相统一的,二者不可分割。自由发展是全面发展的基础,而全面发展又是自由发展的保障,只有实现人的自由与全面发展的统一,生活的终极目标才能得以实现。大学生理想信念教育常态化要发挥日常生活的价值引领作用,引导大学生立足于人类发展的目标,在创造幸福生活和有意义生活的基础上,实现日常生活的价值目标,也就是人的自由全面发展。

第三节　马克思主义质量互变理论

质量互变规律是马克思主义哲学的重要规律之一，具有普遍性和必然性，在思想政治教育领域也具有重要的指导意义。大学生理想信念教育常态化要以马克思主义质量互变理论为基础，掌握大学生思想的内在矛盾运动规律，在量变与质变的相互交替过程中，促进理想信念教育不断向前发展。

一、质、量、度的规定性

1. 量和质的客观实在性

世界上所有的事物都具有一定的质，质是客观存在的。事物从产生开始，质就一同存在，与事物是不可分割的。事物的质是多方面的，在事物众多的属性当中，有的属于本质属性，有的则属于非本质属性。比如，从化学方面考察水的本质属性时，它是氢氧化合物，非本质属性就包括无色、无味等。事物的本质属性决定着事物的质。

量也是事物所固有的，是客观存在的，与事物不可分离，脱离事物的"纯粹的量"只能停留在抽象思维当中。量是可以用数量关系来表示的，比如事物的大小、温度的高低、距离的远近、质量的轻重、速度的快慢等。这些表示事物存在规模、范围、广度、深度等的量，属于事物的外延量范畴，是可以具体测量得到的。但是一些表示事物内在结构、程度的量，属于事物的内涵量范畴，不能用机械方法测量和计算，如思想认知的深浅、生产力发展水平的高低、教育成效的优劣等，都存在事物一定量的规定性。

2. 量和质的规定性

事物的质与量有着不同的规定性。质具有决定性，质的变化决定着事物本质的变化，而量在一定范围内增减，对事物本质并不产生影响。量的规定性范围很广，事物的每一种属性都具备一定的量的规定性。但是在事物众多的量当中，人们没有必要全部进行考察，只需要根据实践需要把握其中一方面或几个方面的量。

认识事物是从事物的质开始的，区分质是认识量的前提，对事物质的认识也是一个深化的过程。人们常说的定性研究和定量研究，就是从事物的质和量不同角度分析判断的。定性是定量的基础，量的规定性是在质的基础上实现的。定量使质的规定性更加精确化。如果没有弄清事物量的规定性，找到数量关系，特别是决定事物质的数量界限，那么人们对事物的认识只是初步、粗浅的。对事物发展来说，量的积累是非常重要的，可以对事物有更加深入和具体的认知，既符合人类认识发展规律，也是人类实践的必然需求。人们的思想认知也存在质和量的关系，在思想政治教育中要明确量的积累和质的飞跃点，对教育资源进行有效整合，实践内容不断进行深化，活动过程进行有效积累等，为实现思想认识的质变搭建有力的平台。

3. 量和质的对立统一性

事物的质和量体现在"度"的范畴。任何事物都是质和量的统一体，度是事物保持自身质的量的限度。量中有质，质中也有量。量是一定质的量，质也是有着不同量的质。不同质的事物也存在与其相对应的不同的量。在纯粹的量与量的关系中，会包含质的差别。度是质与量相互结合的外在表现。度中的质和量都不是独立存在的，度中的量是具有一定质的量，同样道理，度中的质是具有一定量的质。在度的范围内，质与量相互规定和制约着对方，在规定和制约对方的同时又影响着自己，通过规定对方来规定自己，使双方保持平衡统一状态。超出度的范围，质与量就打破了这种平衡，事物发生本质变化，重新形成了一个具有新的度的质量统一体。

一种思想认知的形成也是在质与量的对立统一中不断发展的。常态化教育在发生质的改变之前,量的积累非常关键,它在力图打破旧思想的界限,当积累后的作用力超出度的范围之后,一个人的思想认知就会发生质的飞跃,达到预期的教育目标。

二、量变和质变相互依存

1.量变和质变的辩证关系

量变和质变虽然不同,但二者是辩证存在的。一方面,质变依赖于量变。没有量的积累、将量变作为前提,质变就成为空谈。因为没有量变,就不会有质变。质变不是偶然或突然发生的改变,需要有一个积累的过程,在"度"的限量范围中,质变不会出现,在事物发展变化过程中,存在循序渐进和日积月累的状态,只有当量变积累超过了事物所特有的"度",一种质的事物才向另一种质的事物变化。量变不单单是量的绝对值的增减,还是正反两方面力量的较量与对比,其结果决定了事物的质朝着哪个方面发展。就好比人的思想观念,当正负能量的影响进行较量时,谁占上风谁就能主宰人的思想认识。另一方面,质变是量变的必然结果。量变的最终目的是达到质变,当量变突破了"度"的限制,事物在连续性的发展过程中就会受到中断,达到质变条件,事物的根本性质发生变化。量变一定是一个积累的过程,如果只是进行简单重复,不仅不能引起事物性质的变化,而且还会成为阻碍事物发展的羁绊。只有有意义的量变,才能不断巩固已有成果,最终打破"度"的界限,实现质变。

2.渐变和突变的辩证关系

渐变是事物逐渐发生的不显著变化,而突变是指事物突然发生的显著变化。事物的发展变化是从稳定性结构到不稳定性结构、从连续性态到非连续性态、从渐变状态到突变状态的过程。事物的渐变与突变能够相互渗透，渐变过程中蕴含着突变的发生，突变过程也包含着渐变的结果。事物由渐变到突变，当突变发生后，又会引起新的渐变，而新的渐变又会引起新的突变。在渐变和突变过程中，控制条件是非常重要的。受控制条件的影响，飞跃与渐变可以相互转化。虽然飞跃与渐变过程原则上是可以转化的，但值得注意的是，在一些不可逆的稳定状态中，二者不一定能相互转化。

理想信念教育常态化是一个思想认识从量变到质变的过程。在理想信念未确立时，通过不断进行理想信念教育，可以使人们在思想中逐步增强对科学理论的认识，随着教育的持续进行，认知程度不断加深，经过认识—认知—认同的过程，当学习教育的量积累到一定程度时，思想观念发生质变，从最初的理想信念不坚定、模糊或者缺失，到实现质的飞跃，在头脑中形成正确的理想信念，常态化教育能够促进理想信念更加坚定。

三、量变和质变相互转化

质量互变是一个连续性与间断性相统一的过程。所谓连续性，是指在度的范围内产生的发展变化；所谓间断性，就是指连续性的中断，即旧事物的终结与新事物的诞生。质、量间的互变是以事物的内部矛盾运动为根据的，因而是必然的和普遍的。

1. 质量互变规律的普遍性

质量互变是普遍存在的客观规律，人的思想行为变化必须遵循这一规律。从认识的发展过程来看，人们在实践中产生感性认识，感性认识积累到一定程度时，就会产生理性认识，理性认识又通过指导实践

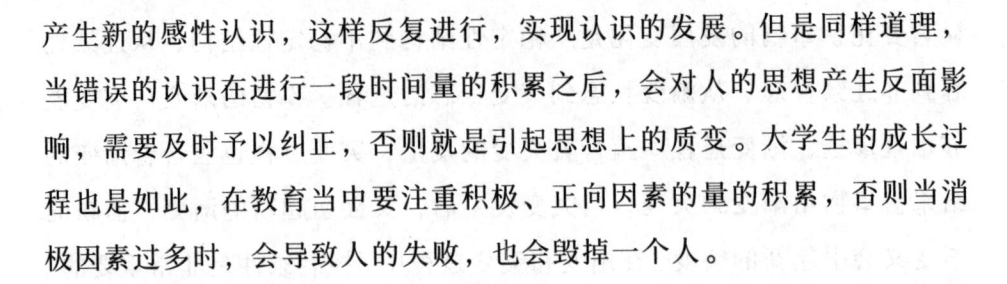

产生新的感性认识，这样反复进行，实现认识的发展。但是同样道理，当错误的认识在进行一段时间量的积累之后，会对人的思想产生反面影响，需要及时予以纠正，否则就是引起思想上的质变。大学生的成长过程也是如此，在教育当中要注重积极、正向因素的量的积累，否则当消极因素过多时，会导致人的失败，也会毁掉一个人。

2. 质量互变规律的复杂性

量变和质变的过程不是简简单单、一蹴而就的。在事物发展过程中，总的量变中会包含着部分的质变。当事物起决定性作用的根本性质没有发生改变时，一事物还没有变成另一事物，但是事物的次要性质发生了变化，这个变化对于最终引起事物的质变会有较大的影响，可能加速事物的质变，也可能阻碍事物的质变，这时的事物发展过程呈现出阶段性。比如，人的思想观念在发生根本性变化的过程中，也会表现出复杂性，某些观念容易被转变，某些观念可能较难转变，这时候要注重从部分转变开始，选择对质变有较大影响的非本质属性，来加速人的观念转变。也就是说，在一种情况下，当事物的本质属性没有发生变化时，事物量的变化没有超过"度"的限制，事物仍然处于量变过程中。在这个过程中，如果非本质属性发生了非常大的改变，即使事物还没有发生质变，但是事物的发展则呈现出比较明显的阶段性，能够加快事物质变的过程。在另一种情况下，虽然事物的全局性质没有发生变化，但其中部分性质发生了改变，导致局部性的部分质变。事物的整体是全局，其各个组成部分是它的局部，事物发展过程中，由于受到不同条件的影响，各个局部的发展变化并不是统一的，某些局部改变了，而另一些局部却没有改变，需要有针对性地统筹考虑。理想信念教育常态化就需要考虑思想认识质变的复杂性，在教育过程中要结合促进理想信念形成的其他教育来进行，比如党史教育、道德教育等，这些观念的转变都会对理想信念的形成与巩固产生积极的促进作用。

3. 量变质变转化原则

量变质变规律与人们的日常生活息息相关，在实际运用中要注意把握好三个原则。一是适度的原则。要正确认识事物质的量的限度，保持事物的稳定发展。特别要掌握时间和尺度，防止出现过犹不及、适得其反。要重视量的积累，把握事物发展的机遇，选择合适的时机与条件，会促进事物的飞跃。尤其当事物量的变化达到关键节点时，要当机立断，积极促进事物质的飞跃，使事物不断向前发展。在这一过程中关键节点的把握非常重要，能够起到事半功倍的效果。二是连续性与间断性相统一原则。事物发展本身是连续和间断的统一。连续的变化就是逐渐进行的量变，与此相联系的是质的某些属性的变化，连续性的发展表明事物处于相对稳定状态，而间断性则表明事物向新质的过渡，具有阶段性特征。在质量互变规律中，只肯定事物发展的连续性，就忽略了事物向新质的飞跃，达不到预期的发展目标，而只肯定间断性的话，也就割裂了事物的普遍联系，达不到量的持续积累。因此，要遵循事物发展过程连续性和间断性相统一的原则。三是渐进与变革相结合原则。事物的发展是一个相对缓慢的过程，任何事物发展都要先经过量变，在保持稳定的前提下，进行渐进性改变。渐进是突变的必要准备阶段，在时间上占绝大部分，在一定程度上渐进是事物发展的主要部分。只有当基础打牢、条件成熟时，变革才会发生，而渐进的目标是推动事物发生质的改变。这也充分说明了，在实际工作中要将脚踏实地的作风与改革创新的精神相结合。

对于一个人的思想变化来说，通过反复的正面教育工作，达到量的有效积累之后，才能使人的思想发生变化，在循循善诱、耳濡目染、潜移默化中,让思想中的部分问题发生质变,再带动全局,最后达到思想质的飞跃。量的积累一开始不明显,甚至难以发现有变化,但是积少成多,总有突破的一天。同样,理想信念教育常态化追求的是一种思想上质的进步,它需要依靠经常性、反复性并且耐心细致的思想引导工作,从量变开始沉淀和积累。理想信念教育常态化的对象是人,影响人的思想观念的因素复杂多变,所以教育不是一蹴而就的,要因人而异,注重教育的积累,讲究循序渐进。

千里之行始于足下。大学生理想信念教育常态化要注意量变过程的缓慢性,在量的积累过程中,通过抓经常、经常抓,抓深入、深入抓,抓具体、具体抓,抓反复、反复抓,确保量的积累的有效性,不只是简单的重复,这样量积累到了一定程度之后,一定会引起大学生思想上质的变化。因此,只有实现常态化教育量的积累,才能达到质的飞跃,确保理想信念在大学生头脑中形成;只有实现常态化教育量的积累,才能使大学生头脑中已经形成的理想信念不断巩固,从而更加坚定。

第四节 理想信念教育一般规律理论

所谓理想信念教育的规律,就是指存在于理想信念教育过程中的本质性联系或必然性要求。[1]理想信念是人们通过长期的社会实践和经验积累建立起来的,人们的一切活动都是在它的指导下进行的。理想信念的确立过程要经历信仰—怀疑—危机—新的信仰,是一个不断上升前进的过程,这里不排除曲折性和偶然性,甚至还会有消极倒退的信仰危机出现。理想信念教育常态化要以理想信念教育一般规律理论为指导,

---

[1] 朱喜坤:《新时期理想信念教育研究》,哈尔滨:黑龙江人民出版社,2007年,第303页。

通过对理想信念教育工作的研究分析发现，理想信念生成规律、反复施教规律和渗透转化规律等，都为大学生理想信念教育常态化奠定了良好的理论基础。

一、理想信念生成规律

"只有遵循理想信念生成规律，坚持不懈地进行教育，才能不断坚定中国特色社会主义共同理想信念。"[1]理想信念是人的精神动力。理想信念教育常态化必须深刻认识和把握理想信念生成规律，注重阶段性和层次性，确保工作有的放矢地开展。作为精神世界的活动，理想信念的形成大致分为知、情、意、信四个部分，也就是说人们在保证对客观规律正确认知的基础上，在情感和意志的作用下，将共同的价值目标转化为内在的坚定信念。

知，就是对外部事物形成认知的过程。每个人都在时刻感知着外部世界，通过感觉器官接收外部信息，然后进行吸收、分辨和加工，得出认知结论，并形成记忆，以知识的形式储备在大脑中。理想信念的形成首先要对科学理论有正确的认识，形成科学认知。这个认知形成的过程不是一次完成的，是一个动态发展的过程。促进科学认知的形成，需要经过不断刺激人的感觉、知觉、记忆和思维等过程。在理想信念教育常态化中，要注重教育内容的系统性和针对性，通过深入持久地知识传授，使受教育者不断深化对马克思主义理论的认知，进而在头脑中形成科学的认知体系。

情，就是对事物形成的情绪情感。人们通过外在信息的刺激，会产生不同的情绪情感。这种情绪情感会因为外部刺激不同和个体心理状态

---

[1]彭绪琴：《遵循理想信念生成规律　开展理想信念教育》，《高校理论战线》2007年第7期，第17页。

差异，形成不同程度的情绪情感体验，有的会强烈，有的会平淡，有的会牢固，有的也会易变。情绪情感会随着时间的推移，对外界刺激的反应程度下降，因而要创设不同的环境、改变不同的方法，不断激发个体的情绪情感。理想信念教育常态化不能以单纯的"灌输"或者"注入"的方式进行，需要创新教育方式，采用生动活泼的形式，激发人们主动、自觉的情绪情感，提高明辨是非能力，增加政治领悟力、鉴别力和判断力。

意，就是意志，是人们在进行斗争、战胜困难过程中产生的强大精神力量。坚强的意志属于一种心理状态，是能够驱动人去完成艰巨任务的内在力量。人能够坚持不懈去做一件事情，需要依靠意志的力量。在理想信念形成过程中也会遇到各种困难，没有坚强的意志，人们思想上可能会出现犹豫徘徊、畏缩不前，甚至已经形成的正确观念也可能会出现变化甚至倒退的现象。理想信念教育常态化要对受教育者进行经常性的理论知识、价值观念和道德品质等方面的教育引导，通过多种形式的思想锤炼，使其克服理想信念形成过程中的各种障碍，巩固品德意志。

信，也就是信念，是建立在科学认知、共同情感、强大意志基础上，对某种理论观念坚定不移地信服，并转化为自觉行为。信念是在知、情、意三个部分的作用下，在相信、确信和深信的基础上形成的。一种思想观念一旦成为信念，就会给人的行为带来巨大的动力和约束力。人们通过认知判断和情感选择，依靠意志力量选择确定了理想之后，通过意识领域和精神活动的持续引导，在信念的规范和影响下，直接转化为外在行为。理想信念教育常态化要注重受教育者自身对传递信息的判断与推理，形成内化机制，通过持续性的刺激和影响，促进信念形成，这个过程是连续性的，要避免间断或者间歇。

总之，理想信念的生成是一个逐步上升的过程，知、情、意、信四个环节具有一定的层次关系，但相互之间也存在交叉交织，需要从整体上把握。理想信念教育常态化应该遵循这一规律,从全局的高度,科学确立工作总目标,准确把握各环节关键要素,强化日常工作中的信息传递与渗透,注重情感和意志培养,并不断进行行为反馈,动态调整教育策略,使大学生理想信念教育呈现出不断向上提升的良好态势。

二、反复施教规律

1. 理想信念反复施教的内涵

所谓反复施教规律,是指理想信念教育目标的确定性和教育对象及客观外界情况的变动性,决定了教育工作的反复性和复杂性,理想信念教育必须经常地、反复地进行。[1]这也就是说,教育者要根据人们的理想信念在形成过程中具有反复性的特点,开展长期地、经常性、多次地教育活动。反复进行理想信念教育,能够促进理想信念不断巩固和深入。人们理想信念形成的过程,是对旧思想观念的克服,这绝不会是直线上升式的。根据质量互变理论,当消极或负面思想影响积累到一定程度时,人们产生的积极思想会出现倒退,这种思想上的反复,需要通过反复教育来克服。同时,为了避免这种现象的出现,在日常教育中要强化循循善诱、循序渐进,克服不良思想影响,增强学生的抵御能力,减少思想反复带来的新问题。

2. 理想信念反复施教的原则

一是坚持过去与现在相结合原则。反复施教要将过去和现在有效结合,要考虑人们头脑中的思想观念是正确的还是不正确的,理想信念是已经形成还是有待形成,还存在哪些问题等。结合过去的思想观念状态,综合考虑现实的教育情况,考察现在理想信念的表现形式,将好的方面巩固下来,将过去存在的问题及时解决。解决问题过程中需要进行反复施教,以期达

---

[1] 朱喜坤:《新时期理想信念教育研究》,哈尔滨:黑龙江人民出版社,2007年,第315页。

到最好的教育效果。

二是坚持反复教育和循序渐进相结合原则。反复教育不是简单地进行重复教育，而是需要循序渐进开展。理想信念教育不能着急，反对"急性病"，所谓的"雷厉风行"和"立竿见影"不适合理想信念教育，没有长期耐心细致的工作，没有受教育者的接受认同过程，不可能树立正确的理想信念。同时又反对"慢性病"，不及时解决理想信念教育中的问题，等待矛盾激化再加以解决的话，会处于消极被动状态，起不到理想信念教育应达到的作用。因此在反复教育过程中要结合循序渐进的原则，以期形成良性循环。

三是坚持他人教育和自我教育相结合原则。理想信念教育过程要求不断地实现他人教育与自我教育的统一，这个过程是持续进行的，没有具体的结束。它是通过理想信念教育活动与主体内部不断进行矛盾运动，从而形成坚定的理想信念，再通过新的教育活动，产生新的主体内部矛盾运动，再形成更加坚定的理想信念。这是一个曲折的螺旋式上升过程，是经过长期教育与反复教育，不断实现个体理想信念由量变到质变的过程。

3. 理想信念反复施教的方式

一是理论教育法。理想信念不能自发产生，列宁就曾提出要将社会民主主义意识灌输给工人的理念。在反复施教过程中，要把理论知识作为基础让人们了解和认识，再通过反复强化，传递科学、系统的理想信念教育思想。具体来说可以通过讲授讲解来实施，把理论知识传递给人们，这个传递过程既不能生搬硬套，也不能照本宣科，而是通过摆事实、讲道理，来让人们从心里真正认知并且认同。在理论教育中可以有组织有计划地开展系统学习、宣传教育、理论培训和交流研讨等，使人们能够深入、全面地掌握马克思主义理论。

二是实践教育法。理想信念反复施教的目的是帮助人们树立远大的理想和坚定的信念，然后指导人们能够正确行动，也就是帮助人们在实践中能够正确分析和处理遇到的各种实际问题，理想信念教育成效需要在实践中进行检验。"人的思维是否具有客观的真理性，这不是一个理论的问题，而是一个实践的问题。"[1]在反复施教过程中，要不断地依靠社会实践把主观与客观联系起来，把人的思想变成直接现实，在实践中调整反复施教的重点和方式，强化教育效果。

三是批评与自我批评法。在反复施教中，不管是教育者还是受教育者要相互监督、相互促进。事物的发展是由于事物内部矛盾引起的，思想认识的发展也存在正反两方面的影响。反复施教要克服不良思想和行为，不断改正教育过程中的无效或不利因素。这既要靠自我批评这一内因，同时也要依靠教育者的监督与批评。内因和外因共同作用，反复施教才能起到不断深化、持续发力的效果，这也是促进理想信念形成的一个统一的过程。批评与自我批评实际上与他人教育和自我教育在本质上是一致的。

三、渗透转化规律

1. 理想信念教育渗透转化的内涵

所谓渗透转化规律，是指理想信念的形成、发展和理想信念教育的组织实施，与人们的心理期望和社会实践成果有着直接的密切联系，理想信念教育遵循受教育者的心理需要与实践验证的要求才能取得良好效果。[2]理想信念教育渗透转化就是将理想信念教育融入政治、经济、文化、教育工作等方面和人们的日常生活以及交往当中，促进人们树立正确的理想信念。这既包括向受教育者的渗透，同时还包括理想信念教育各要素、各环节之间的相互交叉渗透影响，比如教育主客体之间的思想碰撞，教育介体

---

[1]《马克思恩格斯选集》第1卷，北京：人民出版社，2012年，第134页。
[2] 朱喜坤：《新时期理想信念教育研究》，哈尔滨：黑龙江人民出版社，2007年，第312页。

与环体的协同融合等。理想信念教育的渗透转化符合受教育者的身心发展规律，它通过"循序渐进"的方式进行，要把握好分寸和尺度，既不能过急，也不能过缓，要达到潜移默化，将理想信念教育内容内化为受教育者自身动力并外化为具体行动，使个体符合社会发展所需求的自由全面发展特点。理想信念教育渗透转化，要使每个受教育者都能在接受教化的过程中进行自我发展与完善，再通过多个个体的正确行为感染，传播到更多的群体中去，实现理想信念教育的"润物细无声"。

理想信念教育渗透转化的特点主要包括：一是隐蔽性，既然是渗透，就是要在不自觉和无意识当中，对受教育者进行隐蔽性和巧妙性的教育，看似是无意识教育，但实际上在教育内容、环境和载体方面都是精心设计安排的，从方方面面对受教育者进行感化、熏陶，达到思想观念的转变与升华。二是广泛性，渗透的选择点是全方位、多角度、全过程的，可以融入无限可能的时间与空间当中，渗透的形式也是各式各样、不拘一格的，最终以坚定受教育者的理想信念为目标。三是持久性，渗透转化需要一个长期的过程，所创设的教育环境和氛围需要连续不断地发生作用，由外在接受到内化吸收，反复进行，不断强化，才能达到内化于心、外化于行，达到思想上和心理上的认同与认可。

2. 理想信念教育渗透转化的原则

理想信念教育渗透转化需要坚持一定的原则，对整个教育过程进行协调控制，以达到最好的教育效果。

一是自主性与非强制性原则。理想信念的形成是人们自愿选择的一个过程，渗透转化过程就是让人们在教育活动、环境渲染、不知不觉中学会自愿自主地选择，这个选择过程不是硬性强加的，而是受教育者能够愉快接受的。与枯燥的说教、灌输相比，渗透转化不会让受教育者感到枯燥乏味，也不会产生厌学反感。由于渗透转化过程是一个柔和自选的过程，所以受教育者能够在心情愉悦舒畅的情况下，自觉接受教育和启发，将正确的理想信念自觉转化成为自身内在的思想意识和行为。

二是持续性与连贯性原则。渗透转化需要进行系统规划和整体安排，确保教育的持续性和前后连续一致。在教育过程中，要遵循理想信念形成和发展规律，突出重点，注重系统化和规范性，避免因理想信念教育渗透前后不一致甚至自相矛盾而导致负面影响。缺乏持续性和连续性的理想信念教育，会使人们在思想上和行动上感到无所适从，在选择正确思想观念时出现摇摆不定的状况。同时，理想信念教育不是靠一两次、一段时间的工作就可以完成的，要用系统理论指导，在实践中贯穿一条主线，不断深化，以实现教育目标。

三是目标性与可控性原则。理想信念教育本身就是具有目标性的工作，而在渗透转化过程中，要围绕教育目标，遵循理想信念生成规律，制定具体渗透转化模式，对个体发展进行科学引导，使受教育者逐步确立理想信念，并且在持续教育过程中不断巩固。在坚持目标性原则的基础上，还要讲求可控性，理想信念教育是一个系统工程，在施加教育影响当中会遇到很多有利或不利因素，教育者要对各种影响因素进行分析和选择，善于利用有利因素，并积极抑制不利因素的影响，有时候还能够将不利因素转化为有利因素，为理想信念教育的渗透转化创造良好的教育条件和情境。

3.理想信念教育渗透转化的方式

理想信念教育的渗透转化是一个复杂的工作，说到底是做人的思想工作，需要讲究方式方法和工作艺术。

一是熏陶感染法。教育者通过创设有利于理想信念形成的环境或情境，有目的、有计划地对受教育者进行感染和熏陶，在"无声"的教育引导中，达到春风化雨的效果，使受教育者获得感化和教化。熏陶感染过程中要利用人们对事物本身或外部环境产生的感性认知和情绪上的体验，在精神上给人以鼓舞并产生强烈的共鸣，努力去追求和探索，在不知不觉中接受教育，产生积极向上的思想。一般情况下熏陶感染法包括人格感化、艺术渲染和环境熏陶三种形式。人格感化主要是运用各类典型人物的先进事迹、人格魅力对受教育者产生感化和影响；艺术渲染主要是通过语言、文字、音乐、电影等艺术手段对受教育者进行情感熏陶，使受教育者在艺术情境中接受教育；环境熏陶就是通过在受教育者周边创设一定的情境，在日常生活中营造良好的教育氛围，使受教育者接受情境体验。

二是言传身教法。教育者要通过自身语言和在日常生活中的行为行动，对教育对象产生正向影响。言传要做到言之有物、以理服人，身教则要体现自身坚定的理想信念和高尚的道德品质。言传身教能够促进师生之间的互动，提升教育者自身的影响力。开展理想信念教育，教育者首先要坚定自己的信仰，才能用言行去感染和影响学生。在现实生活中，会存在少数教育者自己的信仰与做人规范有悖于理想信念教育内容，形成了自己的双重人格，这会让受教育者感到迷惑和反感。教育者做到言行一致，受教育者才能感到信服，主动学习和效仿。

三是实践锻炼法。理想信念最终要体现在具体行动当中，要统筹谋划、精心安排各类实践课程，通过开展丰富多彩的实践活动，使受教育者更多、更真实地了解社情、国情，将所学的理论知识在实践中融会贯通，有针对性地思考和体验，增强对所学知识的理解能力。同时，在实践活动中能够解决受教育者在理论学习以及生活、成长过程中遇到的困惑，以满足他们对理想信念的内在需要，从而更加自觉和主动地接受理想信念教育，成为马克思主义的坚定信仰者和忠实践行者。

Unit Three

第三章
新时代大学生理想信念教育常态化的现实依据

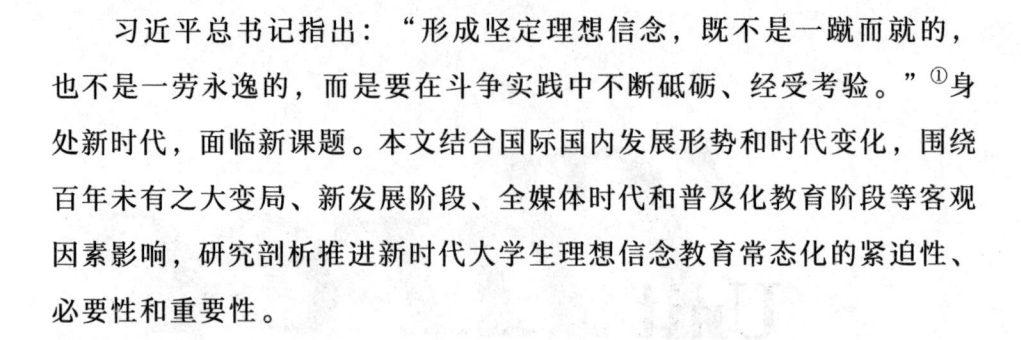

习近平总书记指出："形成坚定理想信念，既不是一蹴而就的，也不是一劳永逸的，而是要在斗争实践中不断砥砺、经受考验。"①身处新时代，面临新课题。本文结合国际国内发展形势和时代变化，围绕百年未有之大变局、新发展阶段、全媒体时代和普及化教育阶段等客观因素影响，研究剖析推进新时代大学生理想信念教育常态化的紧迫性、必要性和重要性。

第一节 新时代大学生理想信念教育常态化的紧迫性

理想信念是人前进的内在动力和思想源泉，能给人带来巨大的奋斗潜能，可以帮助人们战胜一切艰难险阻去追求目标。大学生肩负着时代重任，大学生理想信念教育常态化状况，决定了理想信念教育开展得是否扎实有效，对大学生健康成长与国家事业发展都有着密切关系。当前，时代变迁，我们迎来了百年未有之大变局，进入新发展阶段、全媒体时代和普及化教育阶段，新的历史方位具有的新特点、带来的新变化，对理想信念教育产生了深刻影响。应对新时代的各种风险挑战，推进大学生理想信念教育常态化显得尤其紧迫。

一、百年未有之大变局需要常态化教育迎接新挑战

1. 百年未有之大变局的特点

2017年12月28日，习近平总书记在接见驻外使节时提到我们面对的是百年未有之大变局。百年未有之大变局时代的主要特点有：一是百年未有之国家间联系的密切性和广泛性。当前国际社会正处在一个

---

①习近平：《信念坚定对党忠诚实事求是担当作为 努力成为可堪大用能担重任的栋梁之才》，《人民日报》2021年9月2日第1版。

国与国之间相互关联的时代，随着联系的不断加强，国家之间的共同利益不断扩大和增加，全球经济发展日益连接成一个整体，互相依赖和依存。贸易摩擦、恐怖主义、气候变化、难民危机等全球治理问题，复杂多变、历时长久，任何一个国家都不能独自解决，独善其身。二是百年未有之世界格局的不稳定性和不确定性。当前，世界发展局势复杂多变，动荡状态此起彼伏，在变局当中蕴含着深刻的不稳定性和不确定性，涉及各领域、各方面、各因素的时代矛盾也日渐凸显。如：不同社会制度之间的矛盾、不同社会意识形态之间的矛盾、不同社会文明之间的矛盾、不同民族文化之间的矛盾等日益加剧，国际关系变得更加不确定和不稳定。三是百年未有之人类文明交流互鉴的深入性和多样性。随着科技的进步和传播媒介的不断丰富，不同文明之间的交流更加顺畅，交流方式也日益多样化。广大群众政治参与能力和民主意识不断增强，参与方式更加广泛。与此同时，各类思想潮流相互激荡，各种文化理念和价值观念影响着人们的行为选择，一定程度上造成了社会政治、经济更加趋于动态的不稳定性，也增大了国家和社会管理的难度。

2. 百年未有之大变局需要理想信念教育常态化迎接新挑战

大变局时代背景下，世界上很多国家和地区都发生了巨大变化。从国际国内新形势看，需要推进大学生理想信念教育常态化来迎接这些新的挑战。

一方面，从国际形势看，世界各大国关系的基本状态是各个领域的竞争与合作。中国的综合实力不断增强，国际地位不断提高，在美国和其他西方国家看来，中国的快速发展已经影响和阻碍了他们的利益。美国奉行单边主义，在对外关系中坚持"美国优先"，先后退出多个重要的国际组织，对国际秩序和全球合作产生重大威胁。大国博弈中，美国等西方发达国家以贸易争端为借口，试图干涉中国贸易发展，动摇中国经济发展基础，从而达到破坏中国政治制度的目的。他们极力打压华为、中兴等中国高科技企业，并在南海、台海、新疆、西藏等多个方面给中国制造麻烦，严重威胁中国国家安全，也对中国发展带来了挑战。拜登执政以来，仍然采取对华比较强硬的战略，台湾问题成为美国关注的焦点，拜登曾在电视访问中称美国已经在军事和其他方面准备了实际行动，能够及时"保卫"台湾，这种挑衅行为极大程度地扰乱了台海的安全稳定。纷繁复杂的世界格局对大学生理想信念教育带来很大的冲击，大学生如何看待社会主义和资本主义之间的关系，如何看待中国特色社会主义和共产主义的发展目标，需要推动大学生理想信念教育常态化，来提高其马克思主义理论水平，增强透过现象看清本质的能力，不只停留在眼前、局部和浅层，被表面现象所迷惑，而是能够掌握辩证唯物主义和历史唯物主义，冷静应对复杂多变的国际形势和各种风险挑战。

另一方面，从国内形势看，社会主义市场经济的飞速发展促进社会生活发生了巨大变化，中国特色社会主义建设取得了开创性发展和历史性成就，同时在发展中也存在一些问题，经济社会发展不平衡、不充分的矛盾还没有完全解决。部分人们更加关注经济利益，从而衍生出诸如拜金主义、个人主义和享乐主义等思想，导致一些趋利性冲动，甚至产生了金钱至上的错误价值观念，这些都在不同程度上对大学生的理想信念产生影响。在互联网技术的快速发展和移动互联网高度普及的环境下，一些错误思潮的传播更加快速，影响也更加广泛。另外，在现实中还有个别党员干部理想信念淡薄，片面追求个人利益，为人民服务的宗旨意识无情淡化，极大损害了最广大人民的切身利益，损害了党的形象，这些都对大学生理想信念教育带来了很大的冲击，需要从常态化教育出发，持续巩固理想信念教育效果。

应对大变局时代的新挑战，高校必须坚持以习近平新时代中国特色社会主义思想为指导，推进理想信念教育常态化，不断巩固马克思主义在意识形态领域的指导地位，深入挖掘和综合利用社会主义实践中的丰富教育资源，利用先进科技手段搭建载体平台，引导大学生增强马克思主义理论素养，提升分析问题、解决问题能力和对错误思想言论的科学辨识能力。

案例一：在香港发生的一系列暴动中，就出现了许多青少年成为"黑衣人"，他们之所以成为"港独"和一些敌对势力可以利用的棋子，主要原因是香港学校的理想信念教育出现了问题。在香港高校，理想信念教育缺失严重，能够体现教育内容的通识教育也被美国、英国等资本主义国家所操控。这些课程没有固定教育内容，教师可以选择或编写教材，有些内容甚至充满了负面导向。意识到这些问题之后，香港高校将"公民与社会发展科"作为必考科目，以香港、中国和当代世界发展为核心内容，彰显一国两制的优越性，还可以为学生提供前往内地了解、参学的机会，把理想信念教育常态化纳入教育工作重要日程。

二、进入新发展阶段需要常态化教育解决新课题

消除贫困、达到共同富裕是人类共同的理想，是社会发展进程中人们始终不变的追求。马克思主义者所设想的共产主义社会就是在"消除贫困"这一政治理想基础上的奋斗目标。党的十九届五中全会提出，全面建成小康社会、实现第一个百年奋斗目标之后，我们要乘势而上开启全面建设社会主义现代化国家新征程、向第二个百年奋斗目标进军，这标志着我国进入了一个新发展阶段。2021年2月25日，习近平总书记在全国脱贫攻坚总结表彰大会上宣布中国脱贫攻坚战取得了全面

胜利。2021年7月1日，在庆祝中国共产党成立一百周年大会上，习近平总书记庄严宣告："在中华大地全面建成了小康社会，历史性地解决了绝对贫困问题，正在意气风发向着全面建成社会主义现代化强国的第二个百年奋斗目标迈进。"①进入全面建设社会主义现代化国家的新阶段有着新的特点，同时也会产生一些新的问题，需要大学生理想信念教育常态化来解决新的课题。

1. 全面建设社会主义现代化国家新阶段的显著特点

一是经济社会更好更快发展。在全面建设社会主义现代化国家的新阶段，社会主要矛盾发生了深刻变化，物质文明进一步提高，国家综合实力显著增强，经济持续快速增长。从发展格局来看，产业结构更加优化，产业布局更加合理，优势产业更加突出，产业链条更加完善，形成了一二三产业协调发展的良好局面，进一步完善了公有制多样化形式和所有制多元化结构，人民群众幸福指数不断提升。

二是法治体系更加完善。社会各领域的法律制度规范更加健全，社会主义法治体系逐步完善，法治观念不断深入人心，依法治国的社会环境初步形成，法律面前人人平等的社会氛围更加凸显。政府实施简政放权，职能向着事中事后监管转变，推动服务提质增效，营商环境更加开放，行政管理体制逐步转型。人民群众充分享有选举、决策和管理、监督等权利，社会主义人民民主建设迈上新台阶。

三是文化事业更加繁荣。国家对文化事业的投入越来越大，结构合理、项目齐全、方便群众活动的文化体育休闲设施建设水平不断提升，有效满足广大群众的文化需要。文化产业蓬勃发展，文化活动丰富多样，优秀文化作品创作异彩纷呈，"以人民为中心"的文化创作导向更加坚

---

①习近平：《在庆祝中国共产党成立100周年大会上的讲话》，《人民日报》2021年7月2日第2版。

定,"中国梦"和社会主义核心价值观得到有效弘扬。

2.新发展阶段需要理想信念教育常态化解决新课题

在全面建设社会主义现代化国家的新阶段,物质文明得到了很大提高,但是也出现了一些制约人类社会文明发展的问题,诸如:就业压力越来越大、人口老龄化程度越来越高、生态环境建设任务还很艰巨、资源能源短缺等问题仍然存在。特别是在物质文明长足发展之后,精神文明还存在着发展不充分、不均衡的状况。

"物质贫乏不是社会主义,精神空虚也不是社会主义。"[①]随着物质生活条件的不断改善,人们的精神生活需要也越来越高。全面建成小康社会后,人们获得了相对舒适和丰厚的物质生活,但是也有一些人仅追求功利与物质享受,在不知不觉中出现了不同程度的精神退化与堕落,一些地区、一些领域存在着值得高度重视的精神贫困现象。比如,有些人失去了精神追求,爱慕虚荣、贪恋钱财、沉溺于吃喝玩乐,导致精神空虚。精神上的一贫如洗使人做出一些突破道德底线、损害民族尊严,甚至破坏人们幸福生活的事件。一些网络短视频平台、自媒体为博取"流量",传递一些侵害青少年思想健康、腐蚀其心灵的不良信息。此外还存在诚信缺失、造谣传谣、弄虚作假等不端行为,在部分地区还有一些陈规陋习等未完全消除。

物质文明高度发展的同时,大学生的精神贫困问题不容忽视。一些学生由于空虚、攀比、自卑、脆弱等情绪导致了不同程度的精神贫困现象,使高校人才培养质量提升面临重重困难。人类社会高质量可持续发展以及人本身自由而全面发展,需要强大的精神支柱和精神动力。精神动力不足或者缺失,就不能激发主体内在力量,造成困惑迷茫,没

[①]《江泽民文选》第1卷,北京:人民出版社,2006年,第621页。

有前进方向，形成无目的、任意的、盲目的行为。大学生理想信念教育常态化就是要解决大学生信仰缺失与精神动力不足的问题。精神动力贯穿于人类的一切实践活动，精神动力的缺失会导致社会发展严重失衡，影响人的全面发展。因此，为了解决精神动力彰显与缺失之间的矛盾，必须推进大学生理想信念教育常态化，增强主体内在动力，促进社会长足进步和大学生的全面发展，真正锻造成为国家栋梁之才。

案例二：某医学院校留学生，公开辱国，表示对国家的极度不满，新冠肺炎疫情暴发时称希望一线医师临阵脱逃，还声称未打算为祖国做贡献。作为国家培养多年的大学生竟忘本辱国，着实令人愤慨。某高校"九·一八"当天有一名女子穿和服逛校园，某高校学生在国外推特上发布侮国的不当言论，引起广泛关注。这些事件足以说明，信仰缺失会导致一个人的价值观错乱、人格扭曲。所以，理想信念教育永远排在第一位，否则培养出来的学生成绩再好、再优秀也是有害而无益的。

三、全媒体时代需要常态化教育应对新冲击

全媒体不是各媒体的简单叠加，而是实现传统媒体、网络媒体、传统媒体等多种媒体之间的全方位、立体化融合。全媒体整合了文字、图形、声音和视频等信息资源，能够进行全领域、多角度、深层次传播，使不同媒介之间融合成为一种新的传播形态。由于全媒体传播速度快、互动性强等优势，普遍得到了广大青年人群的认可与使用。信息技术的快速发展使整个社会已经步入了全媒体时代，使大学生理想信念教育面临新的冲击。

1. 全媒体时代的环境冲击与影响

全媒体时代信息传播呈现多元性和海量性特点。信息传播从"线下"扩展为"线下"+"线上"，网络环境日趋复杂、负面信息更加隐蔽。媒

介传播平台的灵活性使人人都可以"发声",都能成为传播者。很多平台和网站可以隐匿使用者的真实身份,一些别有用心的人会传递反主流价值观念或西方不健康的价值思想,还处于理想信念培树过程中的大学生,会受到一些不良信息的影响,有些分辨是非能力弱的学生,甚至会传递一些虚假、低俗甚至反动言论。网络充斥的暴力、恐怖等信息也表现出巨大影响力,让理想信念教育环境更加复杂多变。有效应对网络媒体不良信息对大学生理想信念的巨大冲击,必须坚持理想信念教育常态化。

2. 全媒体时代的语境冲击与影响

全媒体时代解构了理念信念教育话语权,同时又创设了多元化的教育语境。全新的媒介文化充斥着人们的日常生活,极大影响着人们的思想观念。传统的信息传播是一种线性的传播模式,信息发布者作为起点,信息接收者作为终点,是一对多的单向传播方式,传播速度和时效都受到一定限制。而在全媒体时代,传播媒体的话语格局发生了变化,既可以点对面,又可以点对点,传播者和接收者淡化了界限,传播主体实现了大众化,由此形成双向互动的传播模式。在多元化的传播格局中,容易产生"群体极化"的效应,这种强大的舆论影响给理想信念教育带来新的冲击,需要常态化教育来应对这些冲击,巩固教育效果。

3. 全媒体时代的文化冲击与影响

全媒体时代网络文化对大学生理想信念教育带来的冲击不容忽视。"开放、包容、共享"的互联网中体现了多元的文化形态和文化观念。特别出现了各种形式的网络群体文化,很多"草根文化"也如雨后春笋般层出不穷,其中既有积极健康、向上向善的正能量文化,也有庸俗低俗粗俗媚俗的"丧文化",对大学生的思想观念产生了较大影响。理想信念教育的一个关键因素是要抢占主流文化阵地,在多元文化中择其精华去其糟粕,实现正向文化之间的融合。因此,需要在经常性的理想信念教育中，将主流文化打造成为教育主客体共同的精神家园，加强对学生的正向引导，让网络不良信息、糟粕文化失去生存空间。

案例三："约死群"是一个由很多青少年加入的聊天群。里面的青少年表面看来并没有什么异常，但是他们加入这个聊天群谈论的却是如何结束自己的生命。在这个网络群体中，一些青少年隔离了现实生活世界，走入一种思想极端，同时相互之间强化死亡决心，并且将现实生活中的不满和消极心态不断放大。这些选择自杀的青少年背后，折射出的是理想信念严重缺失、心理健康极度恶化的状况，在让人感到心痛的同时，不得不让人们思考其中暴露出的宏观和微观层面上的风险。

虽然"约死群"形成了隔离现实的封闭态势，但是在每一个成员的微观角度上却也同时存在着对于现实和日常生活的映射。"约死群"当中还存在大量不良文化价值观的影响，暗黑漫画、动画成为当中的常见话题，丧文化和悲观主义的情绪蔓延更是以这些文化作品作为载体，不断侵蚀群中青少年本来就不甚稳定的精神状态。但是需要注意的是，上述的原因并不起到决定性的作用，青少年的心理健康和自杀倾向真正的来源是疏忽的家庭教育和学校理想信念教育常态化不够，导致学生失去生活、学习的信心，亟待从根本上予以解决。

四、高等教育普及化阶段需要常态化教育克服新影响

2020年，全国在校大学生总数达到4183万人，毛入学率为54.4%。依照马丁·特罗的高等教育发展"三阶段论"，这一数值标志着中国高等教育进入"普及化"阶段。[①]普及化高等教育时代的到来，对大学生理想信念教育也产生了深刻的影响，带来许多新的问题。

1. 普及化高等教育的特点

---

① 王世岳、周璇：《"普及后"的中国高等教育去向何处》，《江苏高教》2021年第6期，第117页。

高等教育的发展水平与人才培养质量休戚与共，也与政治经济发展和社会进步密切相关。普及化高等教育的主要特点包括：一是招生规模大幅增加。从2002年我国高等教育15%的毛入学率到2020年的54.4%，仅仅用了不到20年的时间。进入普及化阶段后，青年人接受高等教育的机会大幅增加。二是高等教育质量有待提升。高等教育在精英化阶段，是为了培养顶尖优秀的精英人才，接受教育的人口比例很小，而到了大众化和普及化阶段时，由于受教育的人数大规模增加，教育水平和质量距离人们的期望还有一定差距，需要进一步提升。三是学生个性化需求增加。随着高等教育普及化进程的推进，学生个性化需求明显增加。高等学校需要以学生为中心，注重不同学生之间的兴趣爱好和个体化差异，因地制宜、因材施教。

2. 普及化高等教育需要理想信念教育常态化来克服新的影响

高等教育领域发生的变化并没有改变基础教育的状况，上好大学的机会依然如同"过独木桥"。在精英化高等教育阶段，学生入学机会少，学生参加高考的目标就是能上大学，而随着近年招生数量增加，学生高考目标就变成了"上好大学"。在一般人眼中"好大学"只有985、211等这样的一流学校，这类学校在高校中占比很小，导致如今高考仍然是"千军万马过独木桥"，基础教育阶段成绩压力依然很大。虽然各级教育行政主管部门一直在努力改变应试教育中出现的不良现象，但是素质教育发展依然任重道远。基础教育阶段过分强调分数与成绩，导致对学生思想教育跟进得不够，特别是理想信念教育占比不够，学生的政治理论基础还相对薄弱，这为大学阶段的理想信念教育带来很多不利因素，需要通过常态化推进来加大理想信念教育力量、增加理想信念教育频率、巩固与提升理想信念教育效果。

进入普及化高等教育阶段后，大学生毕业人数不断增加，就业压力越来越大。为了提高毕业生的就业率，高校不得不在专业教育上下功夫，以就业需求为导向，有些学校在思想政治教育和通识教育方面投入的精力就会相对不足。高等教育虽已进入普及化阶段，但是一些教育者的观念还没有及时转变，高等教育的结构和质量与社会需求脱节，高等教育质量提升压力很大。高等教育的普及化更需要凸显立德树人根本任务，解决好大学生的理想信念问题，牢牢把握人才培养的根本方向。要完成高等教育的首要目标，基本出发点是促进学生全面发展，这也亟待推进理想信念教育常态化。

普及化高等教育阶段大学生群体数量剧增。学生个性差异比较大，综合素质也不尽相同。一些学生的自律和自制能力下降，对自己的要求标准也降低了，思想观念水平不高，存在个人主义、实用主义倾向。在这种情况下，对大学生理想信念教育带来一定难度，需要下大力气加强管理，在长效性和实效性上下功夫，推进大学生理想信念教育常态化显得更加迫切和重要。

案例四：某大学一男生直播搭讪并侮辱女生事件，某大学生补考作弊被抓后坠亡事件，某大学生拍摄虐猫视频贩卖事件，山东某大学举办"女德"讲座宣传封建思想事件等，表明普及化教育时期，不管是高校还是学生都应及时转变观念，将理想信念教育常态化放在首位，高度警惕和关注个别大学生身上存在的一些不良思想和极端行为，提高马克思主义理论水平和科学运用能力，以此减少普及化教育带来的负面影响。

第二节 新时代大学生理想信念教育常态化的必要性

一、应对意识形态领域斗争的政治任务

意识形态是一种思想体系的集合。随着中国特色社会主义进入新

时代，意识形态领域呈现总体向好的积极态势，但是以美国为首的西方国家从未放弃对中国意识形态的渗透干扰，国内多元思想观念交融，正如习近平总书记所指出："意识形态领域斗争依然复杂，国家安全面临新情况。"[①]立足国际国内环境，推进理想信念教育常态化是应对意识形态领域斗争的必然需要，也是一项艰巨的政治任务。

1. 意识形态领域斗争的新特点

一是意识形态领域斗争范围更加广泛。新时代中国对外开放和与世界共融的程度日益加深，西方敌对势力对意识形态领域的渗透干扰，也从传统的思想文化领域扩展到经济、制度、生态、安全等多个领域，企图通过各个领域的渗透干扰活动，破坏中国快速发展的局面。特别是近年来他们通过渲染、放大中国的疫情防控、人权问题、环境污染、反恐维稳等方面的问题，歪曲事实，丑化抹黑中国，以达到其"分化""西化"中国的政治目的。

二是意识形态领域斗争渠道更加多元。当前，意识形态领域的渗透干扰渠道不仅仅局限于传统、单一的途径，而是转向了更复杂、更多方位的渗透活动。比如有的通过开办培训讲座、资助贫困学生、赞助科研项目、组织访问活动等方式传播西方价值理念，进行有目的的思想渗透活动，尤其是注重了对知识分子和青年学生的文化渗透，企图用多种渠道对青年群体的文化精神和文化传统进行改变。

三是意识形态领域斗争方式更加隐蔽。西方敌对势力在意识形态领域的渗透活动从公开式转向隐蔽式，从明目张胆转向潜移默化。他们为了掩盖自己真实的政治意识，为渗透活动披上了一些合法的外衣，比如"学术交流""学术研讨""文化交流"等，传播错误思想理论，拉拢不辨是非的国人。同时有的西方国家还制作、创作一些娱乐、文艺作品等，宣传其思想和价值观念，试图在不知不觉中影响和改变中国人

[①]《习近平谈治国理政》第三卷，北京：外文出版社，2020年，第7—8页。

特别是青少年的理想信念,让其向往西方的生活方式和行为习惯等,这些隐蔽的方式极具欺骗性。

四是意识形态领域斗争手段更加复杂。随着信息技术的发展,西方敌对势力尤其加大了利用互联网进行不良信息传播和伪科学理念的渗透,由于互联网的开放性和传播快速性,这些信息的渗透性和传播力非常强大,有的也很难分辨,导致不明真相的青少年会转发传播,对青少年的价值导向影响甚大。

2. 应对意识形态领域斗争的政治要求

大学生理想信念教育常态化是应对意识形态领域常态化斗争的现实要求。中国作为社会主义大国,一直都是西方国家策反和颠覆的重要对象。特别是在被贴上"世界老二"的标签后,中国更是成了西方强国遏制打压的主要目标。一直以来,中国始终坚持独立自主、和平友好的外交政策,倡导构建人类命运共同体。但是这并没有减少西方强国对中国的敌视和围堵。除了政治上以"中国威胁论""人权"等问题为借口制造事端,还暗中联络扶持一些"台独""港独""疆独""藏独"等势力,企图形成一定的舆论影响,极力丑化和抹黑中国。这些无理挑起争端的行为,就是为了破坏中国的发展成果。在这些不断升级的打压背后,已经形成了意识形态领域的常态化围攻和遏制,在思想文化和舆论宣传方面,对中国的渗透、分裂和颠覆活动从未停歇,进行和平演变的图谋,也始终没有放松过。作为培育时代新人的高校,更是西方敌对势力开展一切不可告人目的活动的重要场所。对于高校来说,要高度重视意识形态领域斗争的复杂性和长期性,更要意识到这种斗争的常态化,应对这种常态化斗争最基本的要求就是推进理想信念教育常态化,解决大学生"信什么""为什么信"和"怎么信"的问题。

大学生理想信念教育常态化是增强意识形态领域斗争能力的政治

任务。在各种社会思想交流、交融、交锋的过程中，一些错误的、落后的、扭曲的观念对青年学生带来很多不利影响。高校要增强意识形态领域斗争能力，需要在理想信念教育常态化上下功夫，时刻保持警醒，一刻也不能放松，不仅要坚持教育的经常性，还要追求教育效果的最大化，使大学生能够敏锐辨别各种错误思想，持续增强抵御能力，确保在意识形态领域斗争中能够永保胜利。

二、落实立德树人根本任务的现实需要

立德树人是高校的根本任务，这是我们党在新形势下为适应社会主义现代化建设的新要求而作出的科学论断。"立德"就是加强大学生思想道德品质培养，"树人"就是将青年学生培育成为高素质的社会主义劳动者和专业型的拔尖创新人才。习近平总书记强调"德"是首要、是方向。"立德"和"树人"二者在理论和实践上是不可分割的关系。"立德"是为了实现"树人"这一价值目标，"树人"必须通过"立德"来坚持正确的方向。"立德树人"的提出是党的教育事业在长期发展实践中总结的先进经验，也是党和国家教育事业发展的本质要求，指明了新形势下理想信念教育的发展方向。

实现立德树人，离不开大学生理想信念教育常态化。养大德者方可成大业。理想信念教育常态化要从科学理论和实践成就的角度，阐释中国特色社会主义道路是实现中华民族伟大复兴中国梦的正确道路；要从贴近学生生活实际的角度，在社会主义实践中感悟马克思主义信仰和共产主义信念；要从不断深化理想信念教育成效的角度，引导青年学生自觉投身于民族复兴的伟大事业。理想信念教育常态化思想更符合立德树人的根本要求，更能从内容、方法和效果方面保证立德树人根本任务的实现。

落实"立德树人"根本任务，要求对学生开展经常性的理论教育，要突出方向性内容，教育引导学生用科学的理论武装头脑，能够立足现实，关注现实，解释现实。大学生理想信念教育内容不能僵化于文本解读，要引导学生能够把崇高的理想和坚定的信念与生活实际相结合，能够将个人理想与社会共同理想相结合，内容的选择上不能搞教条主义，要通过鲜活的事例来阐释和解读理论，通过不间断、持续性的教育工作，真正使学生信服，拥有坚定的信念。因此，推进大学生理想信念教育常态化能够从内容上保证立德树人根本任务的实现。

　　拥有坚定的理想信念是对时代新人最基本的素质要求。立德树人和理想信念教育常态化在方法手段上都要解决教育的吸引力与感染力问题。理想信念教育只有在"常"字上下功夫，才能讲通、讲透马克思主义的科学性和先进性。理想信念教育常态化更强调学生主动学习和接受，将理性思考与现实体验融会贯通，通过反复强化，促进内心的觉醒和情感的认同，从而不断转化为现实行动。推进理想信念教育常态化从方法手段上保证立德树人根本任务的实现。

　　落实"立德树人"根本任务，要求大学生做到"知行合一"。理想信念教育常态化可以提供知行转换的现实情境，教育者要客观分析大学生在现实中遇到的困惑与迷茫，从对热点问题和复杂问题的分析研判中，引导学生作出正确的价值评判，把握正确的政治方向，形成坚定的理想信念。推进理想信念教育常态化从效果上保证立德树人根本任务的实现。

三、符合理想信念教育实践的客观要求

　　人的思想来源于社会实践及外界的影响。思想是人的认识的具体体现，能够指导和支配人的实践活动。理想信念是人的精神内核，是人的思想和行为的指示标。理想信念教育是做人的思想工作，推进理想信

念教育常态化是满足理想信念教育的阶段发展要求、实践要求和主体要求的关键举措。

1. 符合理想信念教育渐进发展的要求

不管是康德的感性、知性和理性认识三阶段理论，还是皮亚杰的认知发展理论、科尔伯格的道德发展理论等，都从不同角度阐释了认识发展的阶段性思想。理想信念教育常态化在实施过程中，符合个体思想认知发展规律，能够满足阶段性发展要求。从学生个体发展来看，进入大学之前，学生的理想信念经历了儿童时期的直观形象教育内容，青少年时期的抽象逻辑教育内容，懂得了一些理论概念，但还不能完全转化为具体的行为。大学生对理想信念的认知程度决定了如何开展理想信念教育。从总体上说，理想信念教育需要经历一个渐进发展过程。针对这种渐进过程，需要让学生从概念认知开始，深入持续开展，常态化推进，实现由学习—思考—体验—强化—内化—转化—持续强化—不断内化—进一步转化的阶段性目标。

2. 符合理想信念教育实践检验的要求

马克思指出，"凡是把理论诱入神秘主义的神秘东西，都能在人的实践中以及对这种实践的理解中得到合理的解决。"[1]理想信念教育是一项面对现实、立足需要、形成于实践的教育活动，推进理想信念教育常态化体现了认识与实践相统一的过程。从外界获得的思想认识只有不断与实践相结合，才能在头脑中形成知识体系，并且在实践中得以深化发展。理想信念教育常态化不是一个单纯的思想运动过程，必须依靠教育对象不断进行有意识地的实践活动，完成"理论—实践"的转化过程，使教育成效最终在实践中得以体现。

---

[1]《马克思恩格斯选集》第1卷，北京：人民出版社，2012年，第139—140页。

一方面，理想信念教育常态化要加强对科学理论的认知，将"三进"工作作为有效抓手，使习近平新时代中国特色社会主义思想成为指引大学生成长成才的强大思想武器。另一方面，理论武装离不开持续的实践锻炼，理想信念教育常态化要突出用实践增强信心，用实践证明真理，用事实说明问题，向大学生全方位、立体化展示中国社会发展取得的伟大成就，感受祖国发生的巨大变化，增强作为新时代中国青年的自信心和自豪感。要不断满足理想信念形成的实践要求，使学生积极参与到现实社会的各种实践活动中，对已经学到的理论知识不断进行检验，对个人行为不断进行修正，然后再将个体的实践内化为情感、态度和体验，如此循环往复，来进一步定型为稳固的理想信念。

3. 符合理想信念教育客体情感的要求

列宁曾指出："没有'人的感情'，就从来没有也不可能有人对于真理的追求。"[1]情感在人类学习中起着非常重要的作用，是在人的认识基础上产生的，有什么样的认识和认识到什么程度，往往决定了形成什么样的情感。同时，情感也会影响和制约人的认识与态度。理想信念教育要从内心自觉和情感自愿的角度，让学生主动接受，不断提高政治理论水平。与突击性、一过性的教育相比，如果缺少理想信念教育的深厚感情投入，那么个体的认知也会仅仅停留在表面。推进理想信念教育常态化注重在循序渐进中深化学习、培养情感，在潜移默化中得到认同，因此更能满足主体对认识的需求和情感的需要。

理想信念教育要使个体对某一目标方向坚信不疑、身体力行，同时在个体向往和追求这一目标的过程中，必须时时刻刻伴有强烈的情感认同和体验。理想信念具有很强的动力性，但同时也是动态的，已经形成的理想信念如果不进行持续巩固与深化，也有可能改变。比如，有些

---

[1]《列宁全集》第25卷，北京：人民出版社，1988年，第117页。

开始理想信念坚定的人，没有经受住风险诱惑的考验，结果改旗易帜，成为人民的叛徒。可见，信仰的坚定性和持久性是至关重要的，这是一个不断发力的过程。推进大学生理想信念教育常态化，将教育举措具体细化，能够使量化积累不断发生，教育工作也就更有后劲和持续性，效果会更加显著，更容易向良好状态发展，实现思想上的飞跃。

四、满足人的全面发展目标的必然选择

列宁曾指出："人的思想由现象到本质，由所谓初级本质到二级本质，不断深化，以至无穷。"[①]思想的能动性，能够促进人自身的发展。理想信念教育常态化能够满足人的劳动实践、人的需要和社会关系发展要求。这种思想的力量推动人不断产生新的实践和新的需要，在不断追求和满足的过程中，促进人的全面发展。

1.满足人的劳动实践要求

劳动是人的本质，是人在自由意识支配下进行的生产活动。劳动实践是一个不断发展的过程，具有活动的自觉性。人类进行的劳动实践活动与动物无意识的活动有着本质区别。也可以说，人的本质不只是一种存在，而是被人自身所意识到的存在。在人的主观意识、信仰信念指导下经常性开展劳动实践，对促进人的全面发展发挥着重要作用，因而推进大学生理想信念教育常态化是必然选择。

2.满足人的需要发展要求

人的需要是分层次的，马克思虽然没有刻意划分需要的层次与类型，但是在他的话语体系中可以看出人的需要带有明显的层次性。一方面，各种需要有其产生的先后顺序，比如生存的需要、物质需要都要先于享受的需要、发展的需要、精神的需要等。另一方面，同一类型的

[①]《列宁全集》第55卷，北京：人民出版社，1990年，第213页。

需要中会有量的不同而带来的相对层次，比如对于工人和资本家来说，享受的需要在工人那里会得到得很少，"享受"的层次也是不同的。由于人的需要是从低级的物质生活需要到高级的精神生活需要这样一个有层次的发展过程，人每天都会产生新的需要，促进人生成新的本质，生成新的自我，所以推进大学生理想信念教育常态化，能够满足人的需要层级式跳跃发展要求。

3.满足社会关系发展需要

众所周知，人都处于一定的社会关系之中。人的本质具有复杂性，这一复杂性也使理想信念教育具有明确的社会价值取向，也呈现出复杂性。理想信念教育常态化是从受教育者的角度出发，经常性开展塑造人的思想的教育活动，更注重人的社会性。由于社会关系不是静止不动的，始终处于不断发展变化的过程，人的需要也会随着社会关系的变化而变化。理想信念教育要满足受教育者社会关系不断发展需要，围绕个人成长成才目标而持续开展，以利于将来更好地服务于国家和社会，这一过程要求必须以推进理想信念教育常态化作为保障。

第三节 新时代大学生理想信念教育常态化的重要性

一、有利于"教化式"向"浸润式"教育转变

正如康德所说，人是唯一需要受教育的造物。涂尔干认为，教育的目的在于使人社会化。教化这一概念是意指某种更高级和更内在的东西，即一种由知识以及整个精神和道德所追求的情感而来的，并和谐地贯彻到感觉和个性之中的情操。[①]教化使人脱离本能状态，获得普遍精

---

① 龚群：《生命与实践理性》，北京：中国社会科学出版社，2004年，第46页。

神。这种普遍精神对每个个体来说，会存在一定的差异，从而形成不同的个性和价值追求。人只要处于社会生活当中，就会拥有"教化者"和"被教化者"双重身份，而且要始终处于教化之中。人需要教化，教化是人成长的方式。但是，人之所以为人，一个重要的特征就是人具有主动性或者能动性。任何人都不是单纯的被动接受体，需要将被动接受和主动选择有机结合。

传统的"教化式"方法，强调的是将某种思想或意识形态强行灌输给人们，会导致自主性不足、针对性不强等。理想信念教育虽然离不开教化的作用，但是教育者需要更加关注个体发自内心认可了某种价值观念之后，形成坚定的理想信念，从而改变自己的行为模式。大学生理想信念教育常态化采用"浸润式"方法，强调学生得到良好环境的浸染，这种环境的建构是依据学生身心发展规律，尊重学生主体性特点，要对学生因"质"浸润、因材施教。大学生理想信念教育常态化可以推进理想信念教育由"教化式"向"浸润式"转变。

首先，理想信念教育常态化以学生的获得感与认同感作为核心要素。传统教化式方法表面上看是出自个体的自主判断，实际上是一种他律式规范的体现。由于人的思想具有反复性，需要发挥教育的持久力量。产生这种持续的作用力，必须以学生为中心，考虑学生的实际情况，结合其思想特点，调动一切有效的育人元素，使学生"浸润"于创设的环境当中，在掌握基本理论知识的同时，获得思想认同和情感认同，使理想信念入脑入心，转化为日常行动，实现常态化的教育目标。

其次，理想信念教育常态化凸显了过程的渐进性。常态化强调的是一个不断渐进、逐步深入、持续浸润的过程，要进行潜移默化的情境营造和感染熏陶。在这一过程中，不是仅限于某一次或某一些教育活动，而是根据大学生成长过程中的不同特点和需求，遵循理想信念教育规律，将其有机"浸润"到教育教学的各个环节，由被动变为主动，由认知转向认可，通过外在显性的学习、感悟、体验活动，融入内在的思辨、判断和选择，不断调试自身的理想信念与行为，实现"全过程浸润"。

最后，理想信念教育常态化突出了日常的渗透性。常态化强调的是理论知识的不断积累和价值观念的逐步深入人心。在将马克思主义、中国特色社会主义等理论知识传授给学生的同时，常态化更加注重从日常生活中的点滴事例着手，围绕大学生普遍关注的热点问题，采用大学生熟悉的语言和喜闻乐见的形式，将理想信念教育的理论知识通过隐蔽的方式，融入大学生的日常学习生活，构建知识传授与价值引领的"浸润"教育内容，开展各种实践活动，使大学生在日常实践中完成知识获取与价值转换。

二、有利于"漫灌式"向"滴灌式"教育转变

漫灌和滴灌是农业上两种不同的灌溉方式。漫灌是一种散漫式的浇灌方法，主要是围绕着农田筑堤，引水顺坡漫流，从而灌溉农田。滴灌是借助现代技术，通过安装设备，使水均匀缓慢地滴下，持续供给农作物水分。从农业角度讲，漫灌式方法比较浪费资源，而滴灌式方法更加节水高效。由漫灌式向滴灌式转变，可以避免水资源和营养物质的滥用，提高农作物栽培的产量和质量。这种农业上的灌溉方法与人才培养模式如出一辙，在理想信念教育方面同样具有借鉴意义。将滴灌系统应用于理想信念教育中，通过常态化过程，创设"滴灌"条件，让节能、高效的教育优势得以充分发挥。

首先，理想信念教育常态化能够顺利安装"滴灌"供水装置，保证理想信念"滴"入学生心中。理想信念教育常态化的首要条件是教育工作者对理想信念教育高度重视，将其作为思想政治教育的核心，全员

全过程全方位来抓紧抓实，教师具有常态化工作理念，并形成一定的工作动力，自觉行动起来，融入日常工作各方面，保证理想信念教育持续进行，时刻滋养学生心灵。

其次，理想信念教育常态化能够强化滴灌作业的中间环节，达到最大化的教育效果。在"滴灌"系统中，输水管道是供水通道，属于中间环节。在常态化理想信念教育中，建立了一个不间断的教育通道，可以使教育资源得到充分运用，源源不断地传输给学生。通过"滴灌"式教育的实施，把理想信念教育从学校到院系、各个班级再到每个学生个体，铺设衔接好理想信念教育的每级"滴灌"管路，促进相互间的交流与合作，强化中间的各级传输环节，实现理想信念教育常态化资源的高效利用。

最后，理想信念教育常态化能够围绕核心工作，注重打造"滴水"系统。常态化教育能够铺设"滴灌"系统，通过"支管"将理想信念教育常态化资源分支和截流，按照不同的批次和层次传递到"毛管"，"毛管"中的这些养分会源源不断地"滴入"学生心灵。常态化教育中的营养资源会按需供应、持续供应，资源不仅来自课堂教学，还包括校园文化活动、教育载体媒介、教师言传身教等多个方面，"滴入"的时间、内容和"滴入"量大小，都会按照学生的需求和反馈及时进行动态调节。

理想信念教育"漫灌"方式，不能过多地考虑学生个体需要，更多追求的是形式上的轰轰烈烈，不讲求效果的实实在在，将理想信念教育内容一股脑地灌输给学生，存在形式化、表面化甚至功利化的现象。理想信念教育常态化注重日常中的教育引导，通过平时的"滴灌"，因人而异、因地制宜，引导大学生走进马克思、了解马克思、体悟马克思，做一名马克思主义者，胸怀共产主义远大理想，帮助大学生成长为国家栋梁。

三、有利于"有意识"向"无意识"教育转变

有意识教育是思想政治教育中的一个重要方法,是一种有计划、有组织、有纪律的教育过程,在党的思想政治教育史上发挥着巨大作用,在理想信念教育中也体现了较强的系统性、理论性和逻辑性。但是有意识教育在现实中也具有一些弊端,比如多采用灌输与单纯讲授的方法,在教育过程中使学生常常感到疲惫、兴趣点降低,甚至产生抵触心理等,这种以理论灌输为主的教育方法比较简单,容易造成学生"知而不信""信而不坚"的结果。

"无意识是主体对客体一种不知不觉的认识功能"。[1]这种不知不觉不是漫无目的或者随意开展的,而是教育者根据教育目的和要求,进行详细分析与精心安排,为学生创造一种不知不觉获得内心体验的教育环境。无意识教育也不是没有意识地去教育,需要预见性地提前设置教育内容和形式,受教育者在这个过程中不自觉地接受感染和熏陶,有效引起认识同频、情感共鸣、思想共振。

理想信念教育常态化就是要创设一种看似无意识的教育环境,弱化具体的理想信念教育手段,使受教育者在不知不觉中接受理想信念教育,这种隐藏了教育意图的方式,可以使学生感到更轻松、更有趣,相对于课堂上的有意识教育,常态化教育能够创造一种无压抑式的氛围。一方面,无意识教育最常用的方法是"渗透式""隐蔽性"教育,理想信念教育常态化正好符合这样的教育要求。理想信念教育常态化能够激发学生的参与意识,能够全面覆盖学生的生活空间。无意识教育实质上是隐性教育,理想信念教育常态化就是想方设法淡化教育痕迹,使受教育者不知不觉将思想注意力用于蕴含而不外露的教育意图之中。另一方面,无意识教育是一种愉快的教育方法,理想信念教育常态化也是在追

---

[1] 车文博:《意识与无意识》,沈阳:辽宁人民出版社,1987年,第40页。

求这样的教育效果。这对教育者提出了更高的要求，要避免生搬硬套和枯燥乏味，将教育内容更加日常化和情景化，通过精心选择理想信念教育载体，将教育内容通过生动活泼的形式传递给学生，引起学生的参与兴趣，使学生自由地表达自己所思、所想和所感，为理想信念教育注入新活力，从而始终掌握理想信念教育的主动权。

当然，理想信念教育常态化能够促进教育由"有意识"向"无意识"转变，并不是完全否定有意识教育，而是要将两者有机融合，实现优势互补。新时代背景下，理想信念教育常态化就是将理论与实践、传统与新型教育方式更好地结合，实现"有意识"和"无意识"的有效衔接，不断增强理想信念教育的效率与效果。

四、有利于"粗放型"向"精细化"教育转变

传统的理想信念教育工作，理论性较强，内容涉及较广，方式方法较单一，属于粗放式集中教育。科学管理之父泰勒最先提出了精细化的概念。大学生理想信念教育常态化符合精细化的理念，主要是坚持以人为本，按照"做精、做实、做细"的原则，实现理想信念教育的精准服务。

理想信念教育常态化遵循精细化的工作理念。传统的粗放型理想信念教育还是偏重于简单的形式和理论的灌输，务虚的内容多，务实的行动少，偏离了学生的需要。由于理想信念教育是做人的工作，需要关注人的思想和心灵，需要充分尊重被教育者的个体差异，实施精细化教育。理想信念教育常态化是将工作关注点放在日常工作细节当中，在工作理念方面体现了"人本"与"人文"精神的统一，以学生为主体，围绕大学生个体的差异化精神需求，不因循守旧，通过开展深入持久的活动，将精细化教育融入日常点滴当中。

理想信念教育常态化符合精细化的工作要求。传统的大学生理想信念教育还是以粗放型和经验型为主，缺乏大学生愉快接受的教育方式。理想信念教育常态化着眼于微观操作层面，更注重具体的实施环节，不仅强调育人效果，更加关注育人过程，强调育人过程的周到细致，更加明确各项任务的规范化标准和具体操作过程，符合精细化动态发展要求。

理想信念教育常态化满足精细化的育人目标。在理想信念教育中要面对许多冲突与挑战，大学生的思想不仅更加活跃，而且更具个性和更加复杂多变。千篇一律的"粗放型"教育方式，已不能满足理想信念教育目标。理想信念教育常态化追求最大化成效，要求教育者不断创新思维，完善工作过程，善于运用各种先进的教育手段，追求精益求精的育人目标，在常态化教育中开展精细化评价，促进精细化、精准化教育绩效评价目标的实现。

此外，在当前大数据时代背景下，推进大学生理想信念教育常态化有助于教育内容的精准推送。大数据能够全面了解和掌握被教育者的具体情况，深度提取相关数据信息，及时调整教育策略，这样使各项决策部署更加精准。同时运用大数据分析学生的思想动态、理想信念教育常态化成效等信息，能够实现工作的量化与细化，还可以全面掌握学生在日常生活中乐于接受的理想信念教育常态化形式，把教育内容更加精准地推送给学生，做到因人而异、按需分配，使理想信念教育常态化更具个性，更加精确。

第四章 新时代大学生理想信念教育常态化的现状与分析

习近平总书记指出："理想信念不是拿来说、拿来唱的，更不是用来装点门面的，只有见诸行动才有说服力。要知行合一、言行一致，保持对理想信念的激情和执着。"[①]大学生的理想信念状况不仅关系着大学生的自身成长，而且也关系到国家和民族的未来。本文为了全面了解大学生理想信念教育常态化现状，结合工作实践开展了专题调研，从中发现大学生理想信念教育常态化方面存在的问题，分析问题产生的原因，找到症结所在，为进一步探寻大学生理想信念教育常态化的工作路径和方法奠定基础，对于切实提高大学生理想信念教育工作水平，进一步引领当代大学生树立崇高理想，具有重要的指导作用。

本书采用问卷调查法和个案访谈法相结合的形式，对大学生理想信念教育常态化状况进行调研。

在问卷调查中，通过查阅文献、走访座谈等形式，自编了调查问卷，共50个题项。调查内容主要围绕大学生对马克思主义、共产主义和社会主义以及人生观、价值观、学习动机等问题的认识，了解新时代大学生树立理想信念的基本情况；围绕大学生对高校理想信念教育常态化开展情况的认识，了解常态化教育现实情况及存在的问题和不足；围绕理想信念教育常态化的制度、内容、载体、队伍、评价等问题，了解如何科学有效地推动大学生理想信念教育常态化。调研中随机选取了河北大学、河北师范大学、河北科技大学、河北经贸大学、石家庄铁道大学、河北工业大学、华北理工大学、河北医科大学、承德医学院、河北体育学院、北京中医药大学、河南中医药大学、陕西中医药大学、福建中医药大学、黑龙江中医药大学、河北中医学院共16所全国本科院校的在校本科大学生开展调查，以问卷形式，充分运用网络平台，以线上和线下相结合的方式，发放并回收了各类问卷6085份。参与问卷调查的学生中，男生占39.84%，女生占60.16%（见图4.1）；学科类别中理工农医类占69.33%，经济管理类占7.26%，文史哲教育类占6.79%，

[①]《习近平在党的十九届一中全会上的讲话》，《前线》2018年第1期，第8页。

艺术体育类占 4.6%，其他占 12.02%（见图 4.2）；学生所在年级中一年级占 51.52%，二年级占 21.2%，三年级占 15.83%，四年级及以上占 11.45%（见图 4.3）；政治面貌情况是中共党员占 8.15%，共青团员占 78.83%，群众占 13.02%（见图 4.4）；家庭背景为干部的占 4.87%，农民的占 48.92%，工人的占 15.48%，知识分子的占 11.31%，军人的占 0.77%，其他占 18.65%（见图 4.5）。

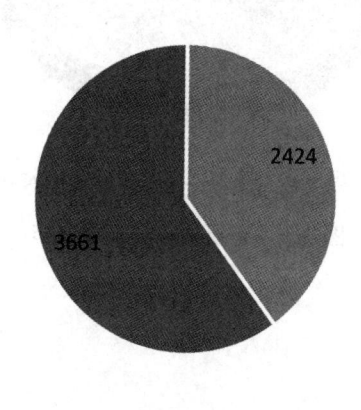

图 4.1 调研对象的性别结构

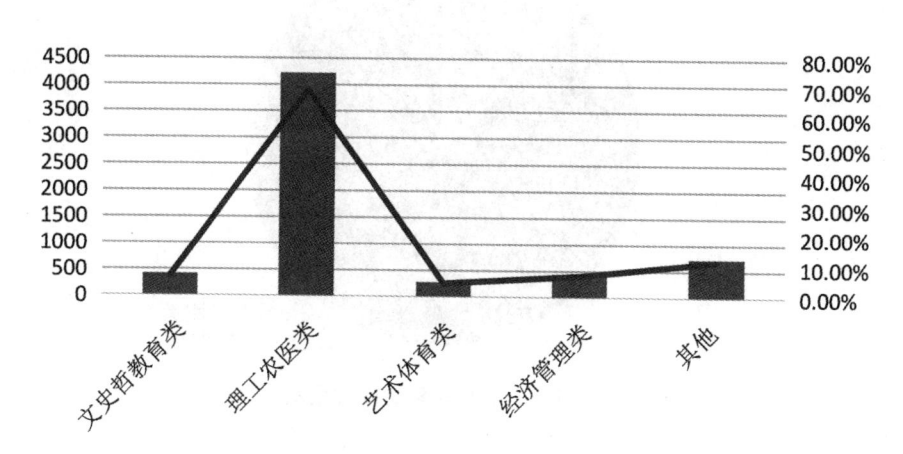

图 4.2 调研对象的学科类别

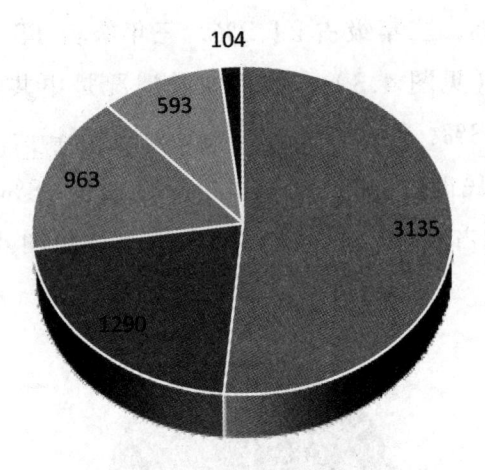

■ 大一 ■ 大二 ■ 大三 ■ 大四 ■ 大五

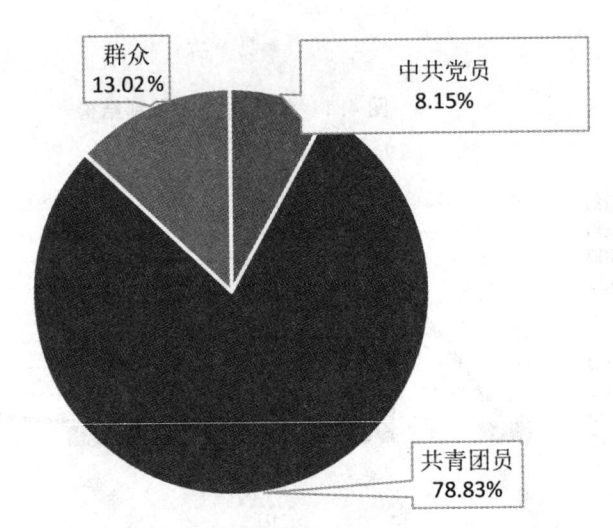

图 4.3　调研对象的年级分布

图 4.4　调研对象的政治面貌

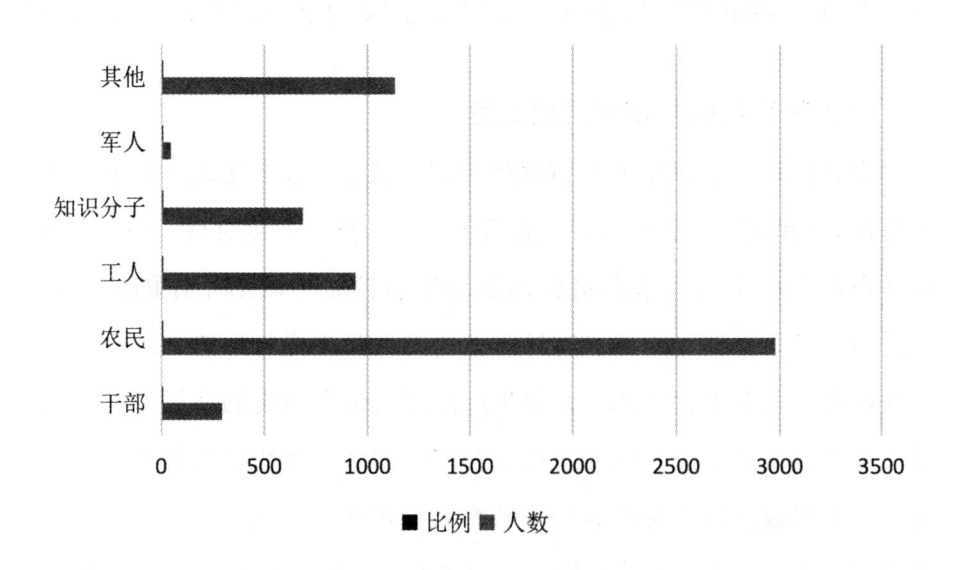

图 4.5 调研对象的家庭背景

在个案访谈中,主要针对不同高校的教育工作者采取一对一的非标准方式进行沟通交流,使其表达自己真实的想法,以便本研究能够更加深入地分析当前大学生理想信念教育常态化的基本状况、已经奠定的良好发展基础以及存在的问题等。访谈中以访谈提纲为基础,分别针对校领导、思想政治教育相关部门负责人、一般党政干部和共青团干部、辅导员、普通教师等群体进行,事先征得受访者同意,共进行深度访谈35人次,最后综合选用 14 个访谈内容。个案访谈为本论文提供了有效参考和宝贵的经验借鉴。

第一节　新时代大学生理想信念教育常态化的良好基础

一、常态化教育政策持续出台

党和国家一直以来高度重视理想信念教育，常态化思想由来已久，尤其是20世纪80年代以后，先后出台了一系列制度文件。1987年，中共中央出台了《关于改进和加强高等学校思想政治工作的决定》，文件中明确指出要经常地、有针对性地对大学生进行形势、政策教育。不难看出，党中央就是要让大学生广泛深入地掌握党的路线方针政策，进一步加强大学生思想政治工作，强化经常性的理想信念教育。文件还要求把思想政治教育贯穿到高等教育教学各环节，融入大学生日常生活各方面，这就体现了大学生理想信念教育常态化的核心理念。1994年，中共中央印发了《关于进一步加强和改进学校德育工作的若干意见》。该《意见》对理想信念又做出了清晰的论断，指出理想信念需要在教育的过程中逐步形成，同时开展德育的过程，又是一个反复教育、长期熏陶的过程，这项工作需要与大学生的学习、生活结合起来，更需要与各学科、各课程有机结合起来，形成稳定机制，注重将德育全过程、全方位融入教学、管理、服务等全方面各环节。之后在党的十七届六中全会和十八大中都提出了推动学雷锋活动常态化的要求。

党的十八大以来，习近平总书记针对理想信念教育作出了一系列重要论述，从本质上将理想信念比作"政治灵魂""精神之钙""信仰之基"，可见，当前理想信念教育已经成为高等教育的重中之重，摆上了更加突出的位置。党的十九届四中、五中和六中全会均强调，要推动理想信念教育常态化制度化。这为新时代进一步加强和改进大学生理想信念教育工作明确了方向，提供了政策支撑。因此，对于高校来说，理想信念常态化一直都是党和国家对高等教育，特别是高校思想政治教育的基本要求，在政策上的持续支持，为大学生理想信念教育常态化发展奠定了坚实的基础。

访谈一：某高校宣传部长谈到，推进理想信念教育常态化的要求虽然明确提出的时间不长，但是在高校当中，大学生理想信念教育一直朝着常态化的方向努力。比如，五年前中共中央、国务院就已经印发了文件，对高校明确提出了要做到"三全育人"，随后一些高校创新开展了构建十大育人体系试点工作，体系中将课程、科研、实践、文化、网络、心理、管理、服务、资助、组织育人等内容融汇其中，充分体现了大学生理想信念教育常态化的内在联系。2020年教育部在加快构建高校思想政治工作体系的文件中，从日常教育教学、管理服务、评估督导等方面提出了体系构建要求，里面虽然没有明确提出大学生理想信念教育常态化的概念，但其实质上就是落实理想信念教育常态化要求的具体举措。

二、马克思主义学院建设不断加强

高校的马克思主义学院是学习、宣传、研究马克思主义理论的教学单位。自1992年在北京大学成立了全国首家马克思主义学院后，20年的时间发展到100家。2015年以来，在习近平总书记的亲自部署下，全国高校马克思主义学院建设迈上了一个新的台阶。2016年发展到454家，2020年增加到1161家。马克思主义学院在数量上增加的同时，国家持续出台相关政策加强马克思主义学院内涵建设。2019年8月，中共中央办公厅、国务院办公厅在《关于深化新时代学校思想政治理论课改革创新的若干意见》中提出，要全面提升高校马克思主义学院建设水平。2020年4月，教育部等八部门出台的《关于加快构建高校思想政治工作体系的意见》中提出，要加强马克思主义学院建设。2021年9月，中共中央办公厅印发了《关于加强新时代马克思主义学院建设的意见》，指出要推动马克思主义学院内涵式发展。马克思主义学院在国家政策的持续支持下，逐步实现数量上由少到多，质量上由强到优发展的良好态势。

访谈二：某高校马克思主义学院执行院长谈到，马克思主义学院建设越来越得到党委的重视，学院院长由学校党委副书记兼任，抽调理论水平高、业务能力强的专业干部从事马克思主义学院管理工作。学校党委常委会、校长办公会每学期都要定期召开专门会议，专题研究学院建设工作。学校党委书记、校长等主要领导每年都会下基层，深入马院进行调研，听取工作情况汇报，还到教研室与教师进行交流座谈，全面了解教师需要和教育教学中的问题，答疑解惑，解决困难。学校主管领导经常深入马克思主义学院指导工作。学校领导还经常关注思政课教学情况，通过网上教学督导平台和课堂现场听课等形式，了解思政课教学情况，提出指导意见，提高思政课教学效果。"十三五"期间学校将马克思主义学科作为重点培育学科，"十四五"规划中把马克思主义学科列为重点建设学科。

三、思政课程和课程思政同向同行

思政课程和课程思政的建设都经历了一定的发展过程。从思政课程来看，在20世纪50年代实施政治理论课和思想品德课教育以来，思政课成为高校对大学生进行理想信念教育的主渠道。1998年6月，中共中央宣传部和教育部调整了思政课程设置，增加了党的指导思想等内容。从课程思政来看，在20世纪80年代末，中共中央就提出要把思想政治教育与教学工作结合起来。1995年，在《中国普通高等学校德育大纲》中提出发挥各科教学的德育功能,课程思政的意蕴逐步彰显。

2004年8月,中共中央印发的《关于进一步加强和改进大学生思想政治教育的意见》,明确指出了思想政治理论课作为大学生思想政治教育的主渠道,要全面加强思想政治课程、学科、教材以及教师队伍建设。同时指出,各门课程都具有育人功能,要深入发掘各类课程的思想政治教育资源。2005年3月,中共中央宣传部与教育部印发了《关于进一步加强和改进高等学校思想政治理论课的意见》,明确高校思想政治理论课的课程内容,确定单独开设形势与政策课,将当代世界经济与政治等作为选修课进行补充。2014年,上海市首先提出了"课程思政"这一概念,并在一部分学校进行试点试验。之后,中共中央和国务院办公厅先后出台了加强和改进高校宣传思想与思想政治工作方面的文件,文件中都明确提出了要发挥各门课程的育人功能,确定了"思政课程"和"课程思政"的重要地位。2016年12月,习近平总书记出席全国高校思想政治教育工作会议,并发表重要讲话。他强调,思政课之外的"其他各门课都要守好一段渠、种好责任田,使各类课程与思想政治理论课同向同行,形成协同效应。"[①]

2017年12月,教育部印发的《高校思想政治工作质量提升工程实施纲要》提出,要统筹推进课程育人,创新高校思想政治理论课建设体系,建立一批课程思政研究中心。2019年,中共中央、国务院印发了《中国教育现代化2035》和《关于深化新时代学校思想政治理论课改革创新的若干意见》,两个文件都针对思政课程和课程思政进行了阐述,指明了重要性和现实意义,其中不仅包括了思政课程体系建设,而且延伸到推进高校课程思政整体工作和中小学学科德育体

[①]《习近平谈治国理政》第二卷,北京:外文出版社,2017年,第378页。

系。2019年3月,习近平总书记在学校思想政治理论课教师座谈会上指出,要"挖掘其他课程和教学方式中蕴含的思想政治教育资源,实现全员全程全方位育人。"[①]2020年5月,教育部印发《高等学校课程思政建设指导纲要》,明确全面广泛开展课程思政这一工作目标。至此全国高校已经逐步形成了思政课程和课程思政同向同行、同频共振的良好态势。

访谈三:某高校教务处长谈到,作为学校牵头负责思政课程和课程思政改革的职能部门,学校出台了切实可行、详细具体的实施方案,明确了各部门、各单位的工作职责,全校统筹推进思政课程和课程思政工作。教务处严格按照教育部的要求统一征订高等教育出版社最新版的教材,形势与政策课专门使用中宣部《时事报告——大学生版》,并将习近平新时代中国特色社会主义思想等融入思政课堂。同时,学校成立了课程思政教学研究中心,印发了《课程建设标准》《全面推进课程思政建设工作实施方案》《课程教学大纲修(制)订与管理办法》等文件,深化课程思政研究与实践,指导专业教师开展课程思政教育教学实践,形成思政课程和课程思政双轮驱动、紧密结合的工作新局面。

访谈四:某高校马克思主义学院教师谈到,目前该校马克思主义学院设有8个教研室和1个工作室,负责15门课程的讲授。思想政治理论课按课程分别独立设置教研室。根据上级要求和有关规定,制定了人才培养方案和本科生、研究生思想政治理论课具体实施方案。本科生开设有5门思政课程,共16学分,总学时在281学时以上,分为理论教学和实践教学两部分。每门课程由副高职称以上的高年资教师担任负责人,引领课程建设。

[①]《习近平谈治国理政》第三卷,北京:外文出版社,2020年,第331页。

四、大学生理想信念状况总体向好

信仰不仅是一种坚定的信念，更是一种执着态度，也是对未来理想社会的矢志追求。为了解新时代大学生信仰的基本情况，在调查了大学生"如何理解信仰""信仰什么"问题后发现，94.78%的学生认为信仰是人类不可缺少的精神支柱（见图 4.6），82.04%的学生选择信仰马克思主义（见图 4.7）。

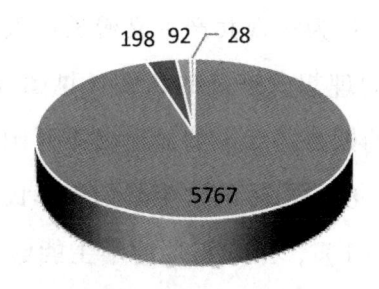

图 4.6 大学生对信仰的理解情况

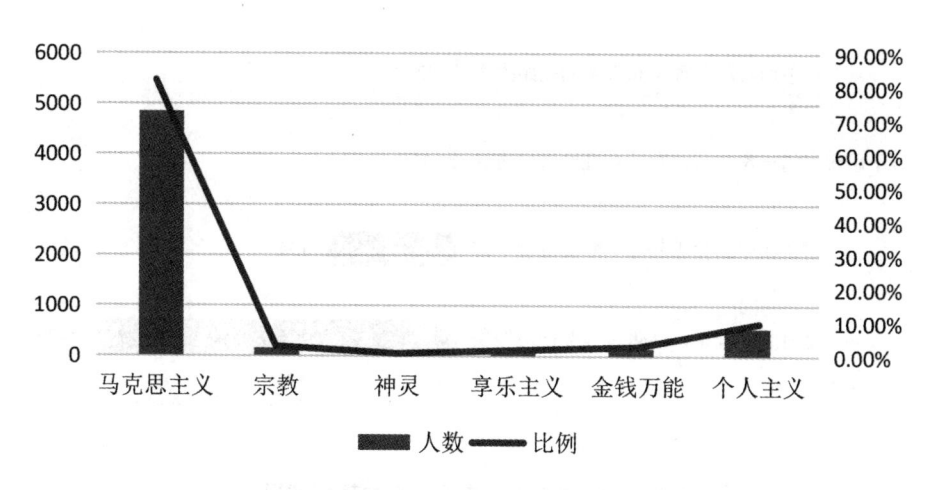

图 4.7 大学生对"信仰什么"的选择情况

大学生对马克思主义、共产主义和中国梦的认知程度也是培养社会主义事业建设者和接班人的客观要求。通过大学生对马克思主义的理解、对共产主义的认识和确立共同理想的必要性、实现"中国梦"的信心、中国梦和个人梦的关系等调查发现，95.85%的学生对马克思主义有正确的认知（见图4.8），认为它是科学的理论，能够带领人类向前发展，需要在中国化进程中不断发展和丰富；90.32%的学生能够正确认识共产主义（见图4.9），认为实现共产主义漫长而艰辛，但最终会实现；95.76%的学生对共同理想有正确的认知（见图4.10），认为共同理想是对民族复兴共同的期待，个人的命运离不开国家的发展，国家的发展需要大家齐心协力；87.63%的学生坚信中华民族伟大复兴的中国梦一定能实现（见图4.11），92.66%的学生能够正确认识"个人梦"和"中国梦"是辩证统一的关系（见图4.12）。

选项	人数
与自己没有太大关系，谈不上理解	110
不切实际，理论和现实的差距太大	32
属于思想家的一家之言，对其合理性将信将疑	110
需要在中国化进程中不断发展和丰富	1544
是科学的理论，能带领人类向前发展	4289

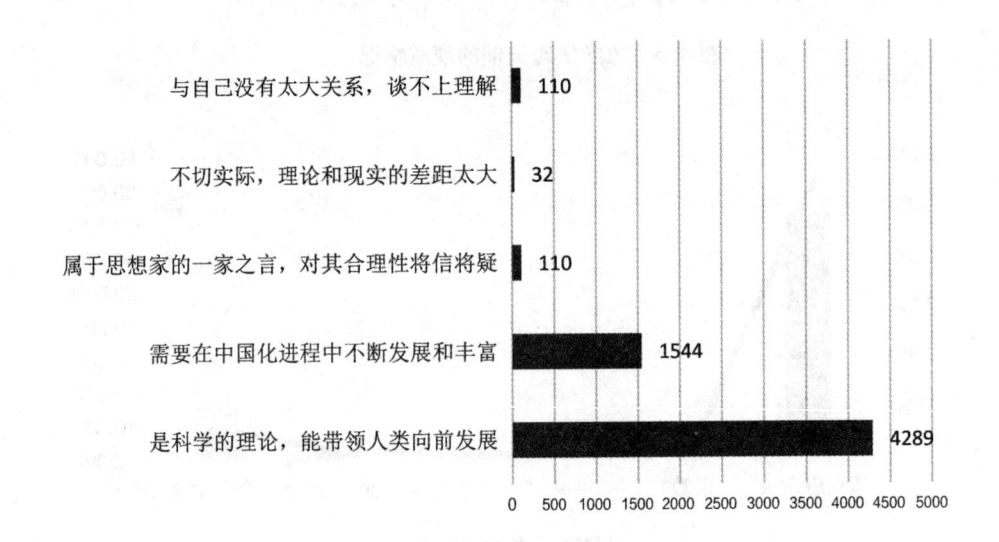

图4.8　大学生对马克思主义的理解情况

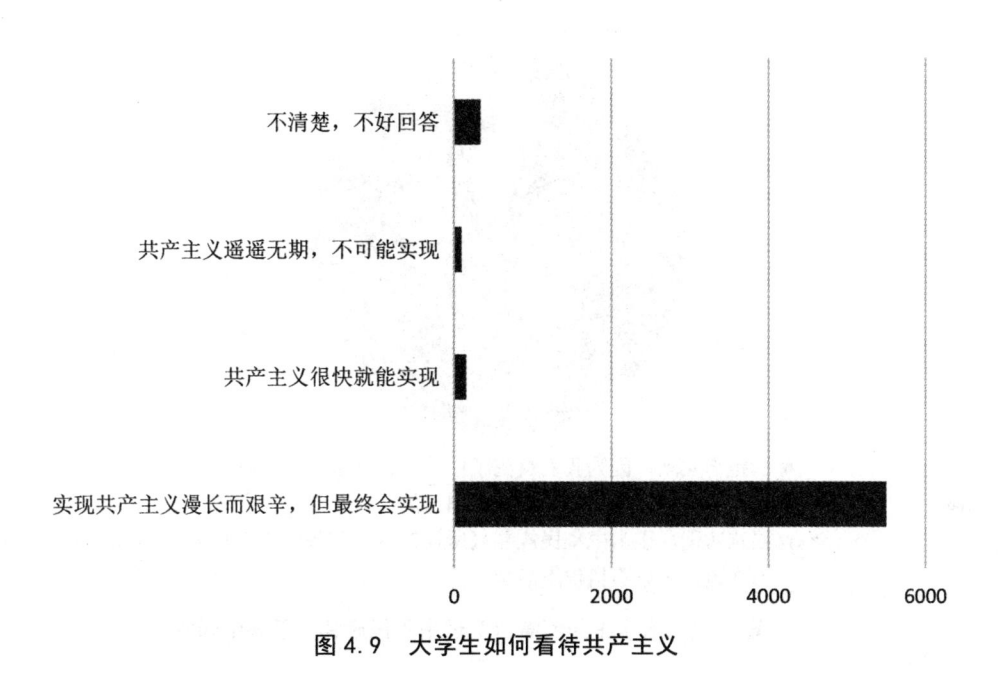

新时代大学生理想信念教育常态化的现状与分析

图 4.9　大学生如何看待共产主义

图 4.10　大学生对形成共同理想的认知情况

117

0.95% 1.81%
9.61%

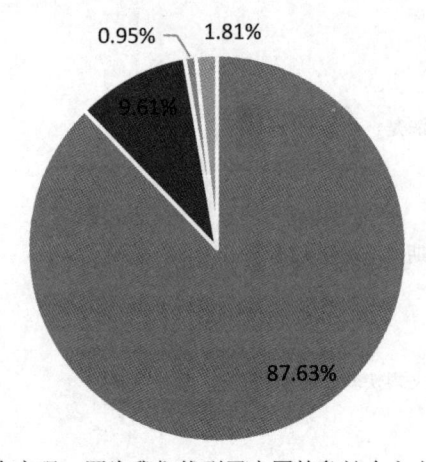

87.63%

- 一定会实现，因为我们找到了中国特色社会主义道路
- 可能会实现，毕竟它是几代中国人的共同梦想
- 很难实现，因为中华民族复兴所需的内外部条件都不具备
- 不知道，未来事情说不清楚

图 4.11　大学生如何看待实现中华民族伟大复兴中国梦

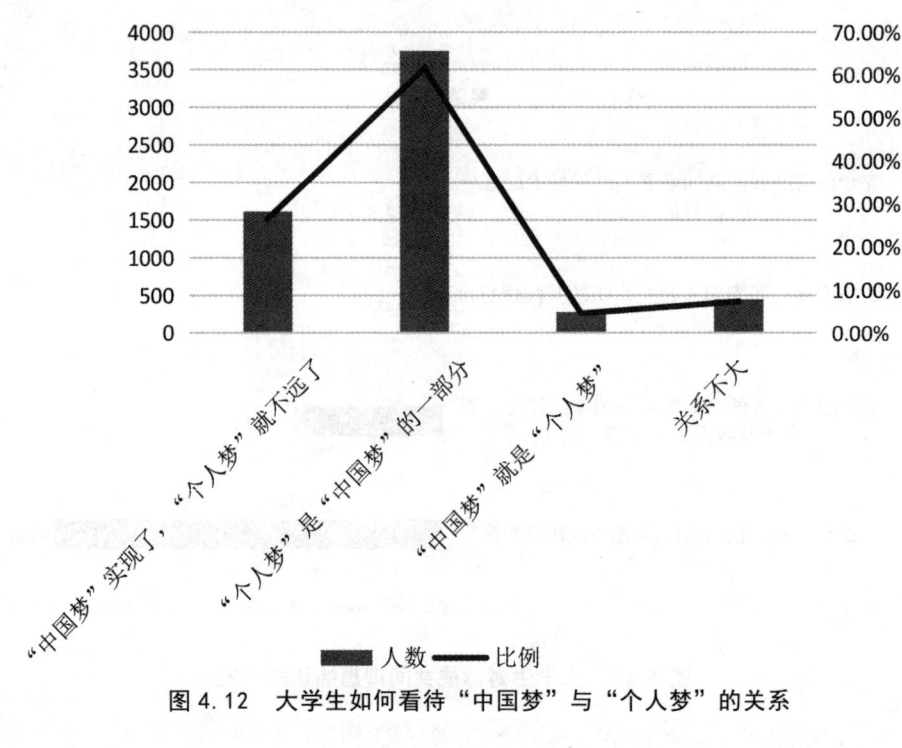

人数　　比例

图 4.12　大学生如何看待"中国梦"与"个人梦"的关系

大学生对"四个自信"的认知程度是关乎国家、政党、个人发展的方向性和根本性问题。调研中发现，有90.14%的学生认为要坚定不移走中国特色社会主义道路（见图4.13），有89.56%的学生认可中国特色社会主义理论（见图4.14），96.33%的学生对中国特色社会主义制度的优越性有正确认知（见图4.15），89.98%的学生能够正确看待中国特色社会主义文化（见图4.16），96.11%的学生认为全面建成社会主义现代化强国为实现共产主义理想奠定坚实基础（见图4.17）。

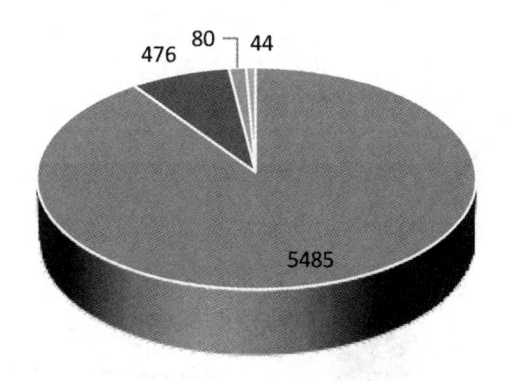

■ 坚定不移走中国特色社会主义道路　　■ 只要有利于中国的发展，何种道路皆可
■ 和自己无密切关系，不关心，不评价　　■ 走资本主义道路，中国也能发展

图4.13　大学生如何看待中国发展道路

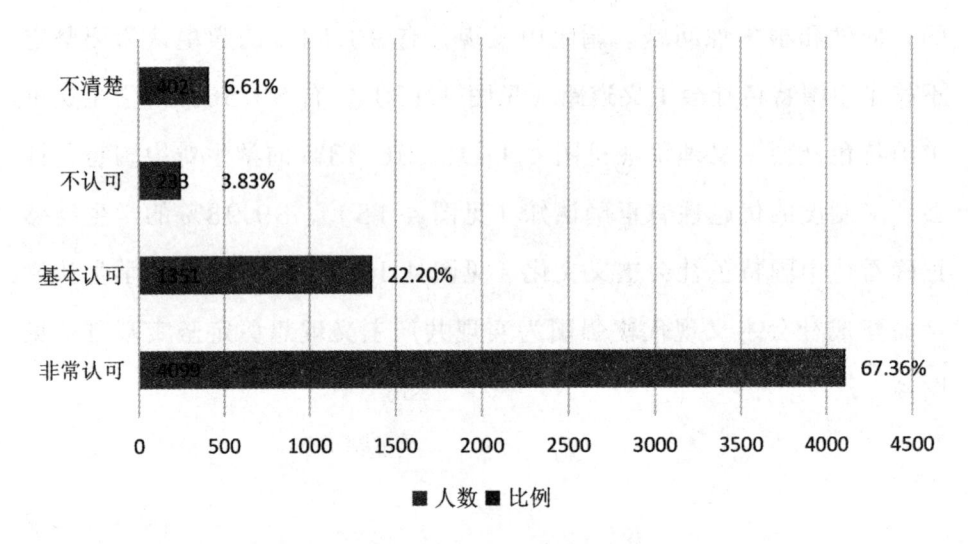

图 4.14 大学生对中国特色社会主义理论的认可情况

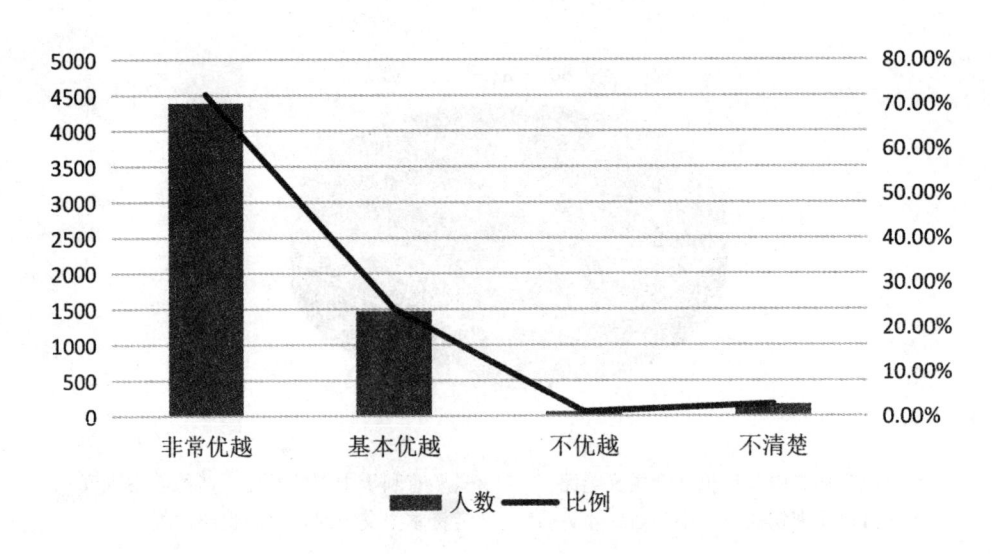

图 4.15 大学生对中国特色社会主义制度优越性的认知情况

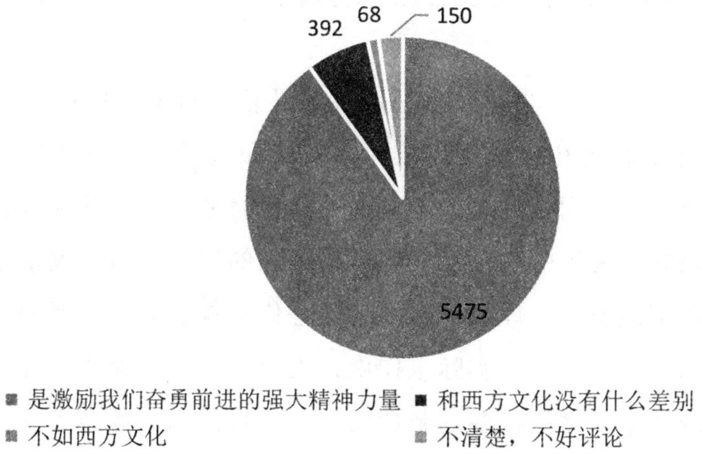

图 4.16　大学生如何理解中国特色社会主义文化

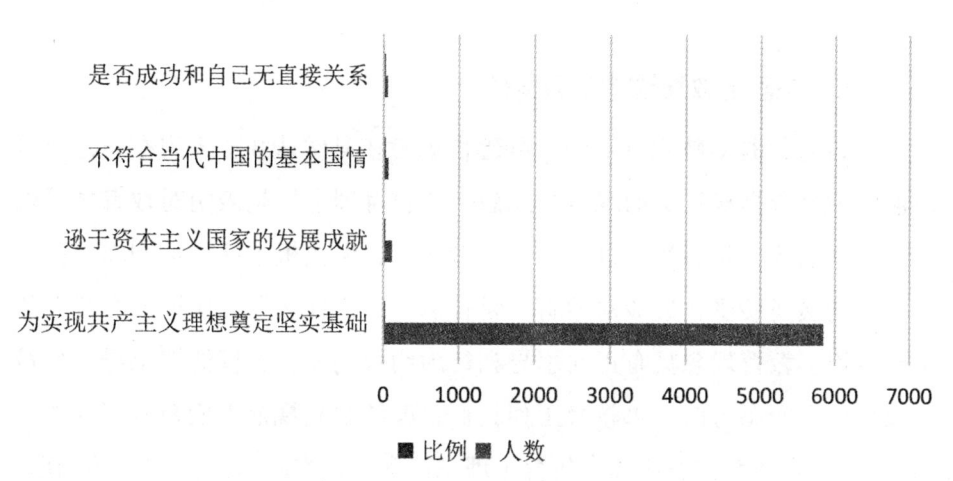

图 4.17　大学生如何看待全面建成社会主义现代化强国

由此可见，新时代大学生中绝大部分有自己的信仰，并且对马克思主义、共产主义和社会主义都有正确、科学的认识，对中国特色社会主义有深刻的认知，对"中国梦"和社会主义现代化强国建设充满信心，大学生理想信念整体态势较好。

第二节　新时代大学生理想信念教育常态化存在的问题

通过调研发现，不论是教育工作者还是教育对象，均认为大学生理想信念教育常态化开展对于高校人才培养和大学生自身成长都具有非常重要的意义。中国正处于改革发展的关键时期，国内外环境日趋复杂。青年知识分子聚集的高校已成为各种思潮的汇聚之地，大学生理想信念教育工作不能放松，理想信念教育常态化工作形势非常严峻，面临着许多新问题与新挑战。在实际工作中，大学生理想信念教育常态化基调很高、落地较难，途径很多、坚持较难，口号很响、务实较少，任务很大、检验较少，大学生理想信念教育常态化落实不够细，在实效性、长效性等方面还有待进一步增强。

一、常态化教育理念有所缺失

"理念"是对特定领域的一种理性思考和科学认知，多为在一定范围内形成的具有指导意义的观点和思想。"教育理念"是表明对教育领域的看法和观点等，是对教育进行理性思考之后，做出根本性价值判断，需要被群体成员所接受，形成对教育"是什么""为什么""应该怎么样"的集体共识。教育理念具有正向引导和行为约束功能，不仅能够指导人们按照教育理念所指方向从事教育工作，而且能够起到规范人们教育行为的作用。理想信念教育常态化理念包含了理想信念教育本质、任务、目标等问题，属于根本性、统领性、价值性和实践性的理性认识范畴，对于大学生理想信念教育常态化理论体系的构建具有重要指导意义，对于开展大学生理想信念教育常态化实践活动具有良好的推动作用。

社会的发展与进步给教育各领域带来了巨大的变革。特别是在网络和信息技术的影响下，各种思想观念的交流、交融与交锋更加频繁，思想的多元化和流变性成为当今时代的基本特征，这对理想信念教育带来强烈的冲击与挑战。作为高校一定要坚守好自己的思想高地，特别是保持一脉相承的理想信念教育常态化理念显得尤为重要。"一个人的理想信念的形成是知、情、意、行统一作用的过程，这是一个长期的过程。"[①]大学生理想信念教育常态化注重规范性和经常化，要不间断开展，进行持续深化与内化。这个教育过程，不能仅凭几堂课、几次学习或几项集体活动来实现。无论是教育管理者还是一线教师，如果不能秉持正确的教育理念，就会使理想信念教育常态化工作迷失前进方向。

1. 对理想信念教育常态化的认识不够深刻

从高校来说，不管是领导干部、管理人员、学生工作者还是专任教师，目前还存在对理想信念教育常态化的认识不足、重视不够的问题，理想信念教育常态化意识比较淡薄，缺乏系统深入研究，对理想信念教育常态化的规律性和实效性把握不准，对常态化的要求和原则落实不到位，没有按照循序渐进的思路进行，没有实现阶段性、层次性和递进性的理想信念教育。有的高校相关部门应急式起草下发一些文件或轰轰烈烈开展一阵子教育活动，理想信念教育缺乏系统性、持续性、经常性，还没有专门针对理想信念教育工作进行顶层设计与规划，对于常态化教育理念认知模糊、存在困惑与迷茫。

在调研中发现有35.45%的学校没有持续开展理想信念教育活动，只是间隔开展或从未开展（见图4.18），29.93%的教师没有经常关注大学生理想信念状况（见图4.19），22.97%的教师没有经常帮助大学生树立理想信念（见图4.20），教师经常性开展理想信念教育工作的仅占48.58%（见图4.21）。从党和国家对理想信念教育常态化要求来看，有的高校还没有充分认识到大学生理想信念教育持续性、长期性的重要性，理想信念教育理念还没有转到常态化方向，存在为了完成任务而进行教育的理念。

[①] 马敬：《高校思想政治教育中的文化融入》，长春：吉林大学出版社，2017年，第4页。

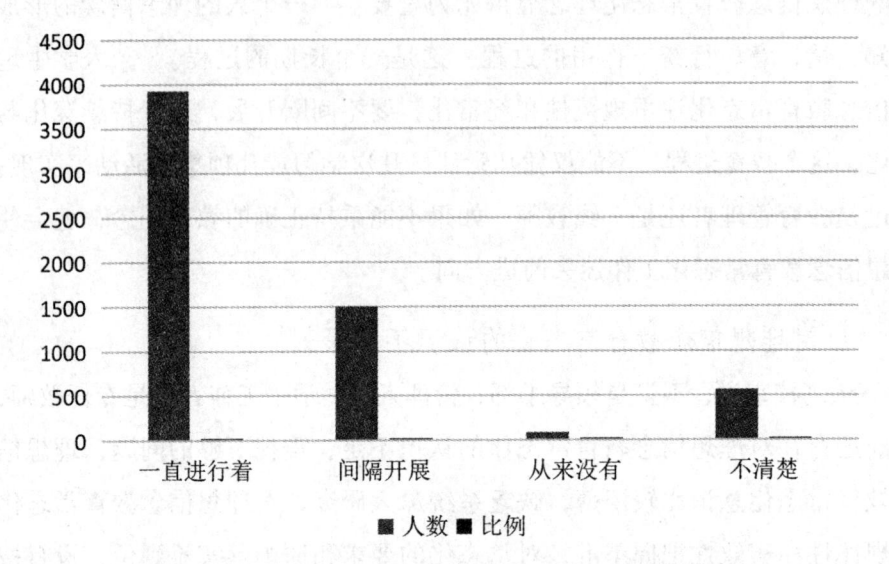

图 4.18 所在学校开展大学生理想信念教育相关活动情况

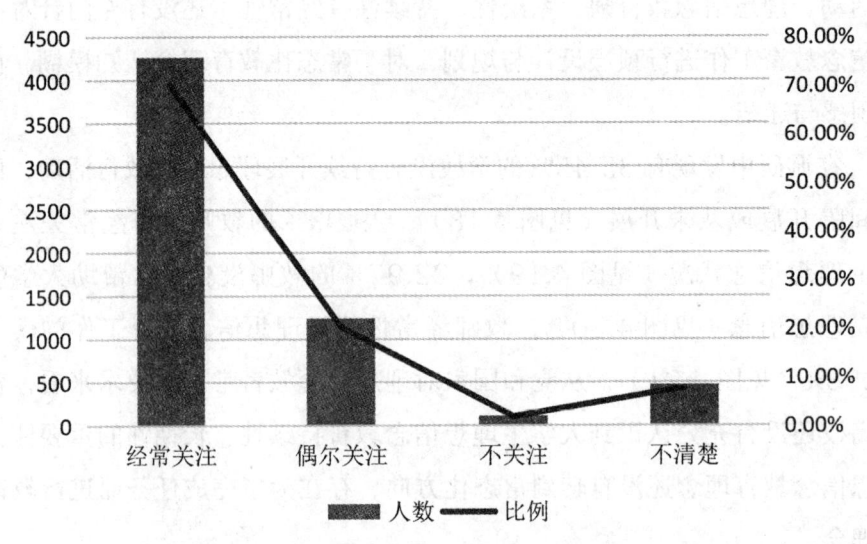

图 4.19 所在学校教师经常关注大学生理想信念情况

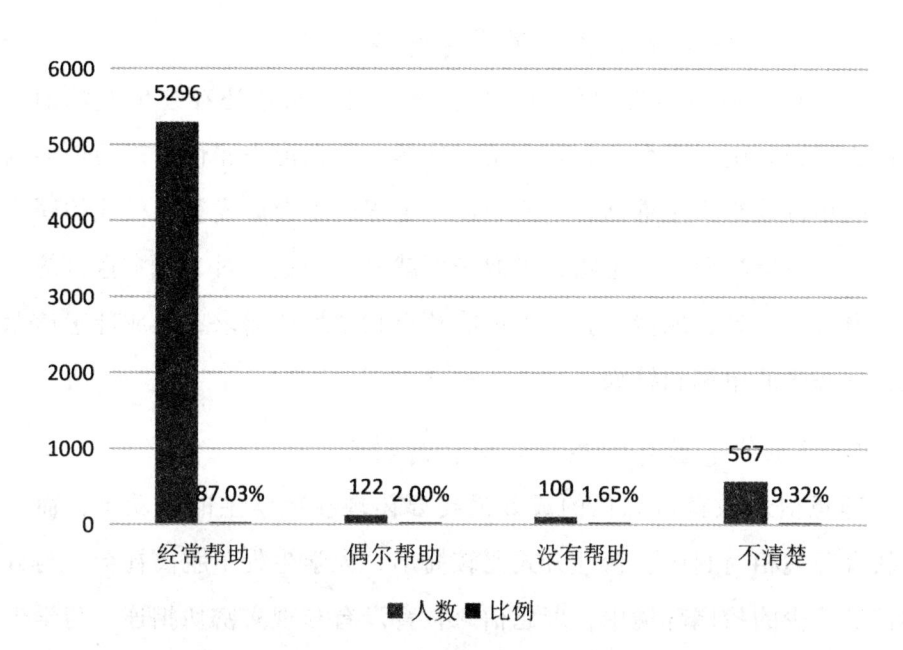

图 4.20　所在学校教师经常帮助大学生树立理想信念情况

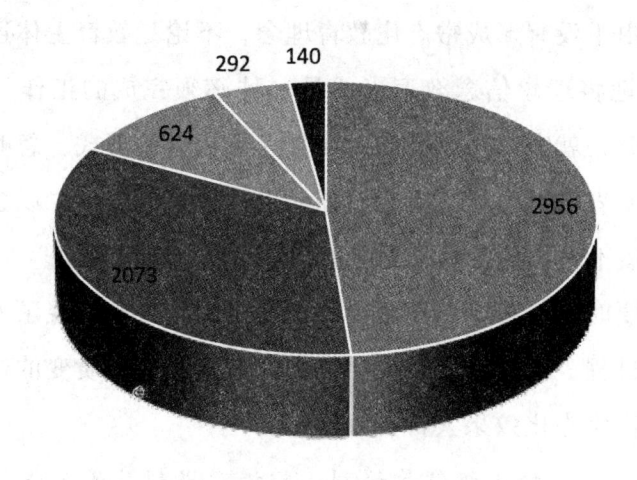

图 4.21　所在学校教师开展理想信念教育情况

2.理想信念教育常态化模式有所僵化

理想信念教育常态化作为一种教育活动,目前还存在模式陈旧、僵化的问题。由于理想信念教育常态化具有意识形态属性,需要依靠制度机制和行政组织来推动和落实,在一定程度上会形成教育模式的固化或僵化,习惯按照某一思路,采取按部就班、消极应对、照本宣科的方式开展教育活动,忽视了教育主体的特点和个性化需求,造成理想信念教育常态化的单调和枯燥。

3.理想信念教育常态化环境相对封闭

理想信念教育常态化的成效最终要体现在大学生的行动上,而当前教育环境相对封闭,管理方式比较简单,大学生处于脱离社会、与外界接触较少的校园环境中,理想信念教育没有与现实密切相连,与学生所学专业、将来从事行业的相关度较低,没有针对学生在现实生活中产生的困惑进行有针对性的教育,使大学生的社会需求和身心发展都受到一定限制。由于没有形成常态化教育理念,不论是教育主体还是客体,都或多或少地将理想信念教育当成是一种必须完成的工作,上级有要求、有文件时,就突击开展活动,而且注重活动的形式,忽略活动的内容和实效,或者喊喊口号、走走过场,用文件完成文件,以会议落实会议,存在落实不力、私自变通等现象,给人以"应付差事""不温不火"的感觉,需要时忙一阵子,不需要时束之高阁,完全忽视了人的理想信念形成巩固过程,有悖于认识规律,未考虑从量变到质变的过程积累,理想信念教育常态化效果大打折扣。

访谈五: 某高校校级领导谈到,学校对思想政治工作高度重视,但是具体到如何推进大学生理想信念教育常态化方面,还没有统筹考虑和深入研究。某高校中层干部谈到,对于大学生理想信念教育常态化的要求还不太清楚，还没有与本部门负责的工作结合起来。某高校辅导员谈到，不太了解大学生理想信念教育常态化要求，但是在平时工作中偶尔会涉及理想信念教育方面的内容。某高校普通教师谈到，作为一名专业课教师，感觉最大的任务是把专业课教好，对于理想信念教育常态化方面的要求确实了解不多，平时会尝试开展课程思政方面的工作。

二、常态化教育制度尚不健全

大学生理想信念教育常态化是系统工程，常态化与制度化是密不可分的，需要依靠一系列原则、规范、制度、体制、程序等作为保障。大学生理想信念教育常态化需要构建完善的制度体系，增强规范性和长效性，使教育能够积极回应社会现实，提高说服力和解决实际问题的能力。当今社会，由于政治经济文化等诸多要素的影响，大学生理想信念教育常态化处于更加复杂化、多元化的发展态势当中，科学性和规范性显得尤为重要。同时，随着依法治国和国家治理体系现代化的全面推进，大学生理想信念教育常态化必须从制度层面入手。

但是就目前情况来看，理想信念教育常态化活动开展规范性还不够，通过图4.21的调研可以看到，大学生认为理想信念教育规范开展的评价仅占10.25%。理想信念教育虽然摆在了突出位置，但是由于没有制度的约束与保证，真正开展的系统性、经常性教育活动较少，这种以管理代替教育的模式，无法满足大学生理想信念教育常态化的要求。

1. 理想信念教育常态化制度缺失

大学生理想信念教育常态化是依托制度而存在的，如果没有完善的制度存在，常态化的约束力和作用发挥就无从谈起。就目前来看，大学生理想信念教育常态化制度方面是缺失的。有关理想信念教育的制度主要是体现在思想政治教育相关工作文件中,就常态化教育的目标和要求、如何实现常态化、如何评价常态化等制度还没有建立,从政策制定、到执行、再到实效评估,制度体系的缺失,也造成常态化教育难以实现。理想信念教育常态化,是一个制度从无到有的过程,制度能够日益发挥其功能,就意味着常态化进程得到了保障与实现。由于当前理想信念教育常态化制度大多为指导原则或总体要求,缺少具体举措,具有实用性、针对性和可操作性的制度尚未建立,教育者在工作过程中存在一定的随意性。理想信念教育常态化应该贯穿大学生学习生活始终,但目前在校期间的理想信念教育主要是在思想政治理论课堂和校园文化活动中有所涉及,自发性或临时性内容较多,还没有上升到制度层面,没有明确具体的实施举措及工作要求。特别是在学生实习或见习期间,理想信念教育常态化制度仍是一片空白,面临就业,大学生理想信念教育更应该着力加强,但是目前尚找不到常态化教育的制度依据。由谁负责、如何保障理想信念教育的连续性等问题还有待于进一步研究,细化相关规定。

2. 存在以行政命令代替制度的现象

由于我国现代思想政治教育制度建设时间较短,涉及理想信念教育常态化方面的制度主要是宏观指导。受传统观念的影响,对大学生理想信念教育常态化制度研究缺失,教育者和被教育者制定政策的实际参与度不高,制度的制定过程还存在等级观念、行政命令的影响,人文关怀体现不够,强制性要求占很大比例,基本上覆盖了大学生理想信念教育主题或领域。强制性要求虽然执行效率高、成本较低,但在一定程度上阻碍了执行者的主观能动性,造成政策制定者和执行者之间产生一定的矛盾。这些硬性要求会使教育者和受教育者都产生一定的抵触情绪,使制度执行大打折扣。由于大学生理想信念教育常态化带有政治意蕴，彰显价值导向，在制度制定过程中要兼具刚性与柔性。同时，当前大学生理想信念教育常态化制度统筹不够，还仅仅在高校某些部门或组织范围内运行，要增强制度的可执行性，必须跳出固有的狭小视野，加强与其他教育制度的衔接与联动，融入整个高校的人才培养制度体系当中，形成系统化、协同性的教育模式。

总之，大学生理想信念教育常态化制度体系尚不健全，运行过程还缺乏规范性和稳定性，还没有通过制度的约束与保障来形成一种内生性、自觉性、长效性的常态化运行机制。

访谈六：某高校主管思想政治工作的校领导谈到，党的十八大以来，大学生理想信念教育摆在了更加突出的位置。但是教育者对大学生理想信念教育常态化的认知和理解还不够深刻，在常态化相关制度保障、长效机制建立方面还比较欠缺。从校级层面来说，缺乏顶层设计和规划部署，与其他工作结合不够紧密。

访谈七：某高校宣传部长谈到，当前高校推进大学生理想信念教育常态化需要制度保障。目前从国家层面、教育行政主管部门层面和学校层面来说都还没有建立常态化教育的制度体系。在常态化目标机制、长效运行机制、组织领导机制、保障机制方面都需要建章立制，这样才能有效保证大学生理想信念教育常态化、长效化开展。

访谈八：某高校学生处长谈到，在学校现有的规章制度中，一般只是笼统强调加强理想信念教育，并没有出台具体制度或方案，在如何加强理想信念教育、如何实现常态化、如何进行保障和检查指导等方面没有制定具体举措和方法，导致工作中无章可循。各部门之间目前还是各自为战，大家主要是根据工作经验来开展相关工作。

三、常态化教育内容需要重构

目前，大学生理想信念教育常态化仍然沿用老路径、老办法，在教育内容上缺乏系统性，与实际生活的融合度不够高，仍然存在偏重理论知识传授而忽视生活现实的问题。教育者总是过多地关注政治性理论知识，忽略了大学生的现实生活和内心世界，讲授内容比较笼统、教条和空洞，选择案例较为陈旧，与受教育者的生活体验结合不够紧密，与现实生活脱节，教育目标不够清晰，导致实际效果并不理想。同时，优质教育资源不足，也是导致理想信念教育不能常态化开展的一个重要因素。教育资源开发、利用不够使得高校抵制和对抗社会上各种杂音、噪声的力度不足。一些教育教材更新较慢，内容与大学生现实生活距离较远，没有很好地从"四史"中、从中国伟大的社会主义实践中开发教育资源，马克思主义的时代性和实践性彰显不够。一些大学生在实际生活中已经将理想信念抛之脑后，或者简单化、肤浅化、教条化、形式化地理解理想信念，将理想与现实割裂，这不利于培养大学生对社会主义理论的认同，不利于让大学生相信社会主义、共产主义是真正能够转化为现实、为人们带来实实在在利益的道理。另外，有一些教育工作者将理想信念教育等同于思想政治教育，没有独立开展理想信念教育内容方面的研究，在思政课程和课程思政当中，真正涉及理想信念教育常态化的内容还不多，不能真正解决大学生心中的困惑，缺乏针对性。

在对涉及理想信念教育常态化内容的课程调研中发现，92%的学生选择思政课，专业课中涉及理想信念教育内容的只占59.67%（见图4.22），而在思想政治理论课中29.35%的学生认为是偶尔涉及，8.97%的学生认为只有在相关章节才会涉及理想信念教育内容，1.15%的学生认为思政课中从未涉及理想信念教育内容（见图4.23），其他课程中经常讲授理想信念教育内容的仅占54.31%（见图4.24）。可见,在课堂教学中大学生理想信念教育常态化内容构建还存在差距,比例最低的专业课中理想信念教育常态化内容是亟待加强的。通过大学生对理想信念教育常态化内容评价来看,10.02%的学生认为理论性太强、通俗性不够,4.06%的学生认为照本宣科、枯燥乏味,2%的学生认

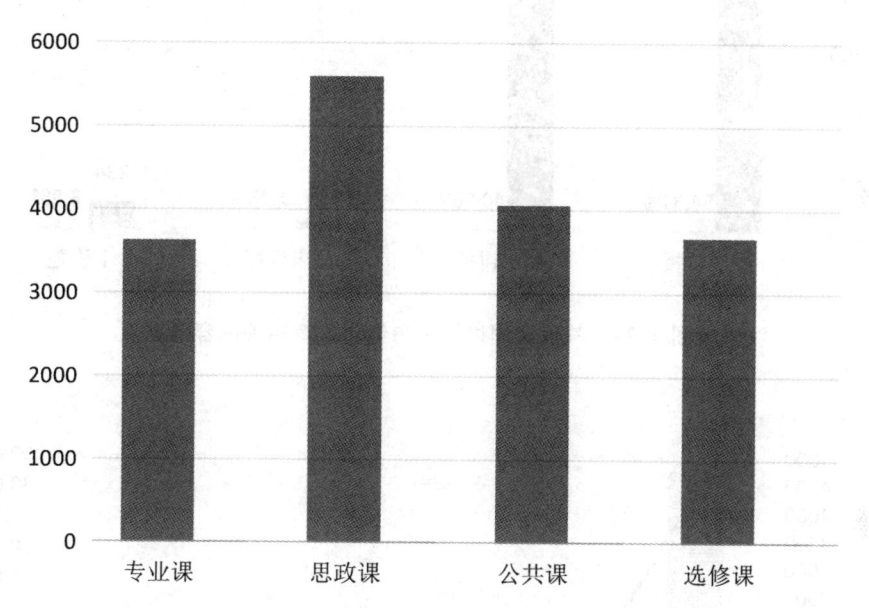

图4.22 涉及理想信念教育常态化内容的课程

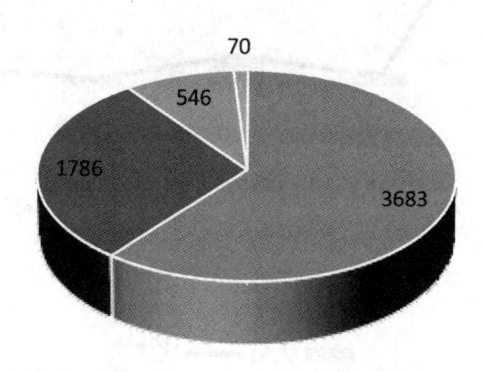

图4.23 思想政治理论课上讲授理想信念教育相关内容情况

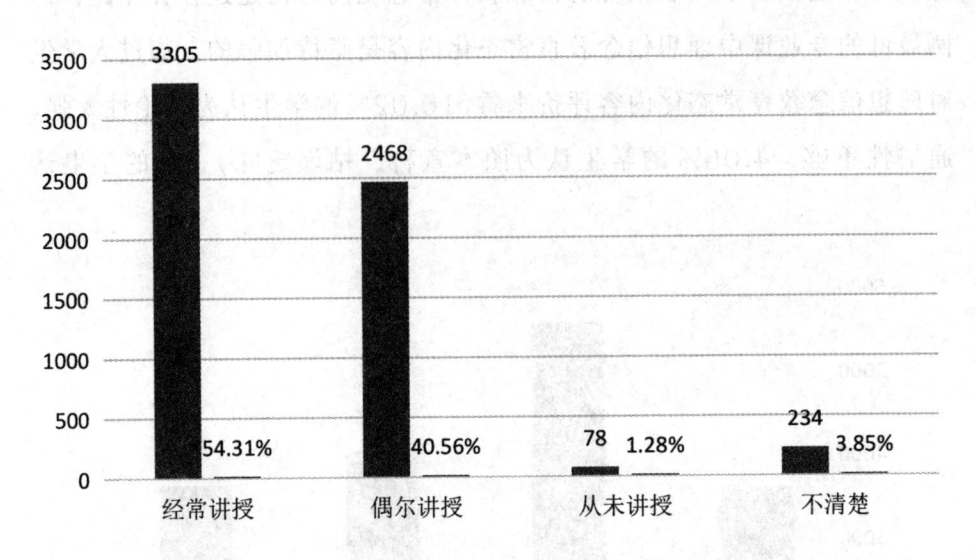

图 4.24　其他课程讲授理想信念教育相关内容情况

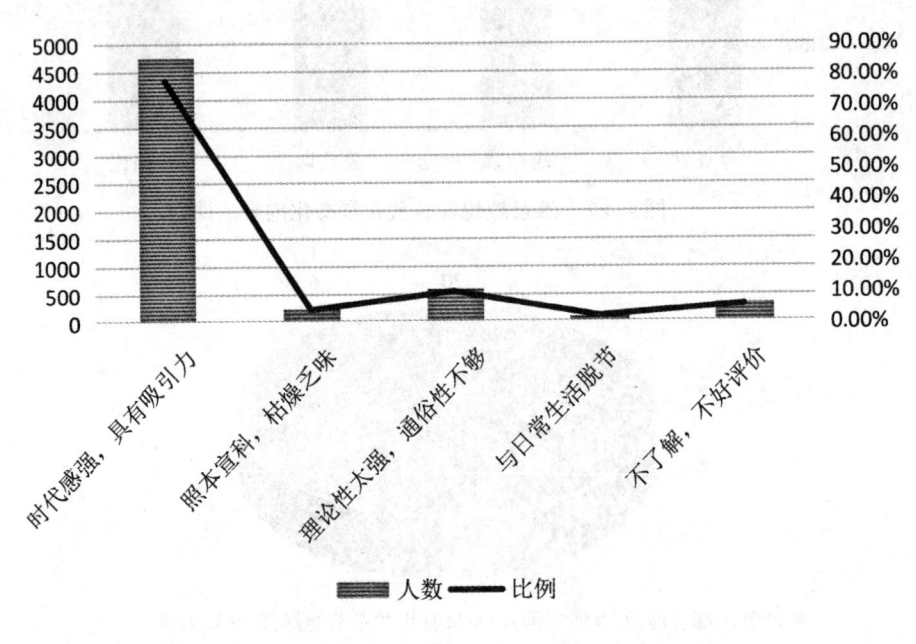

图 4.25　大学生评价理想信念教育常态化内容情况

为内容与日常生活脱节，还有 5.69% 的学生选择"不了解和不好评价"（见图 4.25）。可见，大学生理想信念教育常态化内容还不能完全满足学生的实际需求，需要进一步优化。

访谈九：某高校普通教师谈到，目前大学生理想信念教育常态化内容资源还存在不足。作为专业课教师，平时重点在专业知识授课领域进行研究，虽然学校也开展了一些课程思政方面的培训，但是不知道在讲课过程中如何切入理想信念教育常态化的内容，相关素材也不多，所以将理想信念教育融入日常教学当中的内容还很少。

访谈十：某高校学生工作者谈到，大学生理想信念教育常态化内容还存在一定的随意性，存在着抄袭模仿、千篇一律的现象。目前对大学生理想信念教育常态化的研究不够，对教育资源开发、教育内容优化等问题重视不够，还存在许多与新的教育形势不相适应的方面。教育内容中还没有充分用好历史这一资源，没有抓住重要历史人物和重大历史事件等内容进行深入解读。特别是当代大学生对社会主义发展史的了解是概念性的，教师还没有充分运用历史发展中的规律引导学生准确把握基本国情、消除和校正大学生对现实与历史的一些困惑。

访谈十一：某高校思想政治理论课教师谈到，大学生理想信念教育常态化内容缺乏时代性。目前的教育内容还没有把现实可感可知的日常生活样态纳入教育体系，还没有让大学生真实感受到党和国家事业发展的新变化与新成就，还没有构建具有大格局的教育资源库，资源共享不够。同时在内容开发方面，还缺乏对国内外优秀思想资源进行科学、合理地借鉴与吸收，还没有形成开放融通、言之有物的新概念、新范畴和新表述，建构符合大学生实际的理想信念教育常态化内容体系还存在一定差距。

四、常态化教育载体运用滞后

教育载体属于方法论范畴，但不同于教育方法。教育方法是对教育载体的具体操作，教育方法的运用必须借助一定的载体才能实现。理想信念教育常态化载体就是进行理想信念教育日常工作的中介和手段，是联系教育主体和客体的中介因素，要承载教育的目的、任务、原则和内容等信息，能够被教育主体运用和控制，大学生理想信念教育常态化是一项经常性的育人实践活动，必须在一定的载体下才能进行。通过调研走访发现，目前大学生理想信念教育常态化载体运用方面主要存在以下问题。

1. 常态化教育载体运用缺乏先进性和创新性

一直以来教育工作者对理想信念教育常态化载体概念理解模糊，对常态化载体的种类、作用等缺乏科学认知。受思维定式的影响，教育主体形成了一种一元载体思维，选择载体单一化、固定化。一些教师习惯于使用自己熟悉的载体形式，只有在大环境改变或有硬性要求时，才会尝试应用新的载体，或者进行载体创新。对现代信息技术和传媒技术的掌握与熟练应用程度不高，导致缺乏综合运用多种载体的能力，载体运用存在一定的滞后性。

通过大学生对理想信念教育常态化载体评价情况的调研来看，57.07%的学生能够时时感受到理想信念教育氛围，34.86%的学生在校园环境中能够潜移默化接受理想信念教育，但是仍有2.94%的学生没有感受理想信念教育氛围或者环境，5.13%的学生选择"不清楚"（见图4.26）。在对理想信念教育常态化载体存在问题的调研中发现，52.67%的学生认为载体运用存在一定的形式化、缺乏生机与活力，42.88%的学生认为载体创新性不够，利用新媒体开展的理想信念教育活动太少，39.15%的学生认为载体实践性不强，开展理想信念教

新时代大学生理想信念教育常态化的现状与分析

- 没有感受到理想信念教育氛围或环境 2.94%
- 不清楚 5.13%
- 在校园环境中能够潜移默化接受理想信念教育 34.86%
- 能够时时感受到理想信念教育氛围 57.07%

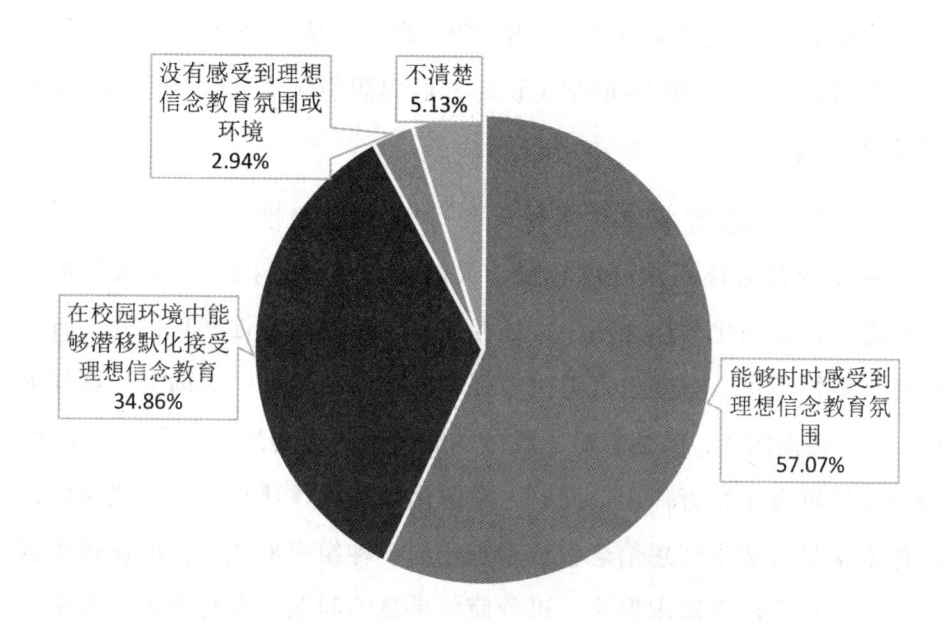

图 4.26　大学生对所在学校开展理想信念教育常态化氛围或环境评价情况

- 其他
- 开展思想引领类文化活动太少
- 载体实践性不强，开展理想信念教育相关的社会实践活动太少
- 载体创新性不够，利用新媒体开展的理想信念教育活动太少
- 载体运用存在一定的形式化，缺乏生机与活力
- 载体种类少，不能激发学习兴趣

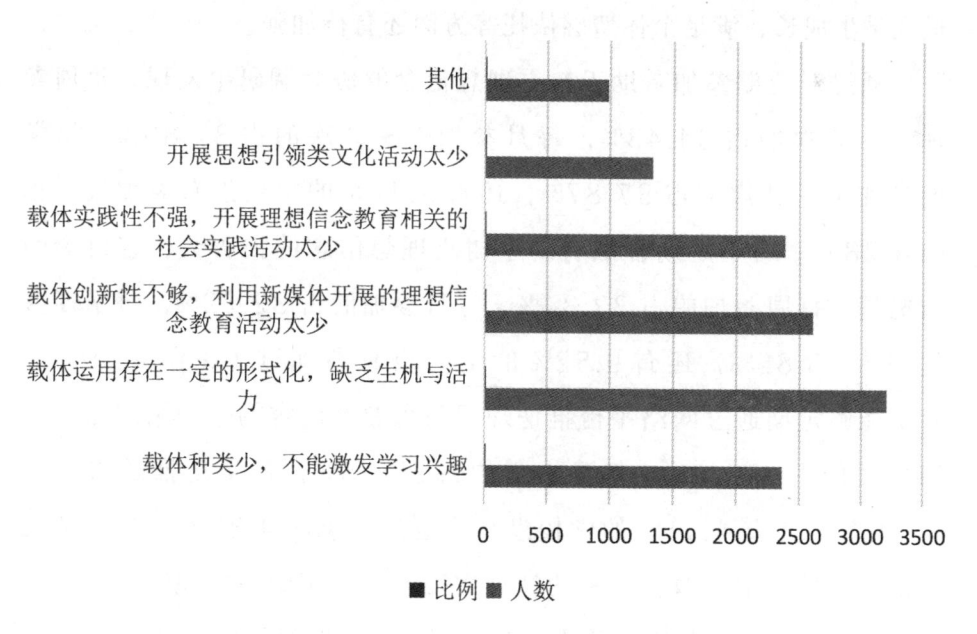

■ 比例　■ 人数

图 4.27　大学生认为理想信念教育常态化载体存在问题情况

育相关的社会实践活动太少，38.82%的学生认为载体种类少，不能激发学习兴趣，21.99%的学生认为开展思想引领类文化活动太少（见图4.27）。

2.常态化教育载体运用缺乏科学性和规范性

由于教育载体更迭速度较快，又缺乏科学理论指导，在大学生理想信念教育常态化载体运用中，还存在着一定的随意性和盲目性，科学性和规范性不足。有些教育者过多强调载体的新颖性，表面上"红红火火""热热闹闹"，但是忽略了载体承载内容的重要性，缺乏教育深度，没有发挥常态化教育作用。同时，常态化教育载体还存在形式化倾向，载体本来是大学生理想信念教育常态化的一种组织形式，当前在运用过程中，还存在片面追求形式、进行简单重复的问题，没有嵌入大学生的日常生活，缺乏一定的生机与活力，不能引起大学生的情感共鸣，在促进大学生成长、满足个体情感依托等方面还有待加强。

通过对定期参加有助于树立理想信念的班会调研中发现，每周参加1~2次的占34.43%，每月参加1~2次的占37.86%，每学期参加1~2次的占37.87%，还有5.42%的学生没有参加过（见图4.28）。对于定期参加有助于树立理想信念的报告会、宣讲会的情况是，每周参加的占32.34%，每月参加的占32.29%，每学期参加的占25.85%，还有9.52%的学生没有参加过（见图4.29）。对于能够定期通过网络平台推送理想信念教育内容的学校情况是，每周推送的占47.18%，每月推送的占32.75%，每学期推送次的占15.93%，还有4.41%的学校没有推送过（见图4.30）。在对学校经常组织理想信念教育相关的社会实践活动的调研中发现，每周组织的占36.83%，每月组织的占32.97%，每学期组织的占24.5%，没

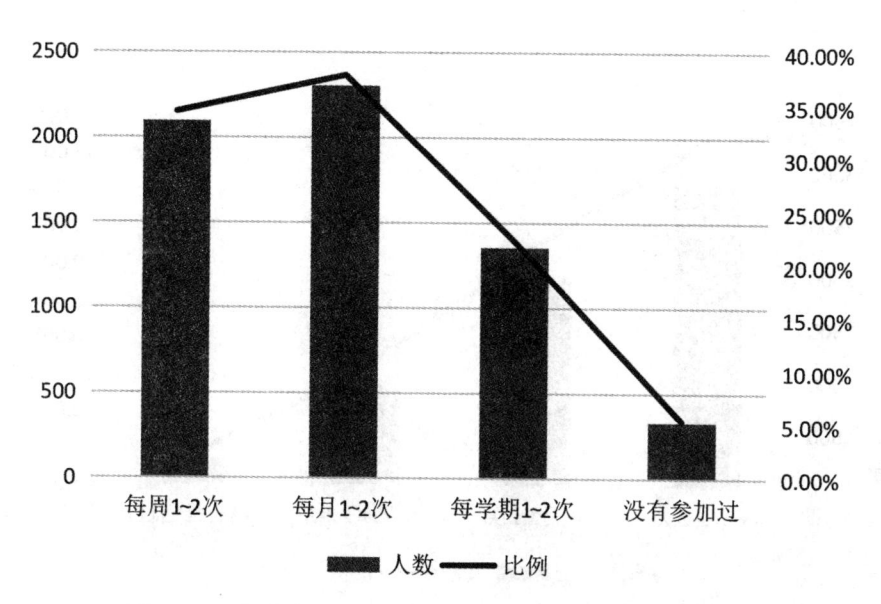

图 4.28 大学生定期参加有助于树立理想信念的班会情况

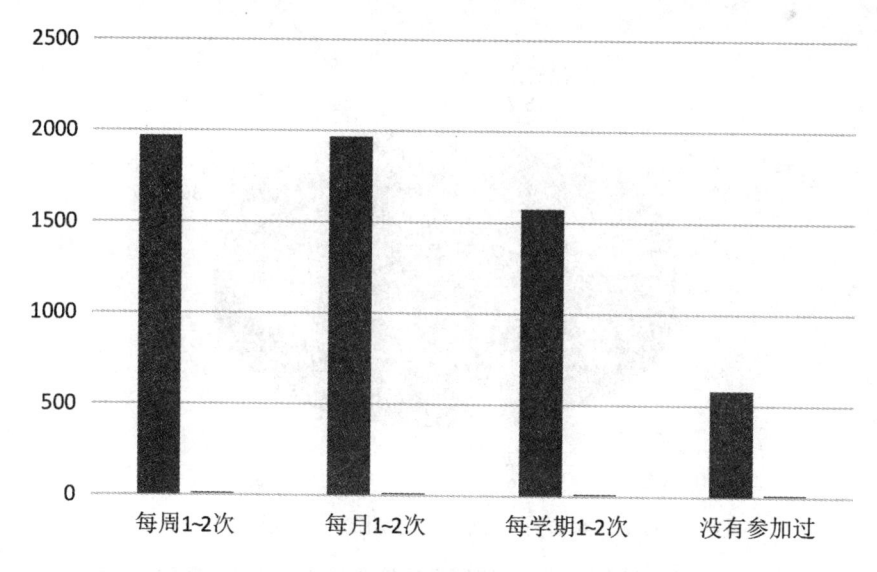

图 4.29 大学生定期参加有助于树立理想信念的报告会、宣讲会情况

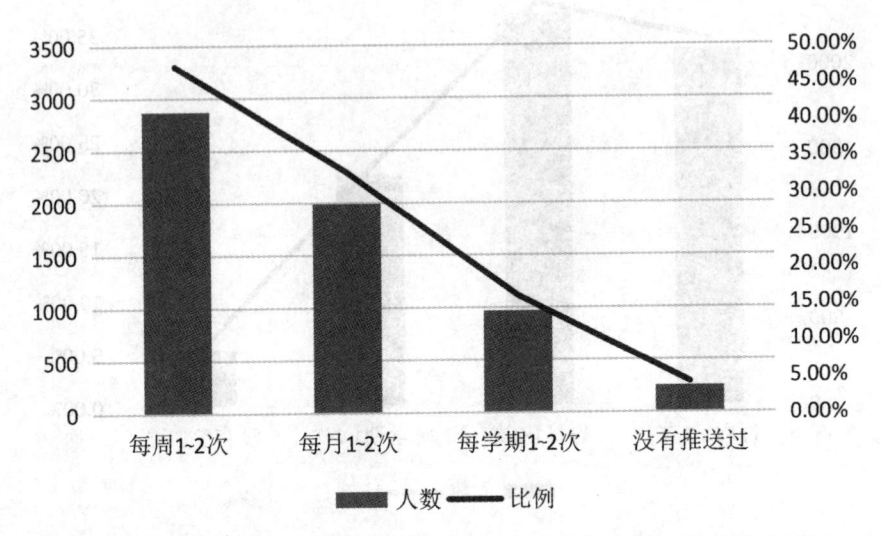

图 4.30 大学生所在学校定期通过网络平台推送理想信念教育内容情况

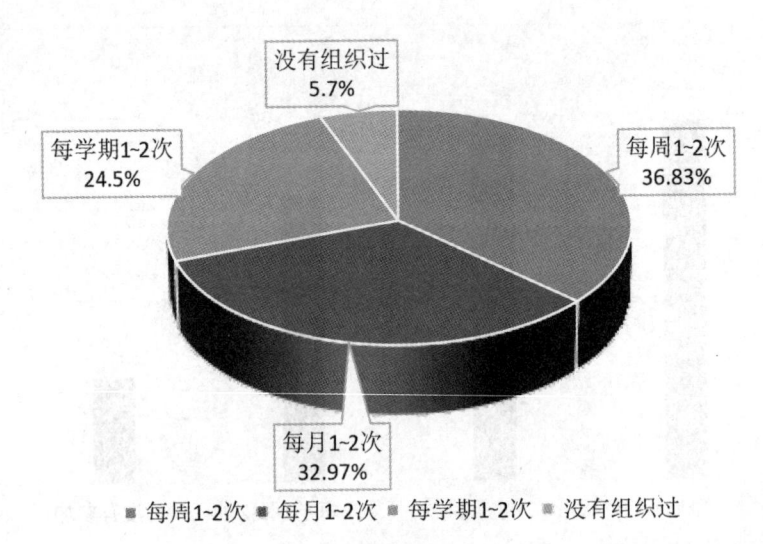

图 4.31 大学生所在学校经常组织理想信念教育相关社会实践活动情况

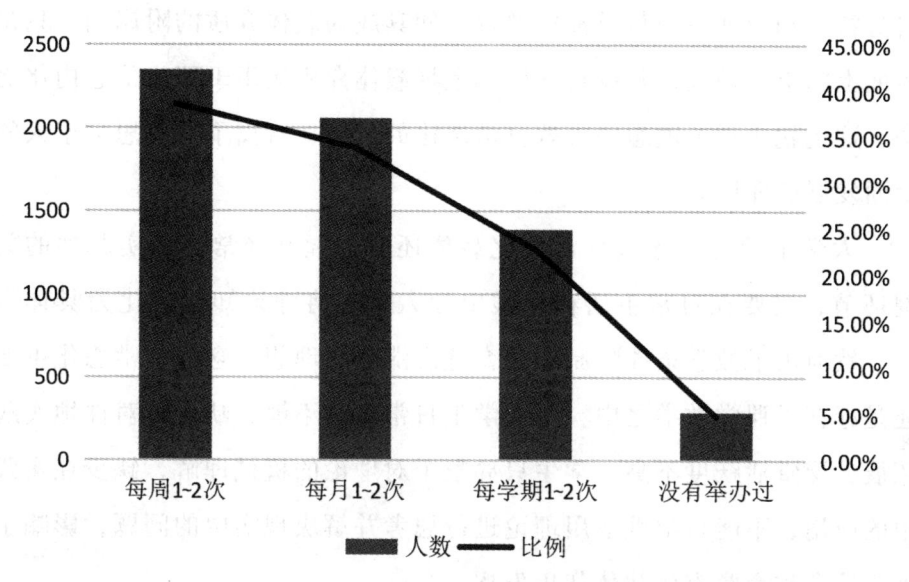

图 4.32　大学生所在学校定期举办理想信念教育相关文化活动情况

有组织过的占 5.7%（见图 4.31）。学校定期举办理想信念教育相关的文化活动情况是，每周举办的占 38.6%，每月举办的占 33.84%，每学期举办的占 22.83%，没有举办过的占 4.73%（见图 4.32）。可见，能够坚持经常的理想信念教育载体运用还不够，科学性和规范性还有待增强。

3. 常态化教育载体在运用中缺乏参与性和实践性

教育载体运用中离不开教育对象的主体作用发挥，在理想信念教育常态化活动中，"受教育者的参与程度、参与方式等都将对载体运作效果发生重要影响"[①]。而实际工作中，教育者往往忽视了教育对象的

---

①张澍军等：《高校学生思想政治教育载体研究》，北京：北京出版社，1999 年，第 49 页。

主体性问题，常常居高临下，与大学生处于单向灌输的关系。对大学生自身特点和合理愿望与目标的忽视，使其成为载体介质的附属物，只是表面上的单向顺应，并没有从根本上将载体介质运用于理想信念内化之中，这也就违背了理想信念教育常态化的目标，背离了马克思关于人的全面发展的理论。

大学生理想信念教育常态化载体还要把握好经常性和实践性的关键环节，需要在日常生活和实践中让大学生将理论知识转化为具体行动。然而由于教学条件限制和教育理念滞后，理想信念教育常态化主要还是存在于课堂教学之中，融入学生日常生活不够，缺乏针对性地实践拓展，课堂活跃度不高，学生只局限于对理论的机械理解，缺少在实践中的应用，不能科学地运用理论进行思考并解决现实中的问题，影响了理想信念教育常态化载体作用发挥。

4. 常态化教育载体环境缺乏有序性和实用性

"人创造环境，同样，环境也创造人。"[①]一方面，由于网络技术快速发展，大学生理想信念教育常态化出现了许多新兴载体，高校随之建设了很多新媒体平台，这些平台有的更新较快、内容较新，但有的也只是跟风创建，各账号之间协调联动不紧密，运行不规范，内容也缺乏科学谋划，一些"僵尸号""空壳号"存在，不仅没有发挥教育作用，反而存在一些被非法侵入的危险，造成载体环境更加复杂，缺乏有序性。由于新媒体载体传播的信息具有多面性，虽然这些平台能够坚持正确的政治方向，但是大部分传播的还是一些工作动态，涉及理想信念教育内容不多，缺乏针对性的教育引导。另一方面，常态化教育载体环境与人之间存在着许多矛盾，由于目前教育管理方式基本处于封闭和简单的环境中，大学生的社会需求受到一定的限制，大学生理想信念教育常态化

---

① 《马克思恩格斯选集》第1卷，北京：人民出版社，2012年，第172—173页。

载体环境还缺乏与对应的行业、企业之间进行密切联系，载体环境还没有体现出专业特点，实用性有待提升。

访谈十二：某高校信息技术中心主任谈到，目前学校在新媒体平台建设方面进行了一些投入，但是新媒体技术发展速度很快，高校在设备更新、人员培训等方面的投入还有待加强。特别是新媒体技术在助力大学生理想信念教育常态化中，还没有充分发挥载体作用，还需要新媒体技术人员和理想信念教育工作者联合起来，共同谋划推进常态化教育载体的开发与应用。

访谈十三：某高校宣传部长谈到，新媒体是一把双刃剑，一方面新媒体平台深受学生喜爱，高校需要充分发挥其载体介质作用，打造成为网络意识形态主阵地。另一方面，新媒体平台上的信息有的为了增加流量、吸引眼球，有放大效应，高校应该教育引导学生增强辨别能力。同时高校在新媒体内容创作方面，要提高政治站位，把握正确方向，加强监督管理，切实发挥其在大学生理想信念教育常态化中的优势。

（五）常态化教育队伍缺乏合力

素质全面、业务精湛、能力突出的教师队伍是大学生理想信念教育常态化的必然要求，更是组织保障。做好大学生理想信念教育常态化工作，不单单是学校党政干部的事，需要各学科教师、学生工作人员共同发力，形成全员齐抓共管的良好局面。虽然各高校理想信念教育的师资队伍已初具规模，但是通过调研访谈发现，在落实"三全育人"总体要求、满足理想信念教育常态化需要来看，还存在以下问题。

1. 理想信念教育常态化全员育人作用发挥不够

通过大学生对进行理想信念教育常态化队伍的评价来看，党政干部和共青团干部占73.03%，思政课和哲学社会科学课教师占80.51%，

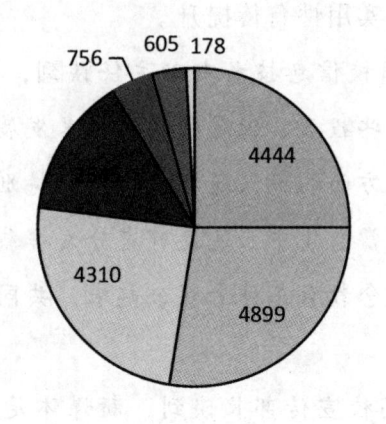

```
           756  605  178
                      
                      4444
          4310
                  4899
```

■ 党政干部和共青团干部　　■ 思政课和哲学社会科学课教师
□ 辅导员和班主任　　　　　■ 专业课教师
■ 后勤管理人员　　　　　　■ 其他
□ 无

图4.33　大学生认为哪些教师经常开展理想信念教育情况

辅导员和班主任占70.83%，专业课教师占41.82%，后勤管理人员占12.42%，其他人员占9.94%，还有2.93%选择无（见图4.33）。可见在进行理想信念教育常态化的队伍当中，仍以思想政治理论课教师、党政干部和共青团干部和辅导员为主，全员育人的合力还有待加强。

2.党政干部对理想信念教育常态化的重要性认识不足

党政干部作为高校理想信念教育常态化的组织协调和科学谋划者，主要负责监督管理和顶层设计工作，需要结合学校实际来落实上级政策要求，但是由于党政干部工作压力较大，在一定程度上存在"重业务、轻思想"的倾向，造成推进大学生理想信念教育常态化的配套制度不够健全、实施举措不够细化的问题，在日常工作中还存在抓得不够实、不够细的问题。

3.思政课教师对理想信念教育常态化的引领作用发挥不够

思想政治理论课是大学生理想信念教育常态化的重要阵地。目前有些高校思政课教师队伍配备还没有完全达到教育部规定的师生比不低于1∶350的要求,思政课教师人员结构也不够合理,高学历人员短缺,理论功底参差不齐,对理想信念教育常态化的研究不够,教学中渗透理想信念教育内容不足,教学方法还有待于进一步创新。思政课教师在理想信念教育常态化工作中的主力军作用还未得到切实发挥,思想政治理论课教学主渠道作用不够突出,授课目标偏向书面化、程式化,对学生日常理想信念教育引导不够,教学内容与大学生的现实生活结合不够紧密,授课方式存在说教式、灌输式的情况,教育形式还比较陈旧。

4.辅导员对理想信念教育常态化作用发挥尚需加强

辅导员是与学生日常学习生活接触最紧密的教师队伍,也是进行大学生理想信念教育常态化的骨干力量之一。辅导员日常事务性工作较多,定期对大学生进行理想信念教育主要体现在开班会、组织各种活动方面,目前最主要的问题是对学生理想信念状况分析研究不够,组织理想信念教育活动的经常性和实效性不强,缺乏系统性谋划,内容也存在一定的随意性,更多的是为了完成任务而开展。通过图4.28的调研可以发现,每周召开有助于树立理想信念的班会仅占34.43%。辅导员更多完成的是生活、学业、管理方面的指导工作,在理想信念教育常态化方面投入的时间和精力还不多,开展系统、全面、深入、有效的工作还需要加强。

5.专职教师在理想信念教育常态化中的作用发挥还不明显

2020年,教育部印发了《高等学校课程思政建设指导纲要》,明确提出课程思政内容要紧紧围绕理想信念教育而展开。目前高校专业课教师队伍已经将课程思政纳入重要工作内容，但是由于课程思政实施时间不长，在图4.22的调研中也发现大学生认为专业课中涉及的理想信念教育常态化内容是最少的。可见，专业课教师还没有切实掌握在日常教学中融入理想信念教育的切入点、内容及方式方法等，还需要进一步加强实践、总结经验。

此外，从事大学生理想信念教育常态化骨干力量变动频繁也是制约教育效果的一个不利因素。由于目前高校将理想信念教育常态化主要融入思想政治教育中，思政工作人员常常是停留在"用"上，忽视了整个队伍的培养工作，加上思政工作任务较为繁重、激励机制不够完善等问题，大家缺少对理想信念教育常态化这些软指标工作的积极性，导致教育效果欠佳。

案例一：高校教师发表不当言论。重庆师范大学教师唐某在课程教学中发表损害国家声誉的言论。九江学院教师朱某某在微信群发表不当言论，散布不良信息。三峡大学教师郎某某使用低俗不雅的图文在校讲授日语课程，影响恶劣。某高校教师黄某某在其承担的专业理论课中多次发表与课程无关的错误言论，宣扬错误历史观，误导学生。某高校教师梁某某通过微博、推特等网络平台多次发布和转发错误言论。

案例二：师德缺失。中南大学教师陈某在2013—2017年，先后出现性骚扰女学生、向学生索要并收受礼品、在课堂讲授与教学无关的内容等行为。中国矿业大学（北京）教师谢某在婚姻关系存续期间与某在校女学生发生不正当关系。内蒙古财经大学教师乌某对本校女学生进行性骚扰，被该学生举报并查实。安徽农业大学教师高某多次对本校女学生进行性骚扰，此外，高某还存在违反工作和廉洁纪律的行为。成都体育学院教师邓某某与他人长期保持婚外不正当关系。天津财经大学珠江学院教师李某某通过微信对该校1名女学生进行言语骚扰，并在婚姻存续期间与另一名女学生发生并保持不正当性关系。扬州大学教师华某某以辅导毕业设计为由，约学生单独外出，在私家车内对学生有性骚扰行为。福建商学院教师王某某屡次言语骚扰在校学生，并通过微信等方式向多名学生发送性暗示词汇和图片，情节严重，影响恶劣。南宁师范大学师园学院教师陈某某私自召集学生到其家中饮酒，一名女学生醉酒后遭陈某某性侵。福州大学实验师张某某与本校一女学生分手后，仍然不断骚扰该女学生，并通过微博、微信、今日校园APP等不同方式性骚扰另外3名女学生。

案例三：学术不端行为。西北农林科技大学教师谢某某通过网络联系中介公司对其拟投稿论文进行润色和论文代投。2020年2月，因内容与别的期刊论文内容重复、虚构通讯作者等原因，该论文被编辑部撤稿。衢州职业技术学院教师王某某发表文章因涉及作者身份、虚假同行评议、文章抄袭等行为被杂志社撤稿。上海海事大学教师姜某某在发表的文章中抄袭他人成果。

（注：以上案例均来自教育部公开曝光违反教师职业行为十项准则典型案例）

由此可见，就大学生理想信念教育常态化队伍整体素质来看，大部分教育工作者能够认真履行教书育人的职责，认真负责地开展工作。但也不能忽视有部分教师自身素质距离党和国家要求、距离理想信念教育常态化需要还存在一定差距。比如，缺乏对理想信念教育常态化相关理论的系统学习，缺少深入分析研究，教育教学经验不足，面对个性强、思想多变、知识量大的新时代大学生，有时候不能从根本上解决大学生心中的困惑，甚至不能让学生真正信服。还有的教师存在着理想信念不够坚定、师德师风败坏、严重失信等问题，在学生中造成了极坏影响，在一定程度上削弱了大学生理想信念教育常态化成效。

六、常态化教育评价有待完善

对大学生理想信念教育常态化进行考评,是常态化教育顺利开展

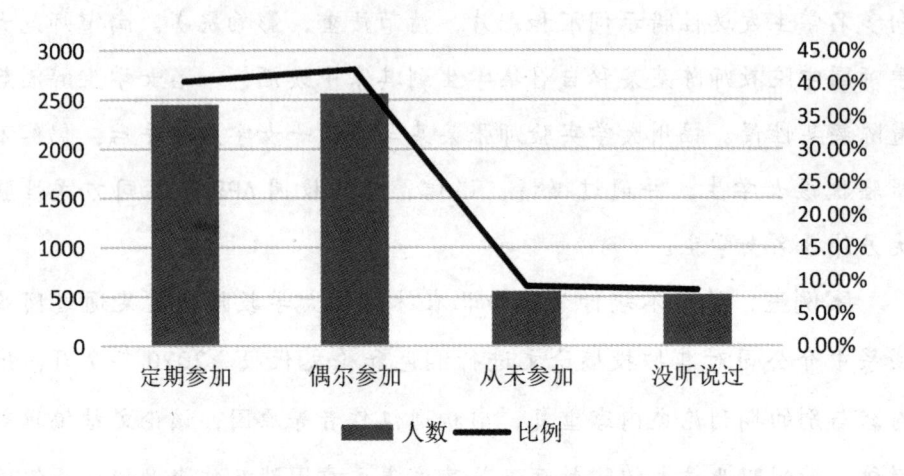

图 4.34 大学生定期参与理想信念教育常态化评价工作情况

的重要举措。大学生理想信念教育常态化还存在注重形式而缺少有力考评机制的现象。在理想信念教育过程中,只关注"做"与"没做",而忽视了对日常教育行为的规范与监督,不注重对过程和成果的评价,导致理想信念教育常态化后劲不足,虎头蛇尾。

从调研结果显示,大学生定期参加理想信念教育常态化评价的占40.25%,偶尔参加的占42.09%,从未参加的占9.1%,没有听说过的占8.56%(见图4.34)。可见,目前大学生理想信念教育常态化评价还没有系统开展,缺乏相应的评价标准和操作规范,评估方法不够科学,评价体系没有建立等。涉及对理想信念教育常态化的评价内容,往往只体现在大学生思想政治教育工作中,也仅仅是通过文字材料来体现,这种评估方式会导致高校把工作重心放在各种材料准备方面,以此来应对各种评价检查,工作重心偏离了理想信念教育常态化活动的开展,一旦评价活动过去,文件或材料就被束之高阁,不能产生实际指导

意义。对思想政治理论课教学的评价，也仅仅是依靠大学生考试成绩来进行，并没有体现教育教学中包含了哪些理想信念教育内容，安排了哪些实践活动等，对教育实效的评估不到位。同时，大学生理想信念教育的活动形式越来越多，但是真正满足大学生实际需要、符合当代大学生特点的教育活动却并不多，很多时候大学生只能疲于应付，目前没有对理想信念教育常态化的评价标准，不利于教育活动的规范性和科学性开展，还没有达到理想信念教育常态化的预期目标。

访谈十四：某高校宣传部长谈到，大学生理想信念教育常态化的评价工作具有导向功能，能够发挥监督、激励和调节作用。从目前大学生理想信念教育常态化情况来看，对于理想信念教育的评价和常态化评价还存在一定的难度，由谁评价、怎么评价需要进一步探索研究。由于评价和反馈机制没有建立，还不能科学判断常态化教育实施的程度，需要在整个理想信念教育常态化体系构建中完善评价标准，为教育政策动态调整提供科学依据。

七、常态化教育效果仍需提升

虽然党和国家一直以来高度重视理想信念教育工作，高校在理想信念教育常态化方面也进行了一些探索与尝试，但是就目前常态化教育效果来看，还没有达到预期目标，从调研中可以发现大学生在理想信念方面还存在着一些不容忽视的问题，需要引起教育者的高度关注。

1.部分学生存在信仰缺失和模糊状况

随着经济社会的快速发展，人们的物质生活得到了极大改善。随着西方社会思潮误导、诱惑的不断增多，社会风气的不良影响以及个人对欲望及行为的放纵等，人们对享乐的无尽需求助长了很多人的贪求欲望，对大学生的世界观、人生观和价值观产生了极大的影响，存在一定的信仰缺失现象。从被调查大学生的信仰基本情况来看，有23.63%的学生

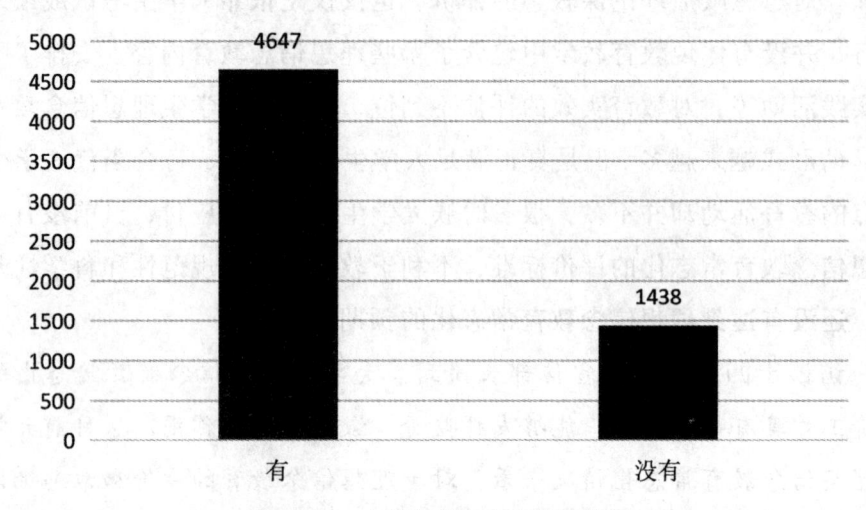

图4.35　大学生是否有自己的信仰

没有信仰（见图4.35）；有17.96%的学生选择信仰个人主义、金钱万能、享乐主义、宗教和神灵（见图4.7）。可见，仍然有一定比例的学生存在理想信念缺失状态。有些大学生心灵比较脆弱，抗挫能力不强，容易在复杂的社会中陷入迷惘，因此更容易导致理想信念的动摇甚至缺失状态。

党的十八大以来，我国社会主义建设事业取得了令世界刮目相看的辉煌成就，但世界形势风云变幻，西方敌对势力始终想方设法地寻找各种机会进行渗透、破坏，尤其把青年作为西化、分化的重点对象，以达到他们不可告人的目的。西方所谓自由民主思想在我国存在的土壤并没有完全被铲除，还有不少图谋不轨的人利用各种媒介来怀疑、妖魔化社会主义，中国特色社会主义在前进的道路上还会有很多曲折，这也对当代大学生的理想信念造成了很大影响。在大学生对社会主义和资本主义的认识调查中发现，只有47.72%的学生认为社会主义比资本主义优越，有17.86%的学生认为两者在逐渐趋同，有4.82%的学生认为社会主义不如资本主义（见图4.36）；在对社会主义和资本主义发展前景的

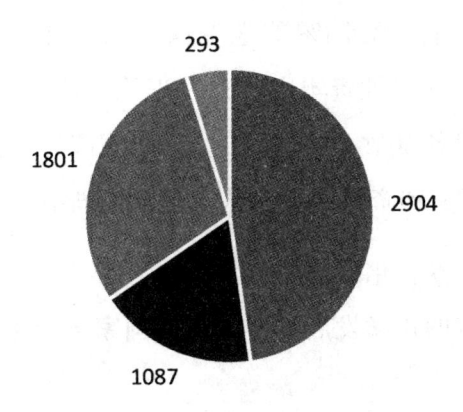

293
1801
2904
1087

■ 社会主义比资本主义优越　■ 两者在逐渐趋同
■ 不清楚，不好评论　　　　■ 社会主义不如资本主义

图 4.36　大学生怎样认识社会主义和资本主义

社会主义必然胜利，资本主义必然灭亡
二者可以和平相处
社会主义战胜资本主义只在理论上成立
社会主义不可能战胜资本主义

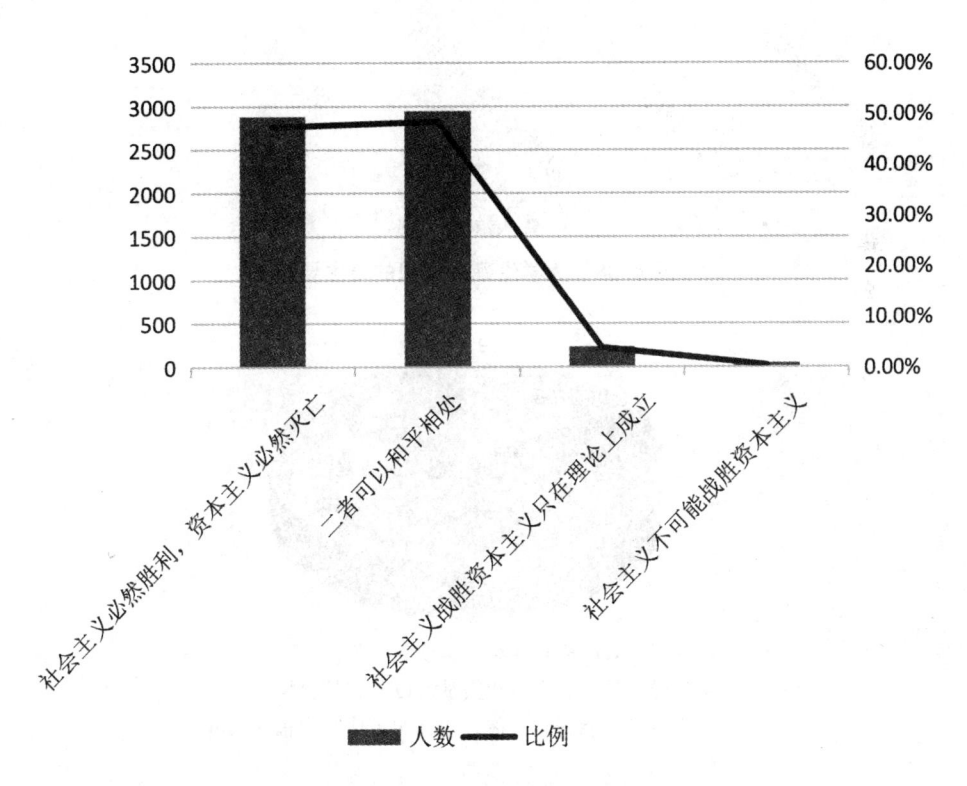

■ 人数　—— 比例

图 4.37　大学生如何认识社会主义和资本主义发展前景

认识调查中发现，有48.43%的学生认为二者可以和平相处，3.81%的学生认为社会主义战胜资本主义只在理论上成立，有0.38%的学生认为社会主义不可能战胜资本主义（见图4.37）。由此可见，还有一部分学生对社会主义和资本主义的认识存在模糊不清甚至错误的现象。

2. 理想信念功利化现象较为明显

由于市场经济的迅猛发展和资本主义国家各种思潮的大量涌入，我

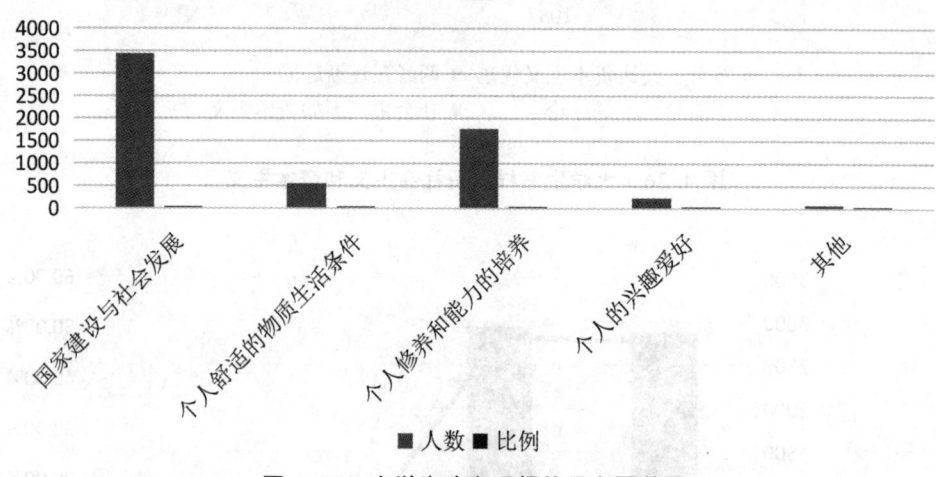

图4.38 大学生确立理想的最主要范围

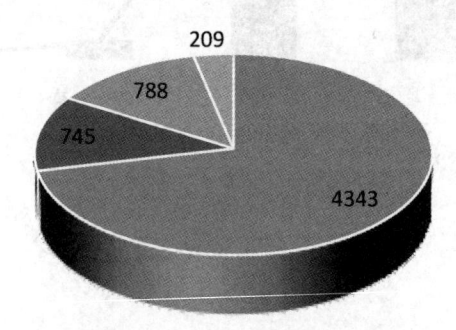

图4.39 大学生认为坚定信仰的动力来源

国社会出现了一些用个人利益衡量一切、一切向"钱"看的价值观念，形成了一些"金钱至上""权力至上"的所谓"信仰"。通过调查发现，有43.47%的学生基于个人或其他方面来确立自己的理想，没有选择国家建设与社会发展（见图4.38）；28.63%的学生认为信仰的动力来源于家庭或个人（见图4.39），部分学生没有将信仰动力上升到国家和社会层面。

同时，在对大学生入党动机进行调查后发现，93.39%的学生愿意加入中国共产党（见图4.40），但是31.45%的学生选择入党是因为有利于个人迅速成长或有利于毕业找工作等（见图4.41）。可见，新时代大学生入党热情高涨，但是部分学生存在着入党动机不端正的问

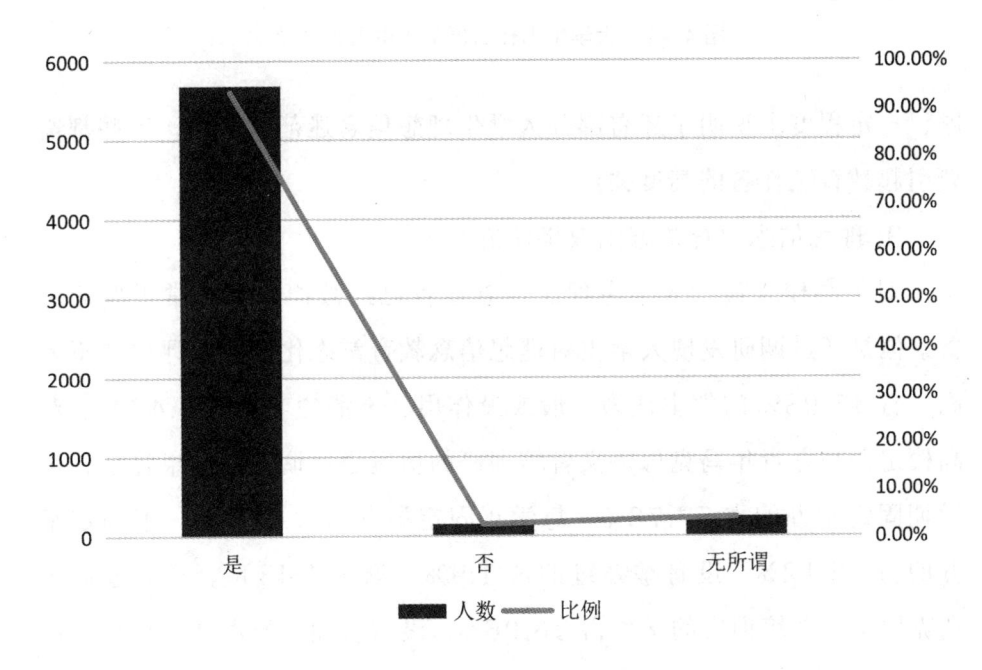

图4.40 大学生是否想加入中国共产党

151

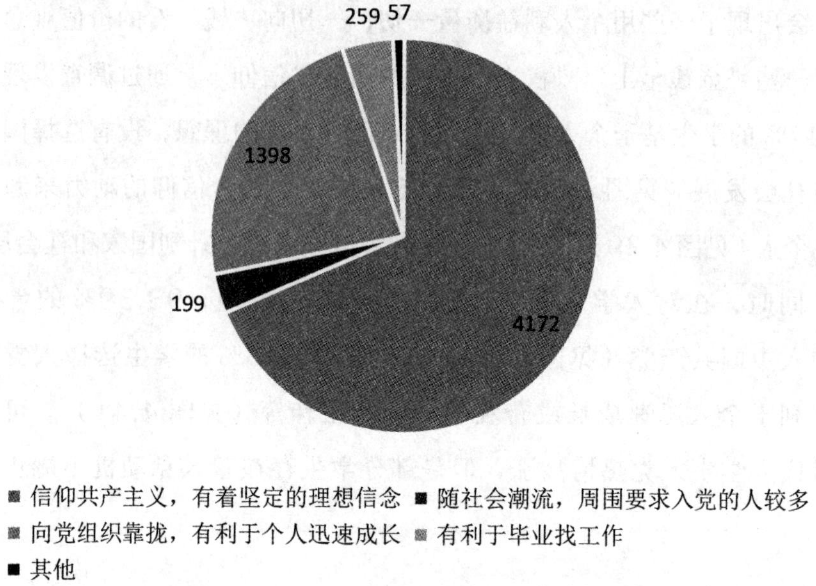

```
        259  57
    1398
  199
              4172
```

- 信仰共产主义，有着坚定的理想信念 ■ 随社会潮流，周围要求入党的人较多
- 向党组织靠拢，有利于个人迅速成长 ■ 有利于毕业找工作
- 其他

图 4.41　大学生为什么想加入中国共产党

题，一定程度上说明了还有部分大学生理想信念迷茫、彷徨，这些都需要引起教育工作者的高度关注。

3. 理想信念教育常态化效果评价不高

对于高校来说，大学生理想信念教育已经被摆到了非常重要的位置。但是通过调研发现大学生对理想信念教育常态化的效果评价并不太高，有45.93%的学生认为一般或没作用、不清楚（见图4.42）。对高校定期举办青年马克思主义者培训班的情况进行调查，结果显示，每学期固定举办的占57.78%，每学年固定举办的占21.2%，不固定举办的占16.12%，没有举办过的占4.9%（见图4.43）。参加过青年马克思主义者培训班的学生占36.06%，没有参加过的占42.47%，还有11.09%的学生没有听说过（见图4.44），培训覆盖面还有待于持续扩大。

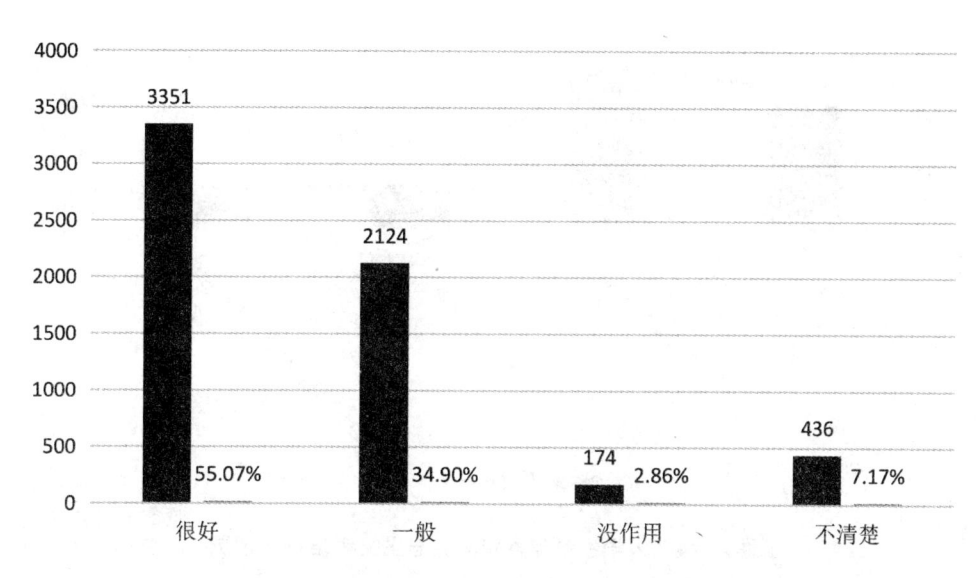

图 4.42 大学生如何评价理想信念教育常态化效果

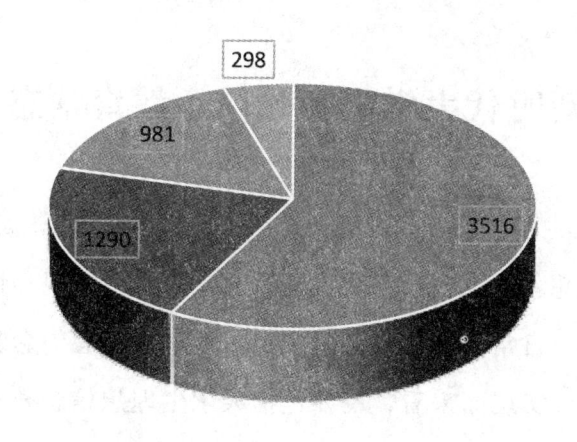

图 4.43 大学生所在学校定期举办青年马克思主义者培训班情况

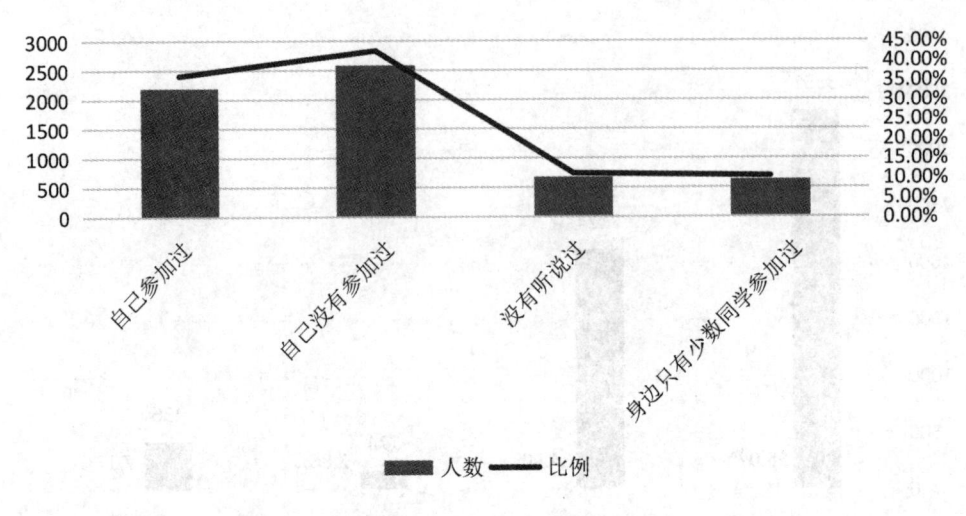

图 4.44　大学生参加青年马克思主义者培训班情况

第三节　新时代大学生理想信念教育常态化存在问题的现实原因

　　大学生理想信念教育常态化具有很强的时代性、现实性和生活性，要回归现实并与日常生活紧密联系。针对大学生理想信念教育常态化存在的问题，从现实层面来看，主要包括大学生理想信念教育常态化的外部环境、运行机制和教育主客体素质等方面的因素。通过深入分析现实原因，找到主客观方面制约大学生理想信念教育常态化的瓶颈所在，为提出切实可行的解决对策提供依据。

一、大学生理想信念教育常态化外部环境日趋复杂

西方敌对势力"西化""分化"我国的阴谋严重干扰了大学生理想信念的养成。中国经济发展的强劲势头,让美国等西方资本主义国家更加剧了对中国大学生的价值渗透,他们不仅通过电影、电视、网络等媒介传播西方的价值观念和生活方式,而且采取直接与隐蔽相结合的渗透策略,比如通过资助、捐助、援助、赞助或者以慈善、学术交流名义等,为各种分裂、渗透、颠覆活动披上"合理"的外衣,这些腐蚀、拉拢和传播活动都具有潜移默化作用,也具有很强的诱惑力。由于西方的价值观念在国内不断流行,大学生抵制和辨别能力不强,政治敏锐性不高,有的会盲目认同西方生活方式,滋生一些个人主义、利己主义等思想,有的大学生不能抗拒物欲横流的各种诱惑,导致共产主义理想信念不坚定。

网络的迅猛发展使大学生理想信念教育常态化环境更加复杂。大学生作为网络应用的重要群体,生活、学习、交流都离不开网络。网络信息已经深深地走进了大学生的日常生活,可以说是不可或缺,网络上隐藏的那些不良信息和多元价值观念等深深地影响着大学生的思想观念和行为方式。由于网络信息具有隐蔽性,当监管部门发现时可能已经进行了一定范围的传播,这也加大了高校对大学生思想动态实时了解和掌握的难度。大学生上网占据了大量时间,花费了很多精力,网络的复杂环境对大学生理想信念教育常态化带来很多不利的影响。

二、大学生理想信念教育常态化运行机制尚不健全

大学生理想信念教育作为思想政治教育的核心工作,涉及较多部门和人员,需要通过科学合理的运行机制,达到不同部门、不同岗位、

全体人员统筹协调与密切配合的效果。当前高校理想信念教育还没有树立常态化教育思维，没有形成统一认识，有的管理者只是口头上讲重视，而实际工作中并未予以体现，形式主义依然存在，推诿扯皮、敷衍了事的现象仍屡禁不止，在经费保障、人力物力投入、政策支持等方面的倾斜力度不够，甚至在执行相关要求时还存在打折扣、做选择、搞变通、弄虚作假等现象。

大学生理想信念教育常态化在组织管理上还没有形成统一性和同步性。虽然各组织机构、部门岗位职责和分工不同，但需要服从服务于理想信念教育常态化整体目标，相互配合与协调。在制度制定和运行机制上，系统性和整体性还不够。目前组织机构和各行政部门还是偏重于业务职能，在大学生理想信念教育常态化中的职权、职责不够清晰，有时候还存在"政出多门""多头管理"等现象，特别是同级之间的分工与配合程序还没有划分清楚，理想信念教育常态化各环节各阶段衔接不畅，也形成了很多空白区域，还没有形成全员育人和齐抓共管的局面。此外，马克思主义学院在理想信念教育常态化方面有待进一步发挥理论指导作用，如何将教育更好地融入日常管理和课程思政当中，思想政治理论课教师还没有实现与其他教师的密切配合，合作意识还不强，教师还没有共同为理想信念教育找到更好的切入点与融合处，资源整合不够，更多更优秀的教育资源开发不足，还没有达到合力推进理想信念教育常态化的效果。

三、大学生理想信念教育常态化主客体素质参差不齐

从当前大学生群体特点来看，他们的年龄一般在 17～23 岁，生活在较为自由和开放的环境当中，获取信息的渠道增多，思维活跃，视

野开阔，独立自主意识增强，能够勇于展现自我。但是，由于受家庭和社会环境影响，有的大学生自我意识较强，而自理能力和承受能力较弱，面对新的学习生活环境和人际关系，遇到挫折后的抗压能力下降。在理想信念教育常态化中，很多大学生存在理想信念教育"无用"的想法，对待理论学习，为了拿到学分不得不死记硬背、囫囵吞枣、应付考试，达不到应有的教育效果。受功利主义和精致利己主义等思想的影响，大学生中还表现出"知行不一""说一套做一套""人前一套人后一套"等现象，这些学生一旦走向社会，会成为理想信念淡漠、价值观迷失者，给国家带来很大的危害。

从大学生理想信念教育常态化队伍来看，整体素质还有待提升。面对教育对象新的思想和行为特点，教育者还没有经常深入到学生群体当中，仅仅凭借以往经验，没有及时调整教育策略，对于如何有针对性、经常性地开展理想信念教育有时感到不知所措。教师的知识面还不够宽，对新的网络平台操作熟练程度不高，知识更新和接受能力弱化，没有深入研究理想信念教育常态化的方式方法，教学改革主动性不高，教学内容相对陈旧，优质教育资源短缺等，缺乏多学科综合运用能力，学生对涉及理想信念教育常态化的内容信任度和认同感还不高。教育管理者对理想信念教育常态化重视程度不高，习惯用行政手段管理学生，思维创新、知识更新能力不足，不能立足时代前沿，正确把握理想信念教育常态化规律，有时候不能有效解释各类社会现象，还没有真正做到以理服人、以情动人，教育说服力还有待提升。

第四节　新时代大学生理想信念教育常态化存在问题的理论分析

对大学生理想信念教育常态化中存在的问题进行全面诊断，不能忽视理论层面的原因。从本质上来说，理想信念教育常态化离不开科学理论指导。目前运用常态化辩证思维、关系视角、策略转变、内生逻辑、落地措施等理论指导实践还不够。只有从实际问题中找到理论上的关键突破点，才能更好地指导实践，使大学生理想信念教育常态化保持稳定性，增强实效性。

一、"路径依赖—制度创新"科学思维不足

美国制度学家道格拉斯·诺思提出了"路径依赖"理论。诺思认为，"人们过去做出的选择决定了其现在可能的选择。"[1]路径依赖就像物理学中的惯性，一种既定路径形成后，如果属于正确路径，就会使事物发展步入良性循环轨道；如果属于错误路径，则导致工作重复无效率，造成事物发展停滞不前，甚至与目标背道而驰。同时，由于惯性，使已有的路径在过程中不断进行自我强化，这种依赖使得即使是错误路径，在惯性思维作用下，在一定程度上很难进行相应改变。

时代发展变化中，虽然对大学生理想信念教育目标表述不同，但服从和服务于社会发展需要的思路从未改变。由于"课程实质上是国家重要意识形态和主流价值观的'观念载体'，是体现国家教育目的和培养目标的重要途径"[2]，大学生理想信念教育常态化渗透还主要是通过

---

[1] [美]道格拉斯·C.诺思：《经济史中的结构与变迁》，陈郁、罗华平等译，上海：上海人民出版社，1994年，第1页。
[2] 马和民：《新编教育社会学》第二版，上海：华东师范大学出版社，2009年，第163页。

课程载体实现的，教育者习惯沿用既有的内容与方式，存在"路径依赖"现象，总认为老路子好走、老办法好用，因此忽略了方式方法的创新，禁锢了大学生理想信念教育常态化的思维空间，降低了吸引力和说服力，不能更好地适应新时代发展要求。这种依赖现象，要想从根源上解决，需要制度创新，建立常态化科学思维，才能真正让理想信念教育常态化摆脱瓶颈、走出困境。

二、"主体性—主体间性"关系把握不准

传统理想信念教育中教师是施教主体，学生是受教客体，教育者和被教育者属于主体、客体二分模式。主体性理想信念教育在思想政治教育发展过程中发挥了重要作用，但自身也存在着一定缺陷，如教育者占主动地位，受教育者占被动地位，过于强调主体的能动性，忽视客体的能动性，二者地位不平等。在教育过程中，教师有时会按照自己的主观意识、按部就班地将理论知识直接传授给学生，方式方法相对单一，这样会使教育效率比较低，持续性和深入性不够。

主体间性概念由胡塞尔提出，他认为教育者和受教育者是主体与主体的关系，由主体性的"我和你"转变成主体间性的"我们"。教学内容、手段、载体等处于客体地位。"如果说，教育的主题是人的话，毫不夸张地说，我们只有在主体间性教育中才找到了真正的人。"[①]主体间性提倡融合、互动和交流，教育者和受教育者具有平等性和交互性特点，受教育者不只是被动受教，也能进行观点阐释。在实际工作中，大学生理想信念教育常态化还是以主体性关系为主，还没有转化为主体间性。教育者和受教育者没有共同构建日常教育情境，没有充分考虑受

---

① 冯建军：《教育现代性的反思与批判》，《南京师大学报（社会科学版）》2004年第4期，第74页。

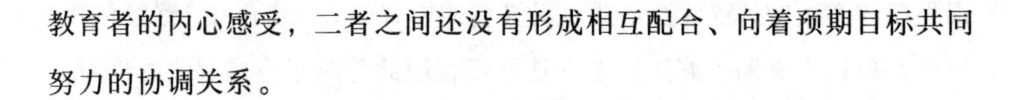

教育者的内心感受，二者之间还没有形成相互配合、向着预期目标共同努力的协调关系。

三、"显性—隐性"策略转变不够

理想信念不会凭空在人的头脑中自发产生，需要不断从各种教育活动中获得。通过广泛宣传、理论灌输等方式，可以将理想信念内化为每名学生心中的神圣信仰，而在具体的学习、工作和生活实践中外化为日常行动。传统理想信念教育注重显性教育，通过外在的教育活动，把理论知识直接灌输给学生，学生面临外显的教育信息，缺少主动思考，依赖性较强。显性教育在短期内让学生获得大量知识，对于增强理想信念教育效果能够起到积极作用。但是这种教育方式传授的知识理论性强、知识量过大，学生选择权力受到一定限制，对教育内容的吸收、内化和外化等会打折扣。

隐性教育就是要让学生在教育过程的积极环境下，通过直接体验或者潜移默化的方式，引导性地主动获取有益于身心健康和个性全面发展的教育经验，这种方式和过程注重的是一种引导，更是学生主动性的体现。隐性教育重点在于"隐"，要把教育内容隐藏在预设好的授课、活动或环境之中，让学生在不知不觉中接受教育。大学生理想信念教育常态化需要采取更多、更灵活的隐性教育形式，现在外显的教育形式过多，理论说教还占主要地位，而融入学生日常学习生活的隐蔽性与暗示性教育信息不多，通过喜闻乐见形式传递富有教育意义的内容还存在不足，还没有形成潜隐无形、教育无痕的良好格局。

①《马克思恩格斯选集》第1卷，北京：人民出版社，2012年，第11页。

四、"实然—应然"内生逻辑不强

人既具有现存的实然本质,又具有超越性的应然本质。这种应然状态是在理想驱动下追求的一种存在。正如马克思所说,"光是思想力求成为现实是不够的,现实本身应当力求趋向思想。"[①]人从来就需要理想,人的应然性说明人的现存状态并不是固定不变的,人在实然与应然的矛盾运动中,实现理想与现实的不断转化,从而促进人自身不断发展。

有的教育工作者更注重人的实然性,忽视了人的实然发展与应然发展之间的必然联系,将理想信念教育与人的本质割裂开来,让大学生感觉"摸不着,抓不住",没有更好地引导大学生寻找从"实然"通向"应然"的必然之路,教育内容在一定程度上存在空洞乏味、虚无缥缈等问题。大学生理想信念教育常态化重在循序渐进,要以学生为本,在广度和深度方面予以加强,指引学生向着远大理想努力,不断超越自我,追求应然。只有建立"实然—应然"这一常态化内生逻辑,发展人之发展的动力,大学生理想信念教育常态化才能将人的自身理想与目标通过实践活动转化为人的现实存在,才能使人实现从"实然"到"应然",再到"更高的应然"的不断发展。

(五)"理论—生活"落地措施不实

人类进行思维活动的源泉始于日常生活,思维方式的形成也是由日常生活而来,日常生活的实践可以看成是人类进步的动力。传统的理想信念教育注重将理论知识传授给学生,学生虽然能够基本掌握,但是具体运用还不够,缺乏对学生日常行为的具体指导举措,学生常常认为理论知识与日常生活相距较远,学习成果转化不明显,学生运用理论知识解决日常生活中实际问题的能力不强,造成理论与实践"两张皮",

起不到理论指导实践的应有效果。由于理想信念教育很难从生活实践中去自我观察和自发理解，教育者往往会忽略丰富多彩的感性经验获取形式，过分地强调理性化的、课程式的、叙事性的理论知识传授，因而削弱了结合日常生活实际的教育效果。

　　大学生理想信念教育常态化坚持回归日常生活，从日常做起，在生活中找到教育的切入点，并以解决日常生活中的问题作为落脚点，促进将理想信念转化为大学生日常处事态度与实际行动。在具体工作中，不管是教育内容还是教育方法，与日常生活联系还不够紧密，大学生还不能很好地融会贯通，不能更多地从日常实践中来深化理论知识。同时大学生理想信念教育常态化成效也需要在日常生活中进行检验，所以当前教育过程还没有实现从"理论—生活"的全面转化。

Unit Five

第五章
新时代大学生理想信念教育常态化的原则与实现路径

习近平总书记强调："高校思想政治工作，面上看做的是学生思想政治工作，实际上将影响一代青年的思想观念、价值取向、精神风貌。所以，高校必须引导学生铸就理想信念、掌握丰富知识、锤炼高尚品格，打下成长成才的基础。"[1]本文在深入剖析大学生理想信念教育常态化存在问题及成因的基础上，着眼增强教育的科学性指导性针对性，研究梳理大学生理想信念教育常态化的总体原则。结合近几年在思想政治工作一线中开展大学生理想信念教育常态化的一些实际案例，运用马克思主义的立场、观点、方法，探索"科学理念引领、制度规范保障、内容资源重构、载体介质优化、教师队伍提升、衡量指标明确"的"六位一体"实现路径，旨在为新时代大学生理想信念教育常态化提供有效的理论支撑和实践借鉴。

第一节 坚持马克思主义的常态化教育总体原则

一、以塑造"现实的人"为出发点

大学生理想信念教育常态化的主客体都是人，在教育过程中如何正确看待"人"、准确把握"人"至关重要，必须从"现实的人"出发，坚持以学生为中心的理念，关注大学生的群体特点和个性化差异，把学生放在主体地位，师生之间建立起主体间性关系，由教育教学中的"我和你"转变为"我们"，激发学生参与理想信念教育常态化活动的积极性和主动性，充分发挥大学生的能动性和创造性，让理想信念教育常态化保持生机与活力。

---

[1]《习近平在全国高校思想政治工作会议上强调把思想政治工作贯穿教育教学全过程 开创我国高等教育事业发展新局面》，《人民日报》2016年12月9日第1版。

1. 抓住"现实的人"之"个人"本质

社会性是"现实的人"的本质属性。马克思所提到的"现实的人"之"个人"不同于施蒂纳所说的脱离现实环境的"真空状态"的人，也不同于马尔库塞所提到的"单向度"的人，而是生活在现实社会当中、具有社会性、体现社会关系总和的个体。在大学生理想信念教育常态化中，要注重大学生作为"现实的人"是生活在社会环境当中的个体，同时还要强调在常态化教育中要把握社会活动这一载体，引导大学生在社会实践中接受体验和磨炼。

一方面，人的本质的社会性确立了社会环境是大学生理想信念教育常态化的重要载体。"现实的人"是隶属于一定社会组织的个人。马克思曾指出："我们越往前追溯历史，个人，从而也是进行生产的个人，就越表现为不独立，从属于一个较大的整体。"[①]这里所提到的"较大的整体"就是社会组织。"现实的人"不能脱离社会组织单独从事某种活动，每个人所从事的一切活动都从属于一定社会组织。大学生理想信念教育常态化要在大学生所属的社会环境中进行。高校是教育的主阵地，通过在日常学习生活中营造理想信念教育常态化环境，促进大学生在社会关系与行为习惯养成中形成坚定的理想信念。人与动物最大的区别是人拥有自主意识，人的独特性在于人具有主观能动性和创造性。在大学生理想信念教育常态化实现过程中，要充分考虑"个人"的独特性，发挥大学生的主体作用，引导大学生在思想上保持自我，培养批判思维能力和超越自我能力，在各种教育活动中激发自己对理想信念的本质需求。人的独特性并不是说人过分追求"自我"，由于大学生中存在以自我为中心、责任感和大局意识淡薄等现象，这就要求理想信念教育常态化必须抓住日常教育教学各个环节，增强大学生的社会责任感，引导他们树立共产主义远大目标，将个人发展需求与社会需要有机结合，在创

---

① 《马克思恩格斯文集》第8卷，北京：人民出版社，2009年，第6页。

造社会价值中实现自己的人生价值。

另一方面，人的本质的实践生成确立了日常实践是大学生理想信念教育常态化的重要形式。理想信念是在社会实践中生成、发展和确立的。作为人的本质要求，理想信念形成过程具有长期性和复杂性，需要依靠人的自觉能动性，而不能靠政治或命令等外力强加或灌输给人，需要采用多种教育形式进行持续培养，而其中重要的方式就是实践。实践是人特有的生存方式，也是人生存的本质。实践活动不仅能够改造客观世界，而且可以能动地改造主体自身。人在学习中所获得的理论知识和思想观念，通过实践活动不断加深体会，进行检验，能够促进理想信念的形成。因此，人能否在实践活动中认真总结经验，提高思想政治水平，确定奋斗目标，是理想信念是否形成的重要所在。大学生理想信念教育常态化，不能仅仅注重理论知识学习，更要通过日常实践活动来加深大学生对科学理论的把握、对社会主义发展规律的理解。只有在日常状态下不断进行具有独特性、创造性和有意识性地改造外部世界和主体自身的活动，才能让理想信念成为指引大学生个人成长的航标，让自己的存在变得更有意义和价值。

2. 把握"现实的人"之"现实特点"

"现实的人"之现实性，主要是指实践性、社会性和历史性。"现实中的个人，也就是说，这些个人是从事活动的，进行物质生产的"[1]，即"现实的人"具有实践性；从事生产活动的个人，要"发生一定的社会关系和政治关系"[2]，即"现实的人"具有社会性；人是处于一定的现实的历史过程之中的人，即"在一定条件下进行的发展过程中的人"[3]，即"现实的人"具有历史性。由此可见，"现实的人"不是孤

---

[1]《马克思恩格斯选集》第1卷，北京：人民出版社，2012年，第151页。
[2]《马克思恩格斯选集》第1卷，北京：人民出版社，2012年，第151页。
[3]《马克思恩格斯选集》第1卷，北京：人民出版社，2012年，第153页。

立存在的，也不是单薄的，而是拥有丰富的现实特点。大学生理想信念教育常态化不能孤立于现实而存在，必须以人的现实特点为前提，通过立足现实的日常教育教学工作来引导大学生坚定理想信念，成为党和国家所需要的人。

一方面，大学生理想信念教育常态化要把握个体现实需要。人的需要是人的本性，是复杂多样的，是人进行实践活动的动力和目的。"现实的人"决定了人的需要具有现实性和广泛性，而且是不断发展变化的。人的需要会促进人表现出主观能动性和自我调节性，人将崇高的理想和目标作为普遍的现实需要，在满足需要的过程中积极推动自身自由全面发展。人的需要每时每刻都会存在，这种需要的动机能够转化为人的活动的内在动力，在需要满足的过程中可以给人带来无限发展的趋势。大学生理想信念教育常态化作为有目的影响大学生身心发展的实践活动，必须坚持经常，从满足学生需要出发，将教育内容生动化、教育形式通俗化、教育载体丰富化，激发学生参与的兴趣。在推进理想信念教育常态化过程中，如果忽视了大学生的需求，只依靠硬性灌输，会使学生感到抵触和反感，可能由于教育者的权威使大学生暂时表现出对理想信念的认同，但是并不能真正内化于心而转化为自觉行动。因此，大学生理想信念教育常态化要准确把握学生的现实需要，将接受教育活动作为学生自觉渴望的精神需求。

另一方面，大学生理想信念教育常态化要立足社会现实热点。大学阶段处于人生的"拔节孕穗期"，理想信念是重要的营养剂，能够指引大学生健康成长，成为栋梁之才。理想信念教育不是虚无缥缈的，需要结合社会现实，就大学生关心的热点问题开展针对性教育。随着社会的飞速发展，大学生在物质层面的需求不断得到满足，但有的会在精神层面出现饥荒，尤其在涉及信仰、道德、价值观等方面。在社会中一些领域、一些地方，甚至是在大学生身边还存在着价值观扭曲现象，国外敌对势力时刻在进行各种渗透活动等，这些都对大学生理想信念的形成造成一定影响，使他们产生这样那样的疑虑、迷茫和困惑，需要教育工作者针对这些问题，讲清楚理想与现实等方面的关系，引导大学生及时拨开思想的迷雾，鼓励他们明确目标、坚定信念、提振精神、奋力向前。由于一些错误思潮的影响，有的大学生还沉迷网络游戏、追求奢靡生活、贪图享乐、好逸恶劳、悲观厌学等，需要教育工作者掌握大学生日常所思所想，立足青年成长和理想信念形成的规律，讲清楚时代赋予青年的重任，及时解决他们遇到的现实问题。大学生理想信念教育常态化不能忽视学生思想上的小问题和小波动，要注重增强教育教学每个环节、每个内容的实效性，杜绝"重大轻小"的观念，做到防微杜渐，及时对大学生进行引导和疏导，适时进行启发，不断增强育人效果。

二、以促进"全面发展"为落脚点

人的全面发展是人的价值追求的最高目标。大学生理想信念教育常态化就是围绕"培养全面发展的人"这一目标，深入研究大学生的特点，顺应时代要求，满足国家发展需要，持续深化理想信念教育工作，让信仰点亮人生，引导大学生群体沿着正确轨道发展，让每一个大学生都能健康成长，真正肩负起民族复兴的大任，成为推动社会主义事业发展的中流砥柱，成为国家栋梁之才。

1. 培养可以担当大任的大学生群体

大学生群体思想活跃，思维开阔，专业文化水平较高，拥有坚定正确的政治方向非常重要。大学生理想信念教育常态化就是要不断巩固理想信念教育成果，满足大学生精神上"钙"的需要，使他们成为"全面发展的人"、成为可以"担当时代大任的人"，这也是高校立德树人的总目标。

一方面，人的本质是现实的，也是可超越的。这是因为人的本质是在现实中存在和发展的，是具体和生动的。由于现实的社会关系与社会环境始终处于一个不断发展变化的过程，所以，人的全面发展是一个动态的、不断自我革新、永无止境的过程，也是人自身的不懈追求。大学生理想信念教育常态化，要引导学生系统掌握马克思主义理论，正确把握共同理想和远大理想、"中国梦"和"个人梦"的辩证关系，坚定政治立场；要引导学生正确认识社会主义发展历史，加强"四史"宣传教育，能够知史爱党，知史爱国，增强政治意识；要引导学生强化理论武装，学懂弄通马克思主义中国化最新成果，明确政治方向；要引导学生把理想信念作为必修课，信一辈子、守一辈子，一以贯之坚持下去，保持政治定力。大学生理想信念教育常态化，要从生活实践出发，将理论知识和日常生活融会贯通，通过持续深化的教育方式，改变大学生的日常行为与态度，使教育活动充满生命力，引导学生在日常实践中加深认识，增强切身的感受与体验，不断提升自我认识，逐步完善自我、超越自我，实现个人全面发展，担负起青年一代的使命与职责。

另一方面，大学生理想信念教育常态化要促进大学生个性、能力、需要和社会关系的全面发展。新时代国际竞争中人才素质是一个关键要素，这离不开教育的发展，离不开人的全面发展。人们只有坚定理想信念，不断提高自身素质，适应时代要求，促进个人全面发展，才能在激烈的社会竞争中保持可持续发展的后劲，从而创造更多的社会价值，增强国际竞争力。同时，没有社会的全面协调发展，就不会有人的全面、自由、充分发展，理想信念教育常态化是为了让学生树立符合社会发展规律的远大目标与共同理想。确立正确的奋斗方向与目标，对于大学生的健康成长至关重要。只有树立坚定的理想信念，他们才能按照作为主体的人的意志而自由全面地发展，个性在一定程度上得到解放，各种能力得到多方面发展，各种需要得到充分满足。正如马克思所说，"社会关系实际上决定着一个人能够发展到什么程度"①，通过理想信念教育常态化，要引导大学生更多参与实践，融入社会环境，具有适应社会关系的能力，引导他们在多样化的社会关系中，形成共同的价值观念与行为规范，逐步锻炼自我、发展自我，为社会做出更大的贡献。

2. 培养马克思主义的坚定信仰者和忠实践行者

大学生是祖国的未来和希望。大学生理想信念教育常态化要教育引导大学生立大志、立远志，能够以科学社会主义理论为指导，具有较高的思想政治素质，成为"全面发展的人"，成为马克思主义的坚定信仰者和忠实践行者。

一方面，要培养理想信念坚定的马克思主义信仰者。在现代经济社会，面对各种物质诱惑，有些人的思想和精神世界受到侵蚀，热衷于物质生活的提高，在大学生中也存在这些现象。大学生理想信念教育常态化的首要任务是使大学生明白"做什么人"的问题，这也是"全面发展的人"应该具有的思想基础。"做什么人"实际上就是"有什么样的理想信念"，经过大学时期的学习，大学生要明确自己"树立什么目标、坚持什么方式认识和改造世界"。大学生理想信念教育常态化要使大学生明白"走什么路"的问题，明确自己坚守的政治方向。在常态化教育中，大学生要时刻牢记走好"求真理、悟道理、明事理"的探索之路，不断提高自己的综合能力与素质，这对于大学生走好整个人生之路、确定发展方向具有重要作用。大学生理想信念教育常态化还要使大学生明白"为什么学"的问题，大学生只有树立为个人成长成才而学、为社会主义建设事业而学、为中华民族复兴而学的目标，才能将个人融入社会发展的时代潮流，才能激发努力奋斗的责任感和使命感，满足个人日益

---

① 《马克思恩格斯全集》第3卷，北京：人民出版社，1960年，第295页。

增长、多元发展的精神需求，筑牢精神支柱，提升意志品格，成为马克思主义的坚定信仰者。

另一方面，要培养知行合一的马克思主义忠实践行者。人的价值可以分为自我价值和社会价值两类，人的自由全面发展必须以对社会贡献为价值指向。自我价值与社会价值既有区别又有联系，自我价值的实现是前提，社会价值的实现是目标，自我价值需要在社会价值中体现。人只有以高度的社会责任感，把自己同社会和他人有机联系起来，在实践中积极为社会、为他人做贡献，才能成为自由全面发展的人。一个真正的马克思主义者，必须是具有坚定理想信念、做到知行合一的人。理想信念是否坚定，要体现在具体行动当中。在深刻理解科学理论，时刻保持头脑清醒的基础上，使理想信念扎根心中，并指导自己的日常行为，从点滴做起，成为积极践行者。大学生理想信念教育常态化要引导大学生为实现社会共同理想而努力奋斗。社会共同理想的实现要靠个人实践来完成，个人实践需要在社会中体现自我价值。大学生理想信念教育常态化要注重对学生日常行为的引导，使大学生能够脚踏实地，躬身实践，为投身社会主义建设事业而踔厉奋发，笃行不怠，在实现社会共同理想的过程中努力实现个人理想，在实现社会价值的过程中彰显自我价值，在不断完善自我的过程中努力成为马克思主义的忠实践行者。

三、以发挥"文化功能"为着力点

"文化能丰富人的境界，陶冶人的心灵，净化并激发人的精神，以促进主体的人的知、情、意的全面发展和主体人格的形成、稳定与提升。"[①]大学生理想信念教育常态化要着力发挥文化功能，运用先进文化激发大学生的社会意识，增强精神动力，形成科学的世界观、人生观

---

① 郑永廷、董伟武：《论思想政治教育的文化功能及其发展》，《德育天地》2008 年第 5 期，第 113 页。

和价值观。理想信念教育常态化是一种经常性的文化活动，通过文化渗透与滋养使人拥有超越现实的内驱力。理想信念教育常态化还要着力于文化传承与创新，在已有文化成果的基础上，不断进行创新，催生更多更优秀的文化成果，更好地发挥文化育人功能。

一方面，大学生理想信念教育常态化要引导大学生做好文化选择和价值判断。优秀的文化凝聚着强大的精神力量，蕴含着宝贵的精神财富，能够带给人们一个正确的文化导向和价值标准。大学生理想信念教育常态化要借用优秀文化的隐性影响力和延伸功能，通过渗透文化价值导向而凝聚共识，转化为教育的内在动力源泉和本质力量。理想信念教育常态化立足于我国社会主义现代化发展要求和人才培养目标，要引导大学生做好文化选择与判断。在多元文化背景下，大学生要能够科学地分析、鉴别、筛选和利用先进文化，防范和抵御不良文化渗透。要引导大学生能够在各种文化的交流与冲突中，进行正确的选择与判断。因此，大学生理想信念教育常态化应注重拓展文化路径、丰富文化内涵、强化文化功能，将文化要素融入教育过程中，全方位展示文化的魅力、诠释文化的内涵。要依靠文化自信坚定理想信念，理想信念根植于文化沃土，文化自信能够提升人的精神境界；同时坚定的理想信念能够凝聚共识，夯实理论根基，增强文化自信。在常态化教育中通过润物细无声的形式让学生了解中国文化，在做好文化选择与价值判断的同时，能够传承创新发展先进文化。

另一方面，大学生理想信念教育常态化要做到以文化人、以文育人。习近平总书记在北京大学师生座谈会上指出："应该把化人育人的实效性作为检验思想政治教育工作的最终标准。"[①]大学生理想信念教育常态化就是要发挥文化蕴含的持久熏陶力量，培塑大学生的理想信念。

① 《习近平在北京大学师生座谈会上的讲话》，《人民日报》2018年5月3日第2版。

一是中华优秀传统文化包含着教化思想，对大学生理想信念教育常态化具有重要的导向作用和正向的思想引领作用。要从中探寻常态化教育资源，汲取丰富养分，融入日常教育工作中，将文化力量内化为价值引领，实现以文化人。二是革命文化本身具有育人功能，大学生理想信念教育常态化离不开红色文化资源的引领和融入。红色革命文化诞生于特殊时期，用事实充分证明了马克思主义与中国实践相结合取得的伟大飞跃和巨大成就，为理想信念教育增添动力。红色革命文化中包含着中国精神和信仰底色，是大学生理想信念教育常态化的宝贵资源，红色基因也为理想信念教育常态化发展注入新的血液。三是社会主义先进文化是中华民族的信念灯塔，是大学生理想信念教育常态化实现的重要抓手。社会主义核心价值观正是先进文化建设的根本内容，是"以文化人"的核心内容和集中体现。[①]大学生理想信念教育常态化要挖掘先进文化中的优良传统和精神品格，立足新时代舞台，主动适应新形势、新要求，凝聚民族力量，发挥其在大学生日常生活中的精神指引作用，涵养社会主义核心价值观，促进理想信念在大学生内心生根发芽。

四、以实现"三全育人"为关键点

2017年，中共中央、国务院印发了《关于加强和改进新形势下高校思想政治工作的意见》，明确提出了全员全过程全方位即"三全育人"的综合改革试点目标和举措。推进大学生理想信念教育常态化的关键在于坚持"三全育人"基本原则，并在实际工作中得到充分的体现和有效的实现。

1. 坚持全员抓理想信念教育

大学生理想信念教育常态化的实现要使全体教育工作者都成为理想信念教育的主体，协同做好日常理想信念教育工作，在各自的岗位上

[①] 冯刚、刘晓玲：《坚持以文化人 深入推进社会主义核心价值观培育践行》，《思想理论教育导刊》2016年第1期，第98页。

发挥育人作用。校领导要率先垂范，充分认识理想信念教育常态化的重要意义，经常性深入基层联系学生，了解理想信念教育常态化状况，做出科学决策和部署，发挥示范引领作用。思政课教师、专业课教师、辅导员队伍、管理人员和后勤服务人员等都承担着理想信念教育常态化的重要任务，要创新方式方法，对理想信念教育进行统一部署和安排，根本不同育人主体的职责与要求，设计不同的理想信念教育常态化内容，从整体层面推进全员抓理想信念教育，做到人人有责、人人尽责。

2.坚持全过程进行理想信念教育

大学生理想信念教育常态化的实现要将理想信念教育融入人才培养与教育教学全过程，实现理想信念教育与课程教学的紧密衔接。针对不同年级学生，分层分类推进理想信念教育常态化。大一阶段从新生入学开始要加强思想引导，树立理想信念，使学生以饱满的自信心和端正的学习态度，快速适应大学生活，拥有一个良好的开端。中年级阶段，要加强对大学生进行马克思主义理论渗透，将理想信念教育融入各门课程学习过程，巩固理想信念，拥有更加明确的奋斗目标。毕业实习阶段，通过校企协同合作等形式，强化对大学生世界观、人生观和价值观的引导，持续深化理想信念教育，使大学生在具体的实习实践中增强服务社会本领，培养担当和责任意识，逐步成长为社会主义事业的合格建设者和可靠接班人。

3.坚持全方位融入理想信念教育

大学生理想信念教育常态化的实现要将各类理想信念教育资源进行整合，协调一切教育力量，产生协同育人效应。发挥第一课堂主渠道作用，在思政课程和课程思政中强化理想信念教育的核心地位，由点及面，由浅及深，全方位渗透。拓展第二课堂阵地作用，将校园文化活动作为大学生理想信念教育常态化的重要载体，科学设计每一项文化活动，将理想信念教育融入其中，营造良好的育人氛围。占领网络教育阵地，创新大学生理想信念教育常态化载体，借助网络平台传播马克思主义理论，实现线上线下同频共振，使大学生潜移默化接受理想信念教育。同时还要整合各种理想信念教育资源，构建学校、家庭、社会协同联动机制，共同推进理想信念教育常态化发展。

总之，大学生理想信念教育常态化要坚持全员全过程全方位的"三全育人"原则，通过贯通与融合来打通常态化育人的"关键一公里"，形成"纵成一条线""横成一个面""立成一个体"理想信念教育常态化工作格局，实现人人育人、时时育人和处处育人的工作目标。

第二节 建设高效有序的常态化教育制度体系

制度是规则、信念、规范和组织共同作用并导致（社会）行为秩序产生的一个系统。[①]推动大学生理想信念教育常态化，需要构建一个规范化、稳定化的运行体系，这离不开制度体系保障，包括目标、规则、组织等方面。常态化与制度化是密切相关的，二者相互支撑不能割裂。理想信念教育常态化要将蕴含在大学生日常学习生活中的教育理念或习惯进行提升，并加以制度性建构，使之成为一个规范的体系，这一体系在运行过程中并不是固定不变的，而是在外部条件或教育对象发生改变时，对旧制度进行扬弃，不断产生新的制度，实现理想信念教育由"常态—非常态—新的常态"的递进，这也就完成了一个"常

---

① [美] 阿夫纳·格雷夫：《大裂变中世纪贸易制度比较和西方的兴起》，郑江淮等译，北京：中信出版社，2008年，第22页。

态化制度化—新的常态化制度化"的循环往复、螺旋上升的发展过程。

一、方向引领：构建常态化目标体系

目标体系"规定了制度运动和发展的方向，是制度体系的灵魂所在"[①]。构建任何一种制度体系都离不开目标体系的指导。毛泽东在《论持久战》中指出："一切事情是要人做的，持久战和最后胜利没有人做就不会出现，做就必须先有人根据客观事实，引出思想、道理、意见，提出计划、方针、政策、战略、战术，方能做得好。"[②]大学生理想信念教育常态化目标应该统领教育教学全过程，通过目标导向、标准控制，发挥激励和引导作用。常态化教育目标体系本身包含着教育者和教育对象的价值追求与希望，给予教育活动一个正确的导向，参与活动的教育者和教育对象在思想观念方面得到强化，激发双方参与实践的动力，激励双方向着共同的教育目标努力。

1. 根本目标

大学生作为社会主义事业建设的新生力量，理想信念是否坚定关系到党和国家事业发展成败。大学生理想信念教育常态化根本目标的制定要从国家和社会发展需要、从人才培养质量角度出发，着眼于社会整体环境和国家战略部署，紧密围绕国家最新的路线、方针和政策，同时要考虑高校自身的校园文化特色、学生自身的思想政治水平和教育者的综合育人能力等因素，从实际出发，将理想信念教育常态化目标体系融入学校整体发展目标当中。

大学生理想信念教育常态化的根本目标是经过大学阶段学习甚至

[①]贺培育：《制度学：走向文明与理性的必然审视》，长沙：湖南人民出版社，2004年，第17页。

[②]《毛泽东选集》第2卷，北京：人民出版社，1991年，第477页。

更长时间学习才能达到的目标,这一过程应该贯穿于大学生的整个学习过程。根本目标的制定要充分考虑时代需求和社会发展需要,虽然宏观且具有抽象性,但在整个常态化教育目标制度体系中具有重要的指导作用。根据大学生理想信念教育常态化根本目标的实现需要,通过开展日常性、经常性、持续性的理想信念教育活动,促进大学生加强马克思主义科学理论学习,提升大学生的思想政治素质,教育引导他们能够更好地融入社会,坚定信仰,成为德智体美劳全面发展的优秀人才。

大学生理想信念教育常态化目标体系要以习近平新时代中国特色社会主义思想为指导,全面考虑外部环境和内部条件。从外部环境来说,要立足于国家事业发展需要,围绕立德树人根本任务,落实好理想信念教育常态化要求;围绕常态化这一基本思路,找准着力点和突破点,在办学定位和人才培养目标等方面予以体现,要修改完善学校章程、人才培养方案、思想政治教育改革方案等纲领性文件,系统解决好大学生"信仰什么"的关键问题,发挥目标体系的引领作用。从内部条件来看,主要包括学校的发展历史、文化特色、专业特点、师生思想状况、制度建设情况等,在根本目标体系构建中,要立足实际,考虑长期性、全面性、衔接性以及过渡性等因素,因地制宜,体现本学校在理想信念教育常态化实现过程中具有的良好传统与优势,这样才能发挥目标的统领作用,得到师生的普遍认同,更好地促进大学生理想信念教育常态化制度体系构建。

2.具体目标体系

大学生理想信念教育常态化的具体目标要以根本目标为遵循,对根本目标进行分解完成。具体目标体系的制定要以可操作性、可评价性、稳定性和一致性为重要原则,既便于教育者操作,又能够进行评估,同时还要注重持久性,使其在一个阶段内保持稳定,使制度化的目标体系具有一定的张力，并且在这个张力的范围内根据实际执行情况进行局部的修正与完善。具体目标体系要注意相互之间的衔接，在同一层次内的目标应该保持共同的目标指向，符合根本目标的阶段性要求，保持同一性和统一性，不能相互抵触或牵制。具体目标制度体系中可以包括：学科教学目标、日常教育目标、管理服务目标等内容。

学科教学目标要出台思想政治理论课相关制度，全面落实思想政治理论课改革创新的相关文件，将思想政治理论课作为落实大学生理想信念教育常态化要求的重要阵地，抓好每一堂课中的教育内容阐释。要加强专业课、公共课、选修课中的课程思政建设，出台《课程思政工作方案》，强化理想信念教育常态化在教学中的目标要求，科学设计教学体系，修订教学大纲，保证理想信念教育在课堂教学中的占比和实效，既不生搬硬套，也不排斥拒绝，力争在每门课、每堂课的教学中都能进行点滴渗透，融入理想信念教育内容。明确定期开展课程思政研究这一要求，设立课程思政专项改革课题，凸显大学生理想信念教育常态化这一关键环节。

日常教育目标要将大学生理想信念教育常态化的实践要求、活动要求、载体要求等纳入总体规划，围绕目标制定理想信念教育常态化实践教学大纲与规范，按照社会实践、劳动教育实践、国家安全教育、志愿服务、实习实训等活动，分类制定实践教学标准，明确学时和学分，出台培养大学生理想信念常态化的社会实践、实习实训一体化相关制度，特别是学生离开学校参加实习实训阶段，要进一步强化理想信念教育常态化的重要性，不能减少实践比例，确保理想信念教育不断线。要规范第二课堂活动管理，出台《第二课堂学分管理办法》，提高大学生理想信念教育常态化活动在校园文化活动中所占比例和频率，将科学理论宣讲、青年马克思主义者培训等活动上升到制度要求层面，确保活动的覆盖面和稳定性。

　　管理服务目标要明确将大学生理想信念教育常态化作为日常管理岗位和人员的工作目标，深入挖掘学校行政部门、群团组织等各管理服务岗位理想信念教育常态化元素，纳入整个制度目标体系，明确岗位和职责总体要求，统筹各管理岗位的育人内容和路径，把大学生理想信念教育常态化纳入管理岗位考核评价、评奖评优，不断激发各岗位育人功能。要及时做好管理服务人员在大学生理想信念教育常态化中的先进经验宣传推广，培育一批管理育人、服务育人示范岗。要注重以学生公寓各楼宇为模块，以宿舍为单位，建立集生活、学习、成长于一体的学生社区理想信念教育常态化平台。

　　案例一：河北中医学院围绕大学生理想信念教育常态化目标，制定了《中华优秀传统文化弘扬和教育试点工作实施方案》，方案中确定了每月举办一场"杏林文化讲堂"活动，邀请中医药名家和文化名人走进校园，以传统中医文化、中国艺术精神、中华戏曲文化等为载体开展理想信念教育主题讲座；每周举办中医经典故事宣讲、传统经典名片赏析活动，每月开展一次经典阅读分享交流活动；举办中华优秀传统文化社团活动月，每周一个主题，周周有活动，包括中医论坛、中医药文化展、民乐社专场音乐会、太极文化宣讲、大学生书法作品展等；每周开展多种形式的大学生理想信念教育自主团日活动，做到全面覆盖、常态化开展。

二、规范有序：构建常态化运行体系

　　大学生理想信念教育常态化运行体系是目标实现的桥梁。常态化的运行过程是从培养时代新人的角度，以当代大学生理想信念教育要求为基础，政府作为政策主导者，高校作为政策执行者和教育者，大学生群体作为受教育者，由各方共同参与，形成的一个动态的、渐进的、平衡的制度运行体系。大学生理想信念教育常态化运行过程要保持有序化、长效化，对这一动态运行体系进行秩序维护，构建一个有章可依、有矩可守、有序可循的良性运转环境。要分别从运行层面和运行过程出发，合理进行制度设计，确保大学生理想信念教育常态化稳定规范运行。

一方面，从国家、高校、大学生群体层面出发。国家要从战略角度着眼，明确将大学生理想信念教育常态化纳入思想政治教育相关制度要求，体现其在高等教育中的核心地位，满足时代发展要求和人才培养需要。要明确常态化目标任务和原则要求，做好顶层设计与部署，规范运行模式，确保大学生理想信念教育常态化有据可依、有章可循、有标可参。高校和教师要从操作角度着眼，明确将大学生理想信念教育常态化作为教育教学重要目标，在"常"字上下功夫，在转化上做文章，在实效上用力气。要将大学生理想信念教育纳入日常工作范畴，细化落地落实举措，立足不同岗位和教师群体激发主体意识，发挥创造、创新能力，克服形式主义倾向，设立主体行为约束机制，加大监督检查力度。大学生要从接受角度着眼，明确将坚定的理想信念作为大学生自身的责任与义务，主动参与各项教育活动，自觉接受理想信念教育，并将其内化为主体意识。要充分发挥大学生的积极性和能动性，运用物质、精神、情感等方式，建立一套理性化、科学化的激励机制，引导大学生在日常学习生活中严格要求自己，不断提高和完善自身政治理论素养。要修订大学生日常行为规范，对体现理想信念状况的日常行为进行评价与考量，遴选榜样代表，发挥示范带动作用，提升大学生群体的民族自豪感和时代使命感。三个层面的运行体系构建，能够促进大学生理想信念教育常态化实现规范化、有序化发展。

另一方面，从决策、实施、反馈过程出发。科学决策关系到大学生理想信念教育常态化成效。从目前来看，大部分高校成立了思想政治工作领导小组，但是专题研究理想信念教育常态化问题并不多。因此要从制度上明确决策部门和人员，除学校领导之外，要加入理论水平高、实践经验丰富的思想政治教育专家团队，使大学生理想信念教育常态化工作决策科学专业、切实可行。在实施阶段，要用制度的形式明确大学生理想信念教育常态化责任，每个岗位和每位教师都要承担相应的职责，根据这些职责制定详细的实施方案，并且付诸实际行动。在实施过程中，要保障制度的权威性，注重方式方法的选择，遵循理想信念生成规律、反复施教和渗透转化等规律，结合教育教学工作实际，努力在每一堂课、每一次活动、每一项工作中都渗透理想信念教育内容。在追踪反馈阶段，要密切关注大学生理想信念教育常态化开展情况，掌握运行状况，注重信息资料的搜集整理，分析运行体系中存在的问题，为调整决策方案提供参考依据。从整个运行过程来看，每个人都各负其责、各司其职是关键。制度是一种保障手段，必须严格执行。同时也要注重增强教师的主体意识，以规范的制度带动规范的行为，让大学生理想信念教育常态化成为教师日常教书育人的自觉习惯。

三、健全完备：构建常态化组织体系

大学生理想信念教育常态化需要将理论与实践有机结合，将实现常态化教育的目标体系和运行制度体系运用于具体的教育活动中，要靠有效的组织管理来实现。"一定的制度，其目标和规则必然通过制度的主体系统——组织系统来实现、贯彻和执行。"[1]当前的理想信念教育常态化管理过程中还存在着很多弊端，如职责不明、管理缺位等，需要进一步优化常态化组织制度体系，提高理想信念教育常态化工作效率。

1. 强化党委的组织领导

理想信念教育具有一定的政治属性，离不开党的坚强领导。大学

---

[1] 贺培育：《制度学：走向文明与理性的必然审视》，长沙：湖南人民出版社，2004年，第21页。

生理想信念教育常态化要发挥高校党委的组织领导作用，依靠各级党组织的贯彻落实和党员干部的模范引领。高校党委肩负着大学生理想信念教育常态化的主体责任，必须牢牢把握主动权，科学谋划，建立配套的制度体系和完善的组织体系，做到有目标、有计划、有思路、有方案，有举措、有要求。在大学生理想信念教育常态化组织领导体制中，强化政策引导和激励机制，从大学生实际情况出发，从解决最突出的问题出发，可以采取试点先行、重点突破的方式，在不断的经验梳理总结当中，形成可供参考借鉴的体制机制。

大学生理想信念教育常态化组织领导体系，要通过制度方式明确组织架构，划分责权利，建立权力约束机制，规范各级党组织的领导行为。要明确高校党委一把手第一责任人的职责，确立负责大学生理想信念教育常态化的部门与机构，建立有关负责人参加的工作会议制度，各组织、各机构完善内部制度结构，加强部门之间的沟通协调，形成统筹推进、上下联动、统一高效的理想信念教育常态化组织领导机制。要加强对大学生理想信念教育常态化理论的学习研究，深入一线开展调研，建立健全满足不同学生需求的大学生理想信念教育常态化机制，妥善处理好理想信念教育常态化中改革、发展和稳定的关系，不能搞一刀切，也不能武断、急功近利，需要强化内部管理，全员参与、全面行动，形成大学生理想信念教育常态化合力。

2. 建设步调一致的管理体制

在传统思维影响下，高校、教师或学生认为理想信念教育主要是学生管理部门或思政课教师的职责，然而常态化教育的实现，不是一个部门能够完成的，需要在党委的统一领导下，依靠党政工团各方面的力量，形成一个各司其职、步调一致、密切配合、紧密衔接的组合管理模式。充分发挥党团组织力量，党团组织在大学生群体中具有较强的组织力和号召力，要将其作为大学生理想信念教育常态化的重要战斗堡垒。

推进大学生理想信念教育常态化是各级党组织的重要职责。在党建工作规划中，要将常态化开展理想信念教育作为重要考核指标，在"三会一课"、党员评议、党员活动日中突出理想信念教育主题。学生党支部要以喜闻乐见的方式，创新载体平台，开展丰富多彩的理想信念教育常态化活动，发挥支部战斗堡垒作用。同时，要高度重视共青团组织在推进大学生理想信念教育常态化方面的优势。各级共青团组织要明确将理想信念教育常态化作为重点工作任务，落实党建带团建工作责任制度。要培树理想信念坚定的团员青年代表，在推优入党工作中重点考量大学生理想信念状况。同时要对团组织活动进行规范管理，在团课内容中增加理想信念教育常态化内容，加强团学干部队伍建设，引导团员青年听党话、跟党走、感党恩。

此外，还要积极推进学生组织和学生社团结构性改革，明确学生组织和学生社团的政治属性。推动大学生理想信念教育常态化要发挥学生会的组织优势，利用贴近学生实际的组织特点，及时向学生传达党的政治主张，强化政治引领，突出理想信念教育主题的时代性和可持续性，构建"骨干—群体"的辐射带动作用。大学生社团类型多样，管理灵活，要强化其政治导向作用，由团委和学生部门共同管理，充分利用社团学生兴趣爱好方面的契合点开展经常性的理想信念教育活动。修订《社团管理办法》，成立社团建设指导委员会，强化社团指导教师作用发挥，将理想信念教育融入社团日常活动当中，使大学生理想信念教育常态化形式更加生动活泼，达到寓教于乐的良好效果。

案例二：河北中医学院成立了思想政治工作领导小组，加强学校党委对思想政治工作的统一领导，构建全员全过程全方位育人体系。学校党政领导一把手担任组长，主管校领导担任常务副组长，其他校领导任副组长，各基层党委（党总支、直属党支部）书记，机关各部门、各二级单位负责同志为成员。学校思想政治工作领导小组下设办公室，办公室设在宣传部门。领导小组下设五个工作指导小组，按照思想政治工作的主要内容，由教师工作部和学生工作部牵头，分别成立教师和学生思想政治工作指导小组，由马克思主义学院牵头成立思想政治理论课教学工作指导小组、教务处牵头成立课程思政工作指导小组、宣传部牵头成立网络思政工作指导小组。这样设置思想政治工作领导小组的组织架构，对于推进大学生理想信念教育常态化能够产生强大的组织领导力，涵盖了全校所有层面的师生员工。因此，在常态化教育过程中，领导小组的作用也会得到充分发挥。

四、系统有力：构建常态化保障体系

大学生理想信念教育常态化必须有一定的保障条件，如组织领导、硬件设施、人才队伍等都需要通过制度建设把这些问题予以明确，这是常态化教育实现不可或缺的重要基础与条件，也是常态化教育制度体系中的重要组成部分。

要设置完善的理想信念教育常态化资源投入和使用制度。常态化教育资源主要包括硬件方面的经费投入、设施设备、活动场所的支持保障等。要将大学生理想信念教育常态化实践基地建设纳入学校总体规划，并给予资金保障。在信息技术快速发展的今天，大学生理想信念教育常态化离不开网络技术的支持与应用，因此要加大信息网络平台的建设力度，广泛搭建各种新媒体平台，丰富教育形式，开发创作网络作品，提高理想信念教育常态化的感染力和吸引力。如何将目前所拥有的教育资源进行合理规划、统筹利用，以最大程度发挥各种资源的效用，需要依靠制度来进行调整。要保障大学生理想信念教育常态化有效合理的经费投入，各部门、各单位根据自身开展大学生理想信念教育常态化需求

情况，制定教育经费投入、管理、使用的明细账目和规定细则等，使经费使用规范化，制度化。

要建立师资队伍保障制度。师资队伍数量是否充足、素质高低、积极性大小、队伍稳定与否等因素，直接关系到大学生理想信念教育常态化开展好坏。特别是常态化教育落实与教师的日常工作、言传身教息息相关。因此，要建立相应的选拔、培养、管理、监督、考核等制度，以制度的方式提高教师队伍开展理想信念教育常态化的水平。要将理想信念坚定、理论水平高、社会影响大的专家学者纳入辅导员队伍，充分发挥他们的示范引领作用，构建专兼职队伍融合发展模式。要建立教师培训制度，树立大学生理想信念教育常态化理念，注重思想政治工作队伍的梯队建设，避免断代，促进老、中、青一体化发展，增强教师开展大学生理想信念教育的专业化、科学化和规范化水平。在了解和把握不同年级大学生认知、心理、个性特点和成长规律的基础上，有计划地分层设定目标，把理想信念教育常态化与教师日常教书育人工作有机结合，形成人人、时时、事事育人的良好格局。

第三节　重构分层分类的常态化教育内容资源

大学生理想信念教育常态化需要用贴近生活的话语表述形式，需要不断创新教育内容，将理论与实践结合、历史与现实贯通，将日常生活作为逻辑起点，重新构建分层分类的教育内容资源体系，以满足大学生理想信念教育常态化的现实需要。

根据大学生对理想信念教育常态化内容资源认知情况的调查发现，大学生认为可以作为理想信念教育常态化内容资源包括："四史"中理想信念坚定的榜样，占79.9%；现实生活中理想信念坚定的楷模，占79.84%；中国特色社会主义制度的优越性，占74.63%；培育和弘扬

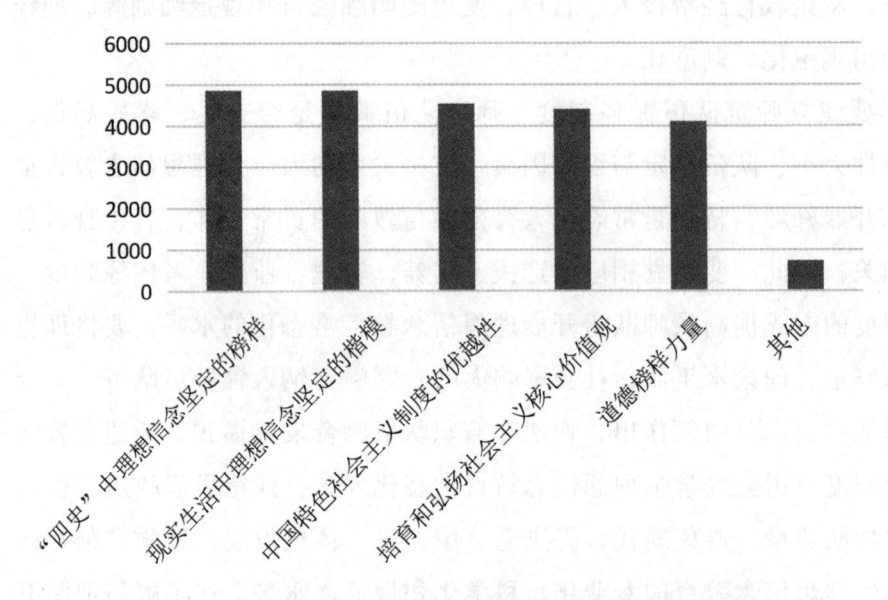

图5.1 大学生认为可以作为理想信念教育常态化内容资源的情况

横轴分类:"四史"中理想信念坚定的榜样、现实生活中理想信念坚定的楷模、中国特色社会主义制度的优越性、培育和弘扬社会主义核心价值观、道德榜样力量、其他

社会主义核心价值观,占72.44%;道德榜样力量,占67.59%;其他占12.13%(见图5.1)。通过对调研数据的分析,提出如下理想信念教育常态化内容资源构建策略。

一、固本培元:从"四史"中挖掘教育资源

进入新时代,中国处于新的历史方位,要求大学生要有坚定的理想信念,补足精神之"钙",踔厉奋发,笃行致远,以强烈的使命感和责任感担当民族复兴大任。欲知大道、必先知史。"四史"当中蕴含着丰富的理想信念教育资源,为常态化开展教育教学活动提供了生动的素材和鲜活的案例。

从大学生对"四史"的认识情况来看,认为可以作为理想信念教育常态化内容有:选择"新民主主义革命时期完成救国大业的历史"占82.32%,"社会主义革命和建设时期完成兴国大业的历史"占

81.63%,"改革开放时期推进富国大业的历史"占74.18%,"中国特色社会主义新时代实现强国大业的伟大实践"占74.05%,其他占12.74%(见图5.2),各内容占比相对比较均衡。可见,将"四史"作为理想信念教育常态化内容资源也得到了大学生的认可。

从"四史"中挖掘大学生理想信念教育常态化资源,不是简单地进行知识讲述,而是要通过大量的历史资料把道理讲通弄清,让大学生不仅"知其然",更要"知其所以然",能够使大学生在纵览历史事件中,在充沛的史料支撑下理解社会主义发展的必然趋势,理解新时代中国的历史方位,不断深化对"三大规律"的认识,牢记红色政权如何而来、中国发展成就如何而来,培养大学生的爱国主义情感。要"学习党史、新中国史、改革开放史、社会主义发展史,在学思践悟中坚定理想信念"[①]。在"四史"学习中,引导大学生树立正确的历史观,能够运用

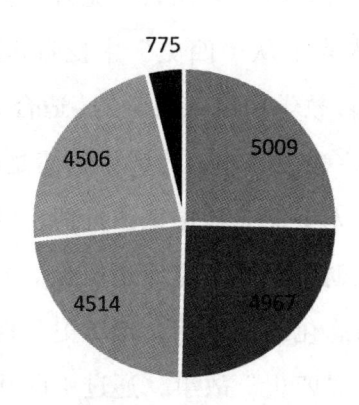

- 新民主主义革命时期完成救国大业的历史
- 社会主义革命和建设时期完成兴国大业的历史
- 改革开放时期推进富国大业的历史
- 中国特色社会主义新时代实现强国大业的伟大实践
- 其他

图5.2 大学生对"四史"中作为理想信念教育常态化内容认识情况

[①] 习近平:《在学思践悟中坚定理想信念 在奋发有为中践行初心使命》,《光明日报》2020年7月1日第1版。

马克思主义的立场观点来审视历史、观照现实，从复杂的历史表象中，把握其中的必然规律，进一步弄清楚"我们从哪里来、到哪里去"这个根本问题，从而坚定理想信念。

历史是最好的教科书，党史是最好的营养剂。党史凝聚着社会主义革命、建设和改革中的精神力量，反映了历代共产党人不畏艰险、接续奋斗的智慧和勇气。一百年前，无数中国青年用生命和鲜血书写了慷慨激昂的壮丽诗篇，也创造了无数为了理想信念而英勇献身的感人故事。这些内容都是新时代大学生理想信念教育常态化中最富感染力和说服力的教育资源。修好"党史"这门必修课，大学生可以从中感受中国共产党筚路蓝缕的百年创业史，了解共产党发展、壮大和成熟的过程，牢记新时代青年的责任与担当，传好理想信念这一接力棒，让党史成为大学生的思想共识和前进动力，赓续共产党人的精神血脉。

以史为鉴，开创未来。从"四史"中挖掘大学生理想信念教育常态化资源，要在日常教育教学中融入科学的、适合大学生群体学习的"四史"内容，编写"四史"教育读本，为学生讲清楚历史事件、历史人物，用事实真相批判历史虚无主义，科学认识世情、国情、党情，将历史作为有力的思想武器，帮助大学生坚定理想信念。要找到"四史"知识与大学生理想信念教育常态化的切入点，将历史与现实紧密结合，融入教书育人全过程。要讲好"四史"故事，通过中国共产党的故事、中华人民共和国的故事、改革开放的故事、中国特色社会主义的故事等讲事实、讲史实、讲道理，引导大学生大力弘扬伟大建党精神，让大学生看得懂、学得进、悟得透，使"四史"宣传教育真正入脑、入心，实现以史铸魂、以史育人。

对"四史"进行回溯和接力探索，能够加深大学生的理论认知。"四史"就是实践马克思主义科学理论的历史，是对理想信念的具体展开，也是对理想信念的再现和确证。"四史"为大学生理想信念教育常态化提供了新的内容资源，弄清楚"四史"蕴含的理论逻辑，能够使大学生感受思想伟力，深化理论武装，从而坚定对马克思主义的信仰；弄清楚"四史"蕴含的历史逻辑，能够使大学生在新时代既脚踏实地又仰望星空，坚定社会主义和共产主义信念；弄清楚"四史"蕴含的实践逻辑，能够使大学生站在历史的新起点，赓续红色血脉，坚定中华民族伟大复兴的信心；弄清楚"四史"蕴含的价值逻辑，能够使大学生切实感受中国共产党的奋斗历程，亲证中华民族取得的举世瞩目的辉煌成就，不断增强"四个自信"，牢记初心使命，汲取精神力量。大学生理想信念教育常态化要用好"四史"资源，使学生将"四史"学习中受到的鼓舞和激励转化为努力学习的动力，以顽强的毅力和坚定的信念，为创造美好的未来不懈奋斗，为祖国和人民做出应有的贡献。

案例三：河北中医学院在讲授针灸治疗学《绪论》部分时，引入石家庄第一位女共产党员、针灸专家朱琏的故事，将红色教育融入课程当中，讲述了在战争时期朱琏救死扶伤的感人事迹。朱琏作为一名针灸专业的优秀共产党员，她的事迹更能引起大学生们的共鸣，激发他们学习的动力，进一步坚定从医初心，为新时代人民群众健康事业做出新的贡献。在讲授安宁疗护课程《生死观》内容时，引入红军长征过雪山时一位军需处长穿着单薄的旧衣服，在极度严寒情况下，最后受冻壮烈牺牲的故事。作为管理被装的军需处长完全有条件先保证自己穿暖不挨冻，但是他不畏严寒，不惧冰雪，为了把温暖留给其他战士，选择了牺牲自己，在危难之际彰显了军人崇高的思想境界，让大学生从中感悟坚定的信仰和大无畏精神，更加珍惜今天宝贵的和平生活，并转化为奋发图强、报效祖国的动力。在抗击新冠病毒疫情期间，讲授《在战"疫"中上好思政课开学第一课》，有效引导大学生科学认识和正确对待疫情防控工作，在各国抗疫措施对比中，感受中国之伟大，从而坚定理想信念。在有机化学实验课程开展《从茶叶中提取咖啡因》实验时，引入屠呦呦发现青蒿素并获得诺贝尔奖的故事，这个奖项的获得不是偶然，彰显了老一辈科学家甘于奉献、默默无闻、坚忍不拔的精神，既增强了大学生救死扶伤、大爱无疆的职业精神，也激发了大学生爱党爱国的情怀。

二、立心铸魂：从社会主义实践中挖掘教育资源

理想信念的形成是一个复杂的、长期的过程，作为人的理性、知识、情感和意志的统一体，理想信念离不开社会教化的作用，需要在生活实践中学习培育和养成固化。社会主义实践与理想信念是互动互成的关系，从社会主义实践可以充分认识理想信念产生、确立和巩固的内在逻辑，同时理想信念也随着社会主义实践的发展而不断丰富和充实内容。通过在实践中考察社会主义理论是否科学，理想信念是否科学，实现理论与实践的辩证统一；通过考察理想信念践行程度，实现对社会主义实践的再认识，并且衡量理想信念教育常态化的实际效果。

大学生理想信念教育常态化是一项立心铸魂工程，教育效果在很大程度上取决于社会主义实践的水平、层次和质量，推进大学生理想信念教育常态化的一个前提条件是要从社会主义伟大实践中挖掘教育资源。特别是步入新时代后，社会主义实践取得了新发展，这些瞩目的成就背后，蕴含着社会主义发展的科学规律，也增强了马克思主义理论的说服力，为大学生理想信念教育常态化提供了有力的教育资源。尽管在社会主义发展过程中，也遇到了很多新情况、新问题和新境遇，但大的趋势和方向没有改变。要引导大学生从中国特色社会主义的具体实践中，准确把握科学社会主义的本质所在，在思想中构建科学社会主义理论体系，并将理论与实践有机结合。在教育教学中，要充分运用大学生能够感知的社会主义实践，从整体上实现优化理想信念教育常态化资源

的目标。

　　从社会主义伟大实践中挖掘大学生理想信念教育常态化资源，并不是说忽视原有的资源与内容，而是在此基础上重新整合优化，将内容系统化、结构化、日常化，这样更符合大学生认知和接受水平。从大学生对社会主义实践的认识情况来看，认为可以作为理想信念教育常态化内容有：选择"中国反腐败斗争取得压倒性胜利"占83.66%，"中国脱贫攻坚取得全面胜利"占83.98%，"中国抗击疫情取得重大成果"占82.48%，"中国强军兴军开创新局面"占73.87%，其他占13.56%（见图5.3）。可见，大学生认为中国特色社会主义事业取得的伟大成就是最好的理想信念教育常态化内容资源。因此，在内容选取上要立足于中国共产党带领全国人民创造的巨大成就，不管是反腐败斗争、脱贫攻坚，还是强军兴军等方面，都可以作为宝贵的教育资源。在重构教育资源的过程中，要注重从社会经济政治结构中挖掘蕴含的价值观念，整合那些已经被人们认可的、理性的、验证的知识，剔除那些渗透于各类

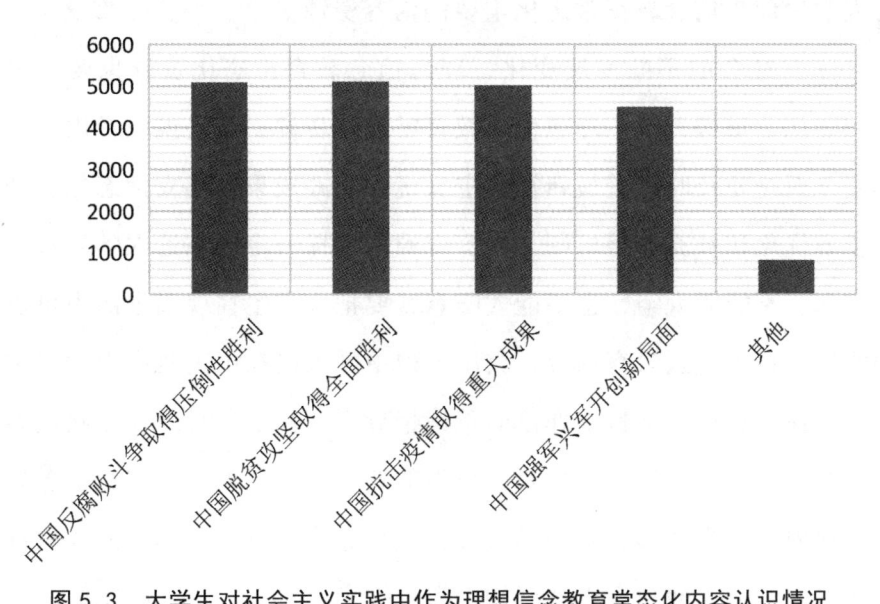

图5.3　大学生对社会主义实践中作为理想信念教育常态化内容认识情况

载体中不真、不实或对社会主义僵化甚至歪曲理解的内容，从符合规律和思想实际的角度分层分类重构理想信念教育常态化资源，做到紧跟时代变迁，最大化拓展教育资源，以解决资源不足和内容过时等问题。

中国抗击新冠感染疫情斗争取得的重大战略成果，为大学生理想信念教育常态化提供了非常宝贵的内容资源。2019年年底暴发的新冠疫情，经过一年多的时间，在全球成为大流行趋势，也对全球经济发展带来了极大的冲击，成为国际格局和国际关系大裂变的催化剂。面临疫情困扰和经济衰退的困境，资本主义和社会主义制度孰优孰劣已经日益清晰，这为理想信念教育常态化提供了强有力的事实依据。从国内来讲，无数逆行者无畏生死，为了保护人民生命安全，舍小家为大家，作出了巨大牺牲，全国人民团结一心，以强大的组织力、号召力和行动力，筑起了一座坚不可摧的抗疫长城，既增强了全国人民众志成城的强大凝聚力，也彰显了中国特色社会主义制度的优势，这些生动的素材都应该成为大学生理想信念教育常态化重要的内容资源。

随着社会的不断发展变化，理想信念教育常态化资源也要随之更新和变化。重构大学生理想信念教育常态化资源，不是说教育内容一成不变，而是要及时跟进最新社会主义优秀实践成果，建立常态化、动态性资源优化和补充调整机制。内容资源的选择一定要贴近大学生日常生活实际，不能假大空，也不能太随意，要把大学生在现实生活中可以感知的生活样态纳入教育内容，突出展现中国人民在中国共产党的坚强领导下，在马克思主义科学理论的正确指导下，社会主义现代化建设事业发生的新变化、取得的新成就、呈现的新气象，让大学生理想信念教育常态化内容丰富多彩、生动形象，构建常态化教育资源库，形成教育资源大格局，从而使教育更具感知力和说服力。

立足现实生活的社会主义实践是引导大学生树立理想信念强有力的教材，大学生的信仰需要在现实生活场景中得到巩固与升华。理想信念的形成和巩固是一个持续运动的过程，而社会主义实践也是与时俱进、不断发展变化的过程。社会主义实践是大学生理想信念教育常态化的不竭源泉，需要教育者充分挖掘，不断丰富、扩充、优化教育资源。同时坚定的理想信念能够为进行更伟大的社会主义实践筑牢思想基础，大学生对社会主义和共产主义的认识不能仅停留在理论层面，需要结合社会主义发展实际，经常性参与到各种实践活动中，在此基础上不断深化和发展理论认知。来自社会主义实践的大学生理想信念教育常态化教育资源，能够不断提升大学生对社会主义理论的认识，为形成坚定的理想信念注入不竭动力。

案例四：河北中医学院在讲授大学英语课程《追求梦想》章节时，讲到如何理解梦想与如何追求梦想知识点时，引入钱学森胸怀报国梦想，并实现科技报国的案例。通过这个切入点，为大学生播撒理想信念的种子，启发学生在追求个人梦想时与报效祖国联系起来，将个人梦想融入时代发展、融入中国梦，通过实际行动为祖国建设发展贡献力量。在讲授社区护理学课程《社区伤残病人的康复与护理》章节时，讲到社区常见伤残病人护理与管理专业知识时，引入身残志坚的时代楷模杜富国的故事，通过道德模范无私奉献、舍己为人的感人事迹，让大学生自觉提升思想道德修养，关爱伤残患者、珍惜当下学习机会，向榜样学习，树立正确的世界观、人生观、价值观。在讲授免疫学与病原生物学课程《抗原》章节时，在对于"决定抗原的三大条件"这一内容讲解中，引入我国通过新冠肺炎疫苗接种，有效控制了新冠肺炎病毒的流行，有效降低了感染率、重症率和病亡率，与其他国家形成鲜明对比，增强了大学生的爱国主义情感。在讲授医学电子学基础课程《直流电路》章节时，结合最前沿的科技成果和当前科技发展现状，引入加强科技创新理念这一内容，使大学生充分了解我国在某些技术领域与国际先进水平之间存在的差距，激发大学生的创新潜能，增强自主创新的紧迫感和责任感，为加快创新型国家建设作出贡献。

三、共情共鸣：与社会主义核心价值观培育相结合

"统治阶级的思想在每一时代都是占统治地位的思想。"[①]任何一个阶级都会用符合本阶级需要的主流价值观教育和启发人们。党的十八大提出了要倡导社会主义核心价值观，2015 年中央宣传部、中央文明办印发的《培育和践行社会主义核心价值观行动方案》提出，培育和践行社会主义核心价值观，要坚持以理想信念教育为核心。社会主义核心价值观与大学生理想信念教育常态化有很多契合之处，能够起到推动引领作用。社会主义核心价值观的培育能够使大学生增强分辨是非能力，抵御错误思想，进行价值判断，坚持正确的价值取向，树立科学的价值理想和价值追求，起到强基固本作用。大学生理想信念教育常态化要与社会主义核心价值观有机结合，实现相互促进，共同武装大学生头脑，永葆社会主义事业后继有人。

从大学生对社会主义核心价值观的认识情况来看，认为培育和弘扬社会主义核心价值观需要坚定的理想信念占 88.45%，认为社会主义核心价值观对理想信念具有引领作用的占 86.38%，认为社会主义核心价值观能够帮助大学生形成正确的世界观、人生观和价值观的占 82.68%，认为坚定的理想信念能够帮助大学生践行社会主义核心价值

---

① 《马克思恩格斯选集》第 1 卷，北京：人民出版社，2012 年，第 178 页。

认识内容	人数
坚定的理想信念能够帮助大学生践行社会主义核心价值观	4612
社会主义核心价值观能够帮助大学生形成正确的世界观、人生观和价值观	5031
社会主义核心价值观对理想信念具有引领作用	5256
培育和弘扬社会主义核心价值观需要坚定的理想信念	5382

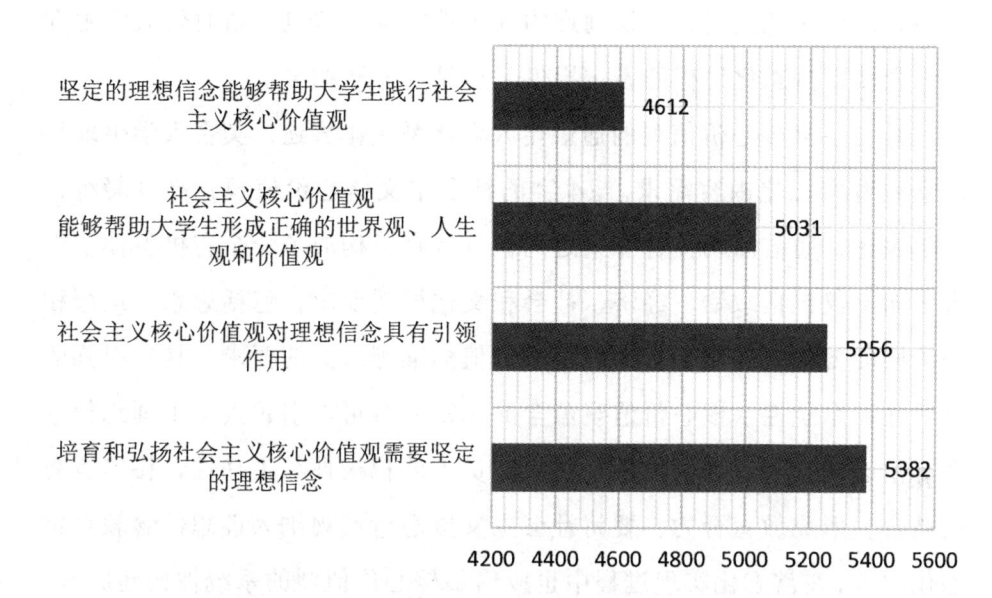

图 5.4　大学生对社会主义核心价值观的认识情况

观的占 75.79%（见图 5.4）。可见，大部分学生能够正确认识社会主义核心价值观与理想信念之间的关系，认为二者能够相互促进，共同巩固提升。

大学生要积极践行社会主义核心价值观，坚守中华民族共同的价值观念，勤奋学习，笃行实干，把个人理想融入社会主义现代化强国建设中，在创造更多社会价值的同时彰显人生风采。社会主义核心价值观也不是一朝一夕就能够建立起来的，不能只是走过场、开开会、讲讲话，需要把核心价值观的内容与大学生日常行为紧密相连，引导大学生从点滴做起，将价值观体现在日常小事中，自觉转化为价值追求和行为准则。社会主义核心价值观的层次性与大学生理想信念教育常态化的渐进性要求一致。社会主义核心价值观从国家、社会、个人层面分别作出约定，体现了丰富的内涵，三个层次之间是从个人到国家、从个体到群体的关系，表现出从低到高、从易到难的渐进性特征，这也为新时代大学生理想信念教育常态化目标的设定提供了遵循与方法指导。

社会主义核心价值观的通俗化大众化系统化表述，契合大学生理想信念教育常态化内容需求。24字的社会主义核心价值观，高度凝练，科学表述，通俗简明，各要素之间相互依存，构成了一个有机整体。内容方面不仅包括政治、经济、社会和文化层面要求，包括思想、道德和法治层面要求，还包括行为规范、价值标准等层面的要求，具有很强的针对性和系统性。核心价值观蕴含的丰富内容可以引领大学生理想信念教育常态化开展，通过发挥全体教职员工的积极性与主动性，将二者有机结合，形成教育合力。要将社会主义核心价值观纳入理想信念教育常态化内容，在常态化实现过程中也应借鉴核心价值观的系统性构建原则。

大学生理想信念教育常态化与社会主义核心价值观教育内容、方式等相融相通。高校要始终坚持把核心价值观融入教育教学全过程，引导大学生以国家利益为重，增强集体观念，积极承担社会责任，能够勤学、修德、明辨、笃实，正确处理个人与社会、国家的关系，推进理想信念教育常态化与核心价值观教育走深走实。高校要以核心价值观引领理想信念教育常态化，引导大学生正确面对经济全球化与社会主义市场经济发展带来的新情况和新问题，形成良好的价值观念、心理状态和人际关系，广泛参与社会实践活动，在与社会的不断接触中增强自我认知和对中国特色社会主义的深刻认识，找到个人与社会的结合点，促进社会主义核心价值观的形成，不断增强社会责任感，能够遵循共同的价值追求。

案例五：河北中医学院在讲授中药学课程"半夏"这一味中药时，引入中医药事业振兴发展的内容，介绍《中华人民共和国中医药法》，使大学生更加深刻理解中医药文化的博大精深与源远流长，增强传承发展中医药事业的责任感与使命感，进一步巩固和夯实爱国情感，坚定文化自信。在讲授外科护理学课程《关节脱位病人的护理》中，引入敬业精神与外科护士职业发展、职业素养、法律知识、生命教育，引导大学生树立奉献、仁爱、自律等职业价值观，构建大健康观，激发学生为健康中国建设做出积极贡献。在讲授药理学课程《吗啡的药理作用及其作用机制》章节时，讲到药理学麻醉类药物时引入感动中国人物吴玉兰的事迹，告诉同学们不论做人还是医学研究，都要讲究实事求是，对于实验数据和实验过程，更要诚信对待，培养大学生关爱患者的品质，对患者讲究诚信、实验中讲究诚信，要诚信用药、合理用药，珍爱生命，帮助学生树立正确的价值观念。在讲授药用植物遗传育种学课程《种子的保存》章节时，对于种子保存方法的讲解，引入当代新愚公黄大发的事迹，告诉同学们做好医学研究，要具备正确的专业认知和家国情怀，通过时代楷模的案例讲述，营造学好专业知识为国家做贡献的氛围，培养大学生的爱国主义精神。

四、笃志润德：与道德教育相结合

道德，不仅具有反映（认识）现实社会经济基础的社会功能，而且具有调解现实社会经济基础的社会功能。[1]作为落实"立德树人"根本任务的高校，在强调道德一般意义的基础上，要帮助大学生提高道德认识。大学生理想信念教育常态化与道德教育在价值层面上是统一的，要将道德教育与理想信念教育结合起来，构建常态化教育模式，在促进大学生道德水平提升的同时，树立更加坚定的理想信念。

开展道德教育，不仅仅是为了辨别是非对错、善恶美丑，更重要的是要将其与政治道德结合起来。大学生理想信念教育常态化要充分挖

---

[1]罗国杰：《伦理学》，北京：人民出版社，1989年，第73页。

掘道德教育资源，加强对社会主义道德和共产主义道德的宣传、解读和示范。社会主义道德是立足于社会主义初级阶段，对社会成员道德关系的客观要求，做到爱祖国、爱人民、爱劳动、爱科学、爱社会主义，这是中国人民在长期的社会主义实践中积累起来的，对道德生活经验的高度凝练和总结。共产主义道德立足于社会主义发展规律，在进入共产主义社会后，生产力高度发达，物质财富相当充足，人的精神境界极大提高，社会文明发展到更高阶段，阶级会随之消失，道德成为全人类的道德，社会成员具有共产主义理想。共产主义道德是建立在人的自由全面发展基础之上的，是更高层次的道德培育目标。大学生理想信念教育常态化的实现，要强化大学生主体意识，在培养社会主义和共产主义道德的基础上，自觉担当使命，树牢理想信念。

道德教育的过程包括知、情、意、信、行。知，就是道德认识，是道德教育的基础，作为起点，要使大学生充分了解道德的基本原则与行为规范。有了道德认识这一基础，通过陶冶道德情操，在内心深处形成稳固的道德意识，在实践中克服内在的与外来的困难，磨炼道德意志，当遇到思想道德冲突时能够做出正确的选择，在不断的实践中坚定自己的道德信仰，成为自觉行为，并养成道德习惯。道德的形成也要经历知、情、意、信等过程，与理想信念的生成具有相同之处。道德教育与大学生理想信念教育常态化具有统一性和同一性，各环节之间具有同时性，有时也会具有跳跃性。道德教育和理想信念教育常态化都具有重复性和渐进性，应将常态化作为基本要求，实现二者统筹兼顾，深度融合，协调推进。

大学生理想信念教育常态化是建立在科学理论基础之上的，掌握理想信念形成的内在规律，符合新时代社会发展的客观状况和大学生群体客观需求，教育引导大学生履行道德义务，强化社会主义道德教育和共产主义道德教育。从大学生对良好道德品质对坚定理想信念的作用认知来看，认为提升道德水平有助于坚定理想信念的占87.56%，认为社会主义和共产主义道德是坚定理想信念基础的占86.69%，认为道德教育与理想信念教育相互促进、相互协同、相辅相成的占82.91%，

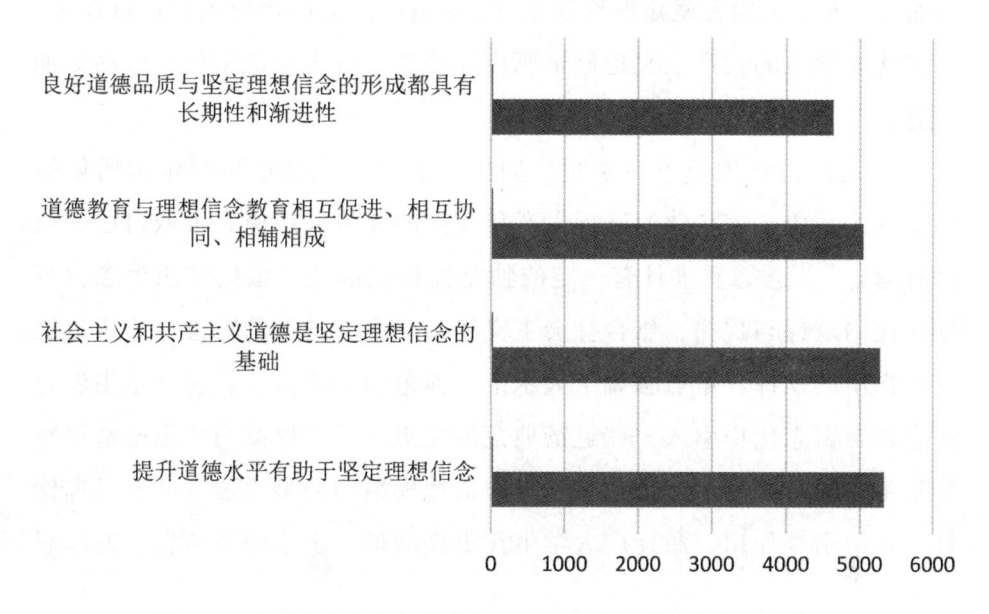

图5.5 大学生认为良好的道德品质对坚定理想信念有哪些作用

认为良好道德品质与坚定理想信念的形成都具有长期性和渐进性的占76.2%（见图5.5）。可见，从大学生的视角也认为道德教育与理想信念教育常态化具有相互促进作用。

社会主义在发展过程中并不是一帆风顺的，中国面临的国内外形势还很复杂严峻，要帮助大学生正确认识社会主义发展的曲折性，充分了解国情、社情，了解我国社会主义现代化建设的大好形势，正确认识中国在世界发展格局中的地位与作用，深入理解党和国家的方针政策，正确看待社会上暂时出现的一些腐败现象、不良风气等，正确把握社会

主义发展的客观规律，亲身感受祖国的发展变化，体会作为中国人的底气，增强民族自豪感。同时，还要经常性、一体化推进理想信念教育和道德教育，不能将二者割裂开来。大学生具备了坚定的道德信念，能够使马克思主义信仰更加坚定，崇尚真理，坚守立场，朝着正确的方向努力奋斗。大学生拥有坚定的理想信念，对道德品质的形成也有促进作用，能够使大学生的共产主义道德情感更加强烈、意志更加坚韧、行动更加自觉。

"人们自觉地或不自觉地，归根到底总是从他们阶级地位所依据的实际关系中——从他们进行生产和交换的经济关系中，吸取自己的道德观念。"[①]道德要求具有一定的独立性和超前性，根据理想信念教育常态化的过程与规律，结合社会主义和共产主义道德的特征，注重道德教育作用的发挥，重点强调个人示范和典范引导的方法，在大学生理想信念教育常态化中引入一些道德典范的先进事迹，以高尚的道德情操感染学生。同时要善于运用大学生身边道德模范的典型事迹，充分发挥榜样的示范引领作用，激发广大学生在更高的道德追求中坚定自己的理想信念。

马克思说："理论只要说服人，就能掌握群众；而理论只要彻底，就能说服人。"[②]理想信念的形成必须有科学的理论作为基础，要使大学生掌握马克思主义理论，必须依靠他们可以感知的现实来进行有意识的教育和引导。在大学生理想信念教育常态化内容体系构建方面要抓住现实世界，挖掘日常生活中的常态化教育元素，利用每一个有教育意义的场景，把握教育契机，增强教育的生动性和说服力。要用好历史这本教科书，从历史发展长河中集聚理想信念教育常态化资源，激发大学生的情感共鸣。要发挥课堂教学主渠道作用，开发各类课程中的理想信念

---

① 《马克思恩格斯全集》第20卷，北京：人民出版社，1971年，第102页。
② 《马克思恩格斯选集》第1卷，北京：人民出版社，2012年，第9—10页。

教育常态化元素，把理想信念教育与爱国主义教育、"四史"宣传教育、道德教育、社会主义核心价值观培育等有机结合，建立系统性、分层级、多角度、全方位的内容体系，实现常态化推进；要发挥社会实践导向功能，构建常态化育人共同体，既要有理论知识讲解，又要结合日常实践体验，使理想信念教育常态化达到常讲常新、永葆活力，为提升人才培养质量提供不竭动力。

案例六：河北中医学院在讲授市场营销课程《医药职业道德规范》章节时，引入大学生身边的国医大师李佃贵抗击新冠肺炎疫情的先进事迹，进一步强化学生对于医药职业道德规范的认知，使学生正确认识职业道德观念养成的重要性，在坚定自己从事医药行业的信心与决心、彰显自身价值的同时，立志为人民健康事业做出贡献。在讲授金匮要略课程《绪论》章节时，引入张仲景救死扶伤、救治贫苦人家的故事，激发学生学习医圣崇高精神的内在动力，立志学成大医，更好地为人民群众健康服务，为实现中国梦而不懈努力。在讲授护理学课程《基础护理学实训》章节时，在实践教学中引入张伯礼院士深入一线抗疫的先进事迹，引导学生树立生命至上、人民至上的理念，强化大学生对于社会责任感和家国情怀的认知。

第四节 优化贴近生活的常态化教育载体介质

理想信念是人的精神支柱。科学正确的理想信念也不是轻而易举就能被人们所接受，需要有认知与转化过程，必须依靠日常生活中的载体介质来增强理想信念教育常态化的说服力。理想信念与大学生的现实生活有着密切关系，大学生对马克思主义理论的理解和把握必须建立在坚实的感性基础之上，而贴近学生实际的日常生活世界就是这个坚实的感性基础。大学生理想信念教育常态化需要从现实生活出发，通过优化马克思主义理论传播的载体介质，提高理想信念教育常态化资源的配置效率，构建日常式的话语传播体系，使大学生领会传播内容的真谛，经过现实生活中事实的反复检验，让理想信念更加坚定。

一、同频共振：科学运用新型媒体介质

在信息技术迅速发展的今天，传播媒介日趋多元化、多样化。大学生理想信念教育常态化要着眼新形势，应用新技术，不断更新、优化和完善工作举措。在教育教学领域可以利用的新型媒体形态主要包括展示型新媒体、社群新媒体、公众号、APP、VR等，这些新型媒体对大学生的影响与日俱增，理想信念教育常态化的实现必须高度重视这些新型媒体传播介质，巩固马克思主义在网络阵地中的指导地位，拓宽原有的理论宣传载体，普及马克思主义中国化的最新理论成果，不断提升马克思主义在各种新型媒体介质中的传播力和影响力。

1.新媒体特征与常态化教育要求耦合

一是常态化教育依托新媒体传播的先进性。新媒体和传统媒体相比，具有无可替代的先进性，在数字化技术引领下，人们在网络上可以随时随地接收、发布信息，广泛利用移动通信设备来分享资讯、传播信息、进行娱乐休闲等，打破了空间、时间、圈层的各种限制，实现对所有人的信息传播。新媒体传播的这一特征，能够满足大学生理想信念教育常态化要求。运用大学生喜爱的新媒体载体，能够在引起大学生学习兴趣的前提下，经常性向他们传递理想信念教育内容，通过网络平台中接受相关思想、理念、文化等，强化大学生理想信念教育常态化的作用力。

二是常态化教育依托新媒体传播的便捷性。新型媒体介质的便捷性主要体现在它的即时即刻上，可以随时将信息传送到任意媒介端口。大学生群体中已经广泛普及的智能手机和笔记本电脑等都是重要的媒

介端口，大学生可以在任意地方和任意时间获取来自世界各地的最新资讯和各类知识信息，主要的获取渠道包括微博、微信、短视频等各种新媒体平台。在这种形势下，便捷的新型媒体介质为大学生理想信念教育常态化活动提供了良好的空间，各媒介之间可以让理想信念教育常态化信息实现"即时联动"。

三是常态化教育依托新媒体传播的碎片化。新媒体让信息搜索、信息传播更加方便、快捷，在媒介终端各种信息纷繁复杂，且处于开放、广泛的传播状态，社会上的个体都会按照自己的喜好来筛选信息。从整体上分析，碎片化传播方式可以最大限度满足不同社会群体的自身信息需求。新时代大学生已经习惯了在各媒介终端阅读文本，习惯在网络上获取信息，在不同网页之间随意切换，在超文本链接中查阅数据信息，这些都是信息结构中最为重要的碎片化结构展示。虽然这种碎片化的传播方式会有一定的负面影响，但是教育者要善于运用有利的方面。比如短小、精练的传播内容，会时时给予大学生新鲜感和吸引力，在很短的时间内会对其产生较强影响，在头脑中形成占据主导地位的观念，有利于常态化教育资源的开发与创作。

四是常态化教育依托新媒体传播的大众化。在新媒体时代下，信息共享成了常态，各式各样的社交媒体都在发挥着自身的传播作用，每个人都可以在媒体端口的支持下成为信息的发布者和传播者。在这种大众化趋势下，新媒体上的所有个体都是民主、平等的。在大学生活中，新媒体成了师生赖以沟通的有效桥梁，促进了和谐、平等师生关系的建设。在这种经常性的交流互动中，教师能够多方面了解大学生的思想动态，发现理想信念教育常态化方面存在的问题，对常态化教育策略进行动态调整，及时采取恰当的方式加强思想引导，从而提高了大学生理想信念教育常态化的针对性。

2. 依托新媒体实现大学生理想信念教育常态化策略

从大学生认为可以用于经常性开展理想信念教育的新媒体平台来看，选择微信公众号的最多，占84.93%；其次是短视频平台，占

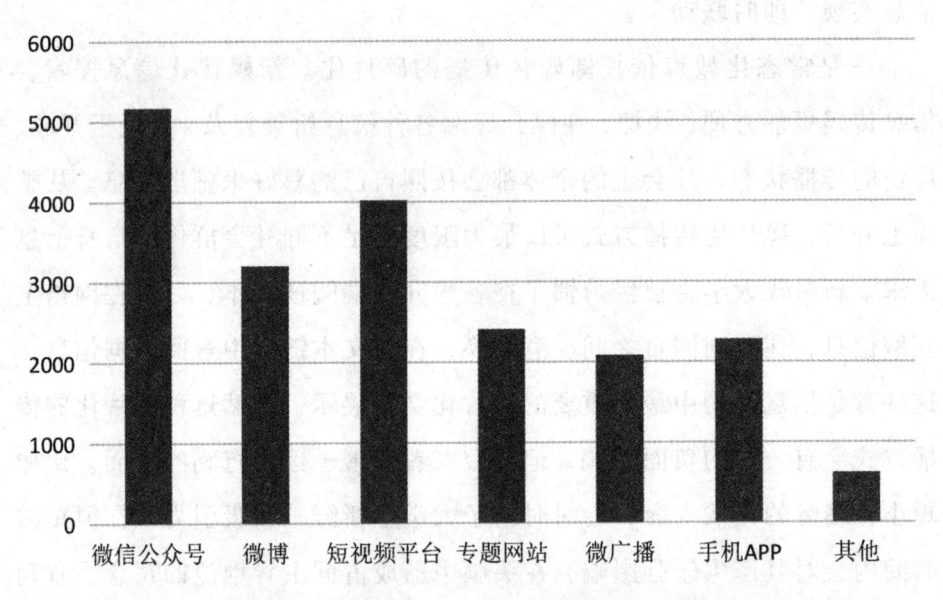

图5.6 大学生认为可以用于经常性开展理想信念教育的新媒体平台

66.08%；微博占52.65%，专题网站占39.65%，微广播占34.3%，手机APP占37.55%，其他占10.24%（见图5.6）。根据学生的喜好，在强化对新媒体平台分析研究的基础上，可以采取如下大学生理想信念教育常态化策略。

一是强化新媒体符号的运用。新媒体囊括并超越了书刊、报纸、广播、电视等传统媒体的表现符号，汇集了文字、图片、音频、视频、

---

①程栋：《智能时代新媒体概论》，北京：清华大学出版社，2019年，第255页。

动画和其他动态元素，给我们呈现了五彩缤纷且动静相宜的符号世界。[1]在大学生理想信念教育常态化中，可以采取"图文+""短视频+""音频+""动画+"等形式，融入大学生日常生活学习当中。图文新媒体符号能够增强大学生理想信念教育常态化的吸引力，图文并茂的信息能够在学生中进行裂变式传播，提高传播效率，使大学生浸润在理想信念教育常态化氛围中。当前短视频深受大学生喜爱，将一些经典原著或理论思想以短视频的形式进行独特阐释，遵循不戏说、不歪说、不臆说的原则，确保内容健康、形式新潮，能够强烈激发大学生关注的热情，让学生感受到学习理论知识不再枯燥。音频传播已经突破了地域和时间的局限，充分利用各种微电台，学生能够随时随地收听喜爱的内容，而且学生、教师都可以成为网络电台主播，高校可以有计划组织思想政治教育方面专家，通过声音传播理想信念教育常态化内容，让大学生吃饭、睡前、运动、休闲时都可以选择收听，使理想信念教育的声音时时传递到大学生耳中，达到入耳入脑入心，从而坚定马克思主义信仰。将新媒体动画应用于大学生理想信念教育常态化会给大学生带来耳目一新的感觉，印象是深刻的、全方位的。由于动画制作需要专业技术支撑，高校可以借助专业公司或校企联合开发，让大学生有更加直观和身临其境的感觉，对于理想信念教育常态化具有较强的促进作用。

二是强化新媒体平台的搭建。新媒体是一个发展的概念，新媒体不会停止或者终结在任何一个媒体形态上，任何一个平台、任何一个现存的媒体形态，它都会被将来的新媒体所超过。[1]大学生理想信念教育常态化通过利用不断发展的新媒体形态，来拓展大学生理想信念教育的理论学习和实践锻炼平台。展示型新媒体包括网站、微博、自媒体等，高校可以建立或完善思想政治教育相关网站，突出理想信念教育核心地

---

[1] 李丹丹：《手机新媒体概论》，北京：中国电影出版社，2010年，第20页。

位，建立资源共享型马克思主义理论网络学习平台，如慕课、云课堂等，师生可以分享优秀教育资源，交流心得体会。有专业背景的高校教师可以在微信群、朋友圈、QQ群、网络社区等与大学生平等交流，对时事热点等进行分析评论，对一些敏感度较高、不易辨别是非的问题进行正面引导，传递正能量，进行日常渗透，强化思想引领。高校可以通过微信公众号、小程序、开发手机APP等，以新颖的方式，经常性开展理想信念教育活动。特别是随着VR技术发展，以虚拟现实相结合的方式，深入开展线上红色教育基地参观体验活动等，真正让大学生理想信念教育常态化活起来，让大学生拥有更多的体验机会。

新媒体时代理想信念教育常态化内容和形式都要随着时代发展，根据现实需要而进行转变。由于信息传播得到了5G、大数据等技术的支撑，信息传播的速度更快、范围更广、对象更精准。大学生理想信念教育常态化归根结底是做人的工作，这里所强调的"人"是"现实的人"，需要从现实社会中考量教育对象的需求，从促进其成长发展的角度，利用多种媒介平台帮助他们解决实际困难，通过多渠道全方位的渗透，引导大学生形成符合社会发展需要的远大理想和坚定信念。这个塑造过程要对现实生活内容进行观照，适当调整话语表达形式，以学生易于接受的方式和内容，营造生活化的理想信念教育氛围，拓展常态化教育空间。

高校要深刻认识网络文化已深入大学生日常生活，充分认识新媒体特征，遵循新媒体发展规律，认真研究新媒体与大学生理想信念教育常态化之间的关系，打造新媒体时代大学生理想信念教育常态化的"网红"平台，巧妙借助互联网技术搭建师生沟通桥梁，进一步了解大学生思想动态、学习情况及感兴趣的内容等。运用社交媒体、微博微信、抖音快手短视频、网络直播等平台的宣传作用，聚焦青年思想，展示青年风采，服务青年成长，创作推送展示理想信念教育优秀作品，结合当前时事要闻，发布网络推文及短视频，号召广大青年积极点赞转发，营造理想信念教育常态化网络氛围。合理运用资源，着力构建校园网络新媒体阵营，发挥新媒体在传播速度和广度方面的优势，提高大学生理想信念教育的频率和效率，扩大学生参与度，调动学生积极性、主动性，推动理想信念教育常态化保持线上线下同频共振。

案例七：以抖音APP为例，大学生理想信念教育常态化要发挥短视频的传播优势，增强教育的灵活性和吸引力。抖音平台上的短视频通过"接地气"的方式，深受大学生群体喜爱，可以运用其发展规律，作为大学生理想信念教育常态化的有效载体，创新马克思主义中国化的传播路径。比如，人民日报官方抖音平台推出的微视频《理想》，点赞量达到36.9万，值得学习和借鉴。当然，在充分利用抖音平台的同时，不能忽视现在众多的短视频平台中，有的成了恶搞、娱乐、炫富的载体，甚至成为一些别有用心的人传播错误思潮的平台，需要教育者加强教育引导。

案例八：微信平台也是大学生理想信念教育常态化的重要载体。比如，河北中医学院在微信平台打造了专属青年卡通形象：冀小青、冀中医小青，在重要时间节点都会原创并推送专属微信表情包，还将卡通形象制作成为文创产品，深受学生喜爱。通过这种耳濡目染的方式，引导青年听党话，跟党走。福建中医药大学在微信平台打造的《漫说明溪》《漫画闽浙赣》等栏目，用原创漫画的形式，讲述明溪县革命先烈们的英雄事迹，重温闽浙赣革命人物历史，引导广大青年学生牢记初心使命，珍视和平生活，将自己的青春融入为人类谋幸福的大业当中。

案例九：河北中医学院开展了《以微电影为载体师生生命在场对思政课实效性影响的实践研究》项目，在思想政治理论课教学中充分利用思政课微电影制作这一载体平台。由学生策划、扮演、拍摄理想信念教育微电影，理想信念教育不再是被动灌输教育，而是生命主动参与生长的德性内化过程，丰富了理想信念教育常态化载体。以学生为主体制作微电影，实现了过程性评价和终结性评价的有机统一，激发了大学生参与理想信念教育常态化活动的积极性。

二、内外联动：创新实践育人载体

大学生理想信念教育常态化成效最终要体现在大学生身体力行的实践行为上。社会实践能够较好地解决大学生理想信念教育理论与实践相脱离的问题，搭建常态化实践育人载体，有助于深化大学生对于理论的认识与理解，增强理论应用水平，提高践行能力。

1. 社会实践是大学生理想信念教育常态化的重要载体

大学生理想信念的形成受到很多因素影响，需要经过知、情、意、信的过程。在这个过程中，离不开社会实践育人载体的作用发挥。理想信念教育常态化不能反复空洞抽象地谈理论，大学生不能只是熟悉理论知识，掌握教条，背诵语录，而要将理论与实践结合起来，能够把所学理论知识在实践中进行运用，通过亲身实践体验，转化为解决实际问题的立场、观点和方法，做到知行合一。实践与认识的矛盾运动是循环往复的，大学生理想信念的形成需要在社会实践中深化理论认知、增长知识、掌握真理，这个过程也不是一蹴而就的，不能通过一两次实践完成，需要搭建经常性的实践育人载体。

大学生理想信念教育常态化需要在实践中落地生根。科学的理想信念是在社会主义实践中总结凝练而来，它的巩固与深化同样离不开社会实践。理想信念的科学性与价值合理性，需要大学生走入社会，进一步深入了解、体察社会现状与大众的生活现状、劳动现状、权利现状等，通过实践去发现、寻找、体验和评价，这也就要求理想信念教育常态化要回归马克思主义的唯物史观,让社会实践发挥持久动力作用,使大学生增强学习的自觉性与自主性。在实践中,要引导大学生善于发现人民群众中蕴藏的信仰坚定、思想崇高的优秀品质,从人民群众践行理想信念的行动中,汲取养分,收获感悟,并且转化为自我教育、自我提高的自觉性。

2. 依托实践育人载体实现大学生理想信念教育常态化的策略

实践活动是大学生比较喜欢的育人载体。从大学生对帮助自己树立

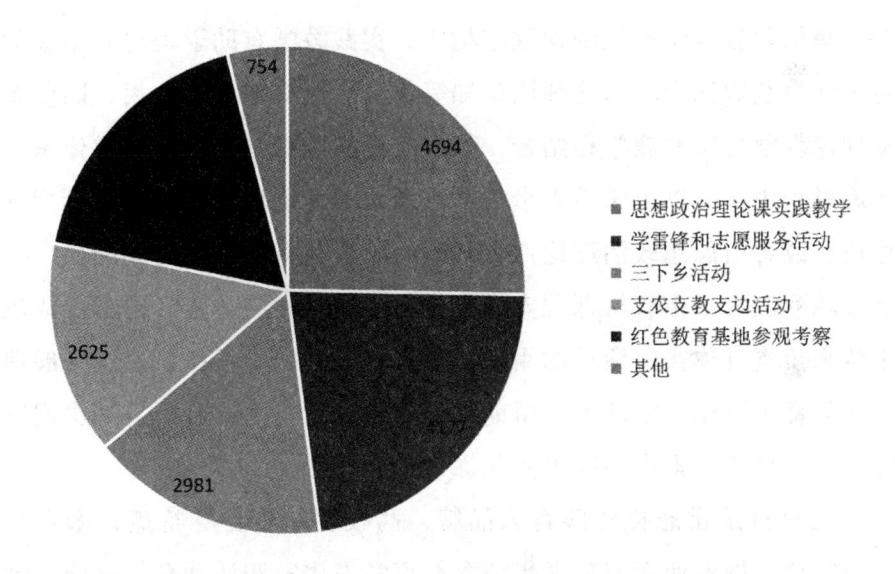

图5.7 大学生喜欢参加哪些社会实践活动来帮助自己树立理想信念

理想信念的实践载体认知情况来看,大学生最喜欢的是思想政治理论课实践教学占77.14%,然后依次是学雷锋和志愿服务活动占68.64%、红色教育基地参观考察占54.15%、三下乡活动占48.99%、支农支教支边活动占43.14%、其他占12.39%(见图5.7)。在大学生理想信

---

① 蒋义丹:《网络时代应加强大学生的理想信念教育》,《教育发展研究》2005年第5期,第107页。

念教育常态化实践育人载体搭建中，要注重育人体系、品牌和基地建设，通过多种渠道来增强育人实效。

一是构建常态化实践育人体系。"理想信念教育既是理论问题，又是一个实践问题。"[①]理想信念教育常态化不仅要有科学的理论来说服，更要用生动的实践来验证。在常态化教育实现过程中，要推动理想与实践相融合，让学生知其然且行其然，创办以理想信念教育常态化为核心、各种形式的"行走课堂"，出台社会实践、实习实训一体化相关制度，制定学生在校期间社会实践的总体规划，积学时、按学分、重实效。在理想信念教育常态化的课程结构中，实践教学有助于理论联系实际，对于学生获取知识、深化理论认知等都具有极其重要的作用，因此要推动理论教学与实践教学相结合，积极构建实践课堂一体化教学体系。在实施过程中，可以由团委来牵头，思想政治理论课教师辅助进行指导与评价；或者由思想政治理论课教师来组织，共青团组织协助配合；将社会实践列入大学生日常课程安排当中，规定学时与学分，由团委或教学单位来负责具体实践活动的组织，承担相应的教学任务。通过开展理想信念教育常态化实践活动，帮助大学生提高运用理论分析、解决问题的能力，在日积月累中不断巩固和深化理想信念。

二是打造常态化实践育人品牌。高校要结合自身特点，融合学科专业特色，把专业学习和理想信念教育常态化实践活动有机融合，创新活动形式，做到学以致用，既提高学生的专业能力，又提升思想政治水平，培育一批特色鲜明、优势突出的常态化实践育人品牌。一方面，可以经常性开展学习先进的实践活动，通过走出去、请进来的方式，邀请本专业领域理想信念坚定的代表人物，通过他们的典型事迹来影响和带动大学生，深入学习先进人物坚守信仰的崇高伟大与可歌可泣之处，营造积极向上和奋发有为的学习氛围，让大学生在榜样事迹的熏陶和感染中坚定理想信念。另一方面，要创新社会实践活动，经常性组织、常态化开展学雷锋、支农支教支边活动等,引导大学生在劳动体验和服务社会中养成爱党、爱国、爱人民的良好品格,磨炼不怕苦、不怕累、担当奉献的坚强意志,为树立坚定的理想信念奠定基础。

三是建立常态化实践育人基地。高校要高度重视实践育人工作,需要优化整合社会资源,通过挖掘和编制"资源图谱",为大学生搭建广阔的实践平台,拓展与学校学科专业相匹配的社会资源,建立校外实践育人基地,使学生在服务社会的过程中接受培养和锻炼,在应对复杂多变的环境中进一步坚定理想信念。大学生理想信念教育常态化实践基地的建立,需要充分调动社会力量,获得政府的支持,加强与企事业单位的项目合作,联合红色文化宣传教育基地等,打造实践育人共同体。在选取实践资源、搭建实践平台、建设实践育人基地过程中,要注重社会精神环境的优化,将家国情怀与服务社会发展理念融入全过程,通过体验教育、朋辈榜样引领等,让大学生在鲜活的实践教学中,做好理论思考、品德塑造和情感体验,进而坚定理想信念,达到入脑、入心、入行。通过实践育人基地建设,促进大学生理想信念教育常态化形成良性循环局面,达到教育引导与服务社会共享共赢的目的。

案例十:河北中医学院开展了思想政治理论课常态化实践教学活动。把思想政治理论课的课堂教学向社会实践延伸和拓展。在教学计划和课程安排当中,实践教学占据一定的课时比例,使课堂教学与课外实践有效对接,引导大学生观察社会、接触社会、了解社会,深刻把握所学理论知识的现实意义。实践教学选择的方式有调查研究、参观学习、课外讨论、志愿服务、主题竞赛等,通过多种方式经常性开展理想信念教育实践活动。同时,结合学校专业特色进行实践教学安排,如组织"走近社会、追逐梦想"主题实践,开展"红医情、红医行、红医精神我践行"实践活动,举办"探寻燕赵中医药文化之旅""最美青春风采自主展示"等活动。与华北军区烈士陵园、鹿泉星火革命史展览馆、鹿泉曲寨村等多家单位签订了合作共建思想政治教育实践教学基地。组织大学生参观各种革命纪念馆，带领学生深入农村，了解新农村建设情况，培养大学生传承红色基因、树立家国情怀。

案例十一：河北中医学院结合专业学习，开展了"中国梦·国医行"常态化志愿服务活动，每周组织中医专家和大学生志愿者深入社区，开展义诊及健康知识讲座、健康知识宣传及慰问社区困难家庭老人等活动，在弘扬"奉献、友爱、互助、进步"志愿服务精神的同时，引导大学生增强责任感、使命感，立志刻苦学习，不懈奋斗，为健康中国建设、发展贡献才智和力量。

案例十二：河北中医学院开展了"寸草心爱老敬老"常态化志愿服务活动，组织大学生志愿者每周到市内部分社区、日间照料中心及学校周边敬老院、养老院等公益机构，开展系列活动，主要包括：医疗保健志愿服务活动，如义诊咨询、健康普查、知识宣讲、用药指导、免费体检等志愿服务，还会根据居民实际需求，深入老年人家中组织有针对性的精准帮扶志愿服务活动；为日常照料中心老年人提供起居照顾、环境清洁、物品代购等志愿服务；大学生经常与老年人聊天、唠家常，解除老人心中的疑惑，使他们不再孤独寂寞，心理更加健康，生活更加愉快；开展防诈骗法律援助志愿服务活动，重点针对社会上贩卖假药、夸大疗效等现象，运用实例为老年人讲解防诈骗的注意事项，进行志愿宣传教育服务，提高老年人识骗、防骗能力；开展科普知识宣教志愿服务活动，在老年人中大力普及科学知识，特别是健康生活常识、日常自我保健知识和膳食调养方法等，弘扬中医药文化，宣传健康生活方式，提高老年人生活质量。通过常态化的志愿服务活动，让大学生经常性走入社会，加深对社会的了解，丰富自己的思想，提高服务社会意识，增

---

① 《习近平谈治国理政》，北京：外文出版社，2014年，第164页。

长才干、锤炼品格、坚定信仰。

三、以文化人：丰富文化活动载体

习近平总书记指出，要"努力用中华民族创造的一切精神财富来以文化人、以文育人"①。文化活动是大学生理想信念教育常态化中最生动、最活跃、最受欢迎的载体之一，是大学文化的重要体现，也是以文化人的重要组成部分。要使大学生全面掌握理论知识，必须依靠文化活动载体推进理想信念教育常态化，让抽象的理论转化为具体的现实，融入和渗透到大学生学习生活的方方面面，使其成为大学生自我发展过程中的动力源泉，增强理想信念教育常态化的稳定性和持久性。

1. 文化活动是大学生理想信念教育常态化的重要载体

大学生理想信念教育常态化必须扎根中国大地，以文化为切入点，通过传承、传播先进文化，以文化载体来教化人、教育人，以春风化雨、潜移默化的方式来引导人、塑造人。中华优秀传统文化蕴含着中华民族伟大的精神和传统的美德，是理想信念教育常态化的重要源泉。大学生理想信念教育常态化离不开文化的引导、教化和熏陶作用，必须把中华优秀传统文化摆在重要位置，将"文以载道、以文化人"的思想融入常态化教育当中，将中华民族特有的价值观念和基因血脉传承好、发扬好。文化本身就是理想信念教育的内容资源，高校要结合学校实际，找到文化与理想信念教育常态化的契合点，将其熔铸于一体，打造成为大学生理想信念教育常态化不可或缺的重要载体。

"大学的教育教学过程，实质上是一个有目的、有计划的文化过

---

①袁贵仁：《加强大学文化研究推进大学文化建设》，《中国大学教学》2002年第10期，第4页。

程。"①大学生理想信念教育常态化与文化育人之间是辩证统一的关系。一方面，大学生理想信念教育常态化需要依托文化活动这一载体，以隐性、柔性、体验等方式让大学生置于文化气氛的熏陶之中，改变传统理想信念教育填鸭式、灌输式的方法，使大学生更乐于接受，达到芝兰入室久自芳的效果。另一方面，在文化育人过程中，要注重融入理想信念教育常态化内容，使文化活动的主题和方向更加清晰，以物质文化吸引激励学生，以精神文化启迪陶冶学生，以制度文化对学生行为进行软约束，以环境文化浸润熏陶学生，以文化的力量铸魂育人。

2. 依托文化活动载体实现大学生理想信念教育常态化策略

文化活动载体能够发挥以文化人、以文育人的重要作用。从大学生喜欢参加的理想信念教育常态化文化活动来看，专题讲座占69.01%，红色观影或参观学习活动占68.89%，主题演讲、征文、艺术作品竞赛占60.39%，青马培训班占54.61%，其他占12.57%（见图5.8）。在开展大学生理想信念教育常态化文化活动过程中，还应该注意以下几个问题。

一是坚持马克思主义指导地位。大学校园文化建设必须坚持正确的政治方向，突出党的领导，确保大学文化活动的政治性、方向性和思想性，确保文化育人的正确导向。要围绕大学生理想信念教育常态化的要求，构建文化育人体系，融入教育教学全过程，将文化的种子根植入学生心灵，发挥文化引领作用，体现文化育人优势。

二是突出思想引领类文化活动。思想政治引领类文化活动是中国特色社会主义大学加强理想信念教育常态化的有效载体。信息技术的更新与发展日新月异，新型媒介传播形式在大学生群体中较为流行与普及。当前高校意识形态领域各种思潮涌动，有的校园文化活动呈现出综

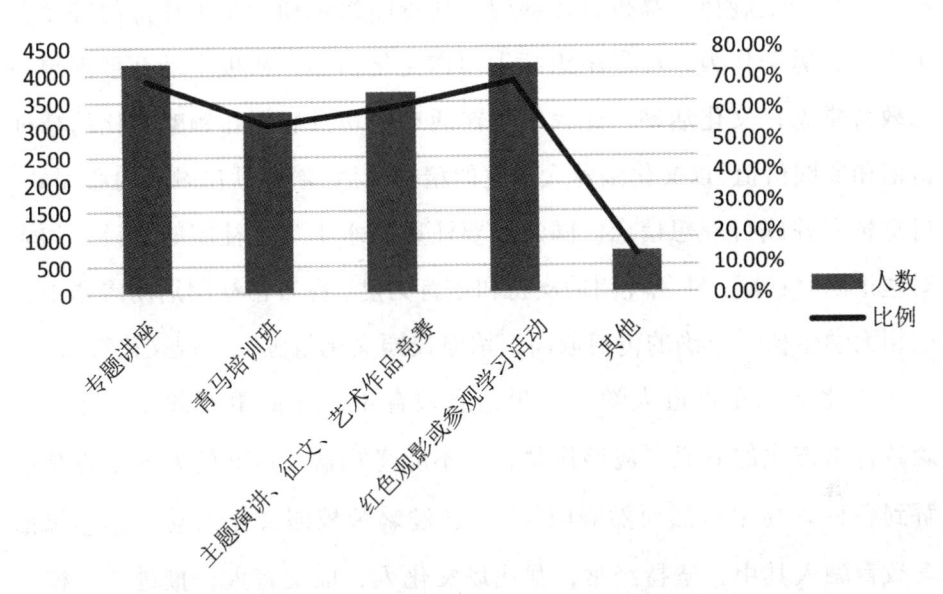

图 5.8　大学生喜欢经常参加哪些校园文化活动来帮助自己树立理想信念

艺化、娱乐化、庸俗化倾向，要避免校园文化活动的"泛娱乐化"，必须强化思想引领，加大监管力度，在提升文化活动质量上下功夫。要将红色基因、爱国主义元素融入文化活动中，比如开展青年马克思主义者培训班、红色文化寻根活动、爱国主义宣传教育活动等，通过扎实有效的思想政治引领活动，提升文化活动的深度、广度，确保校园文化活动的正确育人方向。

三是创新文化活动载体形式。习近平总书记指出："文艺是时代前进的号角，最能代表一个时代的风貌，最能引领一个时代的风气。"[1]文艺是塑造灵魂的工程，创新文化活动载体应该注重好的文艺作品创作，发挥高校人才优势，用优秀文艺作品来经常性启迪大学生思想、温润其

---

[1]《习近平新时代中国特色社会主义思想三十讲》，北京：学习出版社，2018年，第203页。

心灵，弘扬主旋律。高校宣传部门、共青团组织和学生工作部门等要善于担当、勇于作为，广泛组织师生创作文化精品，积极主动开展理想信念教育常态化文化活动，让大学生在活动中切身感悟和领略文化的精神价值和实践价值，以文化滋养大学生的精神生活，潜移默化融入内心深处，自觉树立并践行理想信念。同时还要注重高水平学生社团的建设，加大对理论研究社团、红色社团的支持和培育力度，在日常社团活动渗透中，引领大学生树立正确的价值取向，浓厚校园文化氛围，实现文化育人。

文化活动是推进大学生理想信念教育常态化的重要载体。理想信念教育常态化的效果"应该像盐，但不能光吃盐，最好的方式是将盐溶解到各种食物中自然而然吸收"[1]。通过繁荣校园文化活动，将理想信念教育融入其中，坚持经常，强化以文化人、以文育人，推进"一校一品""一校多品"文化建设，强化大学生锤炼品德修为、坚定文化自信，以文化活动为载体培育大学生的家国情怀，春风化雨，引导大学生向好向善发展。

案例十三：河北中医学院举办了"学党史·强信念·跟党走"团支部书记常态化上团课活动，团课内容主要突出政治教育，围绕党的百年征程、抗击新冠肺炎的"中国经验"、全面建成小康社会等主题展开，注重运用大学生身边的先进典型和生动实践，以独特创新的视角和大学生喜闻乐见的方式将"大理论"与学生关注的"小事件"相结合。通过回顾峥嵘岁月、述说感人故事、展示发展成就、解读理论热点、回应社会关切，以生动的故事和鲜活的表达形式，抒发大学生对党和国家走过辉煌历程和取得伟大成就的真情实感，表达爱党爱国爱社会主义的深厚情感。

案例十四：河北中医学院举办了国学与中医经典日常诵读活动。

---

[1] 习近平：《沿用好办法改进老办法探索新办法》，《人民日报》2016年12月11日第1版。

活动主要围绕四书五经等国学典籍、《黄帝内经》《伤寒论》《金匮要略》《温病条辨》中医四大经典等医学典籍，组织同学们开展系列诵读活动。内容包括：一是经常性举办国学与中医经典知识讲座，学校邀请专家、学者开展专题培训，各基层团学组织结合实际，组织相关主题班会、团日活动、社团活动等，培育和彰显学生的文化自信，厚实学生的文化底蕴，拓展文化视野，提升文化涵养。二是开展日常经典诵读活动，依托专业社团组建经典领诵班，每周进行经典集中诵读活动，根据诵读情况，不断充实和调整诵读经典内容。各团支部组织青年学生每天开展经典诵读活动，让传统文化养分持续渗透发力，滋养学生心灵，助力学生成长，努力营造良好的校园文化氛围。三是举办中医经典诵读大赛，每学年校团委举办国学与中医经典诵读大赛，进行成果验收及展示评奖。通过这样的活动，引领大学生在诵读国学与中医经典过程中，巩固专业思想、提升学术水平和锤炼品德修为，感受医学之博大，体会医家之精华，获得文化之熏陶，实现以文化人、以文育人、以文培元的目标。

第五节　建设协同创新的常态化教育师资队伍

习近平总书记提出："教师是传播知识、传播思想、传播真理的工作，是塑造灵魂、塑造生命、塑造人的工作。"[①]大学生理想信念教育常态化离不开一支高水平高素质的教师队伍。要强化教师队伍推进大学生理想信念教育常态化的主体意识，能够结合自身工作主动融合、自觉渗透，做到"四有"好老师，成为学生的"四个引路人"，在大学生理想信念

[①] 中共中央文献研究室：《习近平关于社会主义社会建设论述摘编》，北京：中央文献出版社，2017年，第57页。

教育常态化中实现"四个相统一"。

在大学生理想信念教育常态化中，学生对教师的认可非常关键。在调研中发现，大学生喜欢教师开展理想信念教育常态化工作的方式主要有：以身作则、率先垂范占 78.75%，经常深入学生当中了解学生理想信念状况、开展教育活动占 76.61%，建立日常与学生互动交流的网络平台占 65.6%，经常性推送理想信念坚定的先进典型事迹占 58.57%，其他占 10.91%（见图 5.9）。这些数据为教师做好理想信念教育常态化工作提供了思路借鉴。

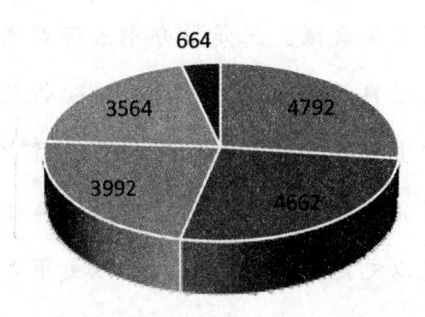

- 以身作则，率先垂范
- 经常深入学生当中了解学生理想信念状况，开展教育活动
- 建立日常与学生互动交流的网络平台
- 经常性推送理想信念坚定的先进典型事迹
- 其他

图 5.9　大学生喜欢教师通过哪些方式开展理想信念教育常态化工作

一、四有好老师：增强常态化育人引领力

2014 年，习近平总书记在考察北京师范大学时提出，做好老师要有理想信念、有道德情操、有扎实学识、有仁爱之心，其中有理想信念处于首要地位。大学生理想信念教育常态化需要每位教师

首先要坚定自己的理想信念,要让有信仰的人传播信仰,自己做到真信真用,才能让学生感受到信仰的魅力,达到言传身教的效果。作为教师,无论在哪个岗位,都要增强责任意识,时刻牢记"为党育人、为国育才"使命,在日常工作中主动开展大学生理想信念教育,履行好教书育人、传道授业解惑的职责。

1.领导干部要推动大学生理想信念教育常态化

大学领导者是大学生理想信念教育常态化的指导者和推动者,作为社会主义先进办学思想的传承者和探索者,大学领导者可以运用高等教育法赋予的法定权力,贯彻执行党和国家制定的政策和制度,统筹谋划并积极整合理想信念教育常态化的各个要素,可以说领导者在常态化教育过程中起着重要的引领作用。

一方面大学领导者要提高政治站位,成为大学生理想信念教育常态化的引领者。大学领导者要努力成为社会主义教育家和政治家。学校党委书记和校长作为学校的主要领导者,其他校领导作为共同领导者,一起肩负着学校建设发展重任。大学生理想信念教育常态化体现了高校育人的灵魂和根本要求。作为领导者,要率先思考、率先谋划、率先行动。在办学治校过程中明确大学生理想信念教育常态化要求,加强顶层设计,提出科学发展路径,制定推进大学生理想信念教育常态化的具体举措,将其融入学校事业发展来共同谋划和部署。要加强政策引导,建立激励机制,领导重视大学生理想信念教育常态化工作,教职员工才会有意识加强。要经常听取职能部门负责人对于理想信念教育常态化的工作汇报,深入师生当中了解教育成效,找到问题症结及时调整工作策略。要将"硬"约束和"软"环境有机结合,把常态化教育思想落实到教育教学全过程、各方面,通过培育良好的校风、学风,制定科学的规章、制度,营造向上的环境、氛围,将理想信念教育渗透到方方面面,对教职工和广大学生带来深刻影响，形成具有本校特色的常态化育人机制。

另一方面，大学领导者要提高自身魅力，成为大学生理想信念教育常态化的示范者。大学领导者本身就是学校形象的代言人，他们的言谈举止、道德品行和理想信念对广大师生都有较大影响。因此，作为领导者，要不断提升自身综合素质和个人魅力，时刻注意自身形象，言传身教、率先垂范，自觉做到政治信仰特别坚定、政治要求特别严格，倡导什么、反对什么要旗帜鲜明、要真心实意。这样的领导者就会为师生所喜爱、敬仰、崇拜和效仿，领导者行为本身也就成为大学生理想信念教育常态化的重要组成部分，这种影响也会辐射和渗透到教育教学、管理服务的方方面面，影响带动广大师生。

案例十五：河北中医学院校领导实施了"1+5+1"育人工程。学校印发了专门的实施方案，"1+5+1"中第一个"1"指的是每一位校领导；"5"指的是深入班级、教室、教研室、寝室和网络，与学生密切联系；最后一个"1"指的是对接一位专业教师。"1+5+1"工程，力求发挥校领导的示范引领作用，以直接联系师生为主要方式，在学校思想政治工作与学生现实需求的契合点上下功夫、深挖掘，能够及时了解和掌握大学生理想信念状况，在推进常态化政策制定、方案落实、调研督导等方面能够起到积极作用。

2.思政和党务工作者要推动大学生理想信念教育常态化

思想政治工作者和党务工作者是大学生理想信念教育常态化的组织管理者，需要将常态化教育理念运用到具体工作中，增强自身对常态化教育的认知与认同。

一方面，思政工作者和党务工作者要推动大学生理想信念教育常态化发展。要切实增强对大学生理想信念教育常态化重要性的认知，发挥党建引领作用，把握理想信念教育规律，将理想信念教育纳入思想政治工作和党务工作的整体规划之中，在每一项具体工作中落实常态化要求，明确常态化教育的实现路径和方式方法，自觉将其内涵融入管理服务的各个环节中，在政策出台、制度制定、管理服务等方面，彰显常态化教育理念。同时在日常工作中，要尊重教师和学生，按照"四有"好老师标准，避免特权化、行政化的思想，不断提升理想信念教育常态化水平和工作效率，发挥管理育人的重要作用，营造和谐、规范、有序的教育氛围。在工作中还要加强对大学生理想信念教育常态化的研究与探索，在继承先进经验的基础上，尽快补齐短板、改正不足，不断创新工作方法，增强工作实效。

另一方面，要选优配强思政工作者和党务工作队伍。作为工作在思想政治教育和党建工作第一线的教育者，自身的信仰状况和价值追求直接影响着大学生理想信念教育常态化的效果。因此，要将理想信念坚定作为队伍选配的首要标准，将具有高尚道德素养和人格魅力的教师纳入整个工作队伍。根据要求，按照不低于全校师生人数1%的比例，保证思政和党务工作人员数量。进一步完善辅导员聘用方式和人事管理制度，专职辅导员比例不低于1:200，确保足额到位。要分类分级做好干部的集中教育和日常培训工作，结合自身岗位职责，找准理想信念教育常态化的切入点，既能够契合学生需求，又能够准确阐释科学理论，提高履职尽责能力。实施"辅导员培训培养计划"，构建学习、工作、研究"一体化"工作机制。充分利用辅导员特色工作室，打造大学生理想信念教育常态化工作亮点，开展创新案例研究，培育理想信念教育常态化工作品牌，提升辅导员整体工作能力。制定符合学校实际的《专职辅导员行政职级聘任暂行办法》《辅导员专业技术职务评审实施办法》等，稳定专职辅导员工作队伍，满足大学生理想信念教育常态化师资队伍需求。

3.专职教师要推动大学生理想信念教育常态化

大学生理想信念教育常态化要充分用好课堂教学这个主渠道,建设一支具有凝聚力、影响力和创造力的专职教师队伍是前提和基础。

一方面,思政课教师是大学生理想信念教育常态化的重要力量。育人先育己,教育者要先接受教育。作为思政课教师,要不断夯实自身理论功底,加强马克思主义理论研究,围绕大学生理想信念教育常态化要求,以更加深邃和专业的水平,强化理论阐释与解读,提高理论的内化与外化效果。要增强教师自身的政治敏锐性和政治鉴别力,能够准确及时分辨西方一些个人或者组织通过网络、讲座、资助等形式对大学生进行的意识形态渗透,加强有针对性、经常性的教育引导,决不能让这些图谋不轨者得逞。同时,要高度重视思政课教师队伍课堂教学能力建设,加大培训力度,提升教师的授课水平。将习近平新时代中国特色社会主义理论贯穿于教学全过程,思政课教师要采取灵活的教学手段,不断探究理想信念教育常态化的教学方式,将理想信念教育内容具体化、生活化,体现在每次授课中,通过引入案例、导入故事、情景模拟、专题讨论、实践教学等方式,用具有亲和力的语言,让学生易于接受,入脑入心。要注重运用网络技术,特别是"慕课""微课"平台,可以共享更多优质的理想信念教育常态化资源,把每一堂思政课都上成金课,打造成为大学生理想信念教育常态化的主阵地。

另一方面,专业课教师要在课程思政中推进理想信念教育常态化。专业课教师作为课程思政的重要实施者,要在日常教学中融入理想信念教育内容,将马克思主义理论作为统领,深入开展专业教育,加强渗透融合,打破学科壁垒,形成协同效应。要加强专业课教师的政治理论培训,加大对课程思政的研究,分层分类开展马克思主义经典著作研讨学习，提高教师的理论修养。要加大理想信念教育常态化研究力度，由于专业课教师对于马克思主义理论的研究相对薄弱，可以依托思政课教师共同组建研究团队，明确大学生理想信念教育常态化与专业教育的融合点，挖掘每一次课程讲授中的理想信念教育元素，找准切入点，进行恰到好处的讲解与渗透，每个专业、每一堂课、每位教师都将理想信念教育作为重要任务来抓，实现常态化推进，协同化发展。

案例十六：河北中医学院高度重视思政课教师教育培养。马克思主义学院新任思政课专职教师全部参加了全省高校教师岗前培训。2018年参加省内外培训、学术交流16批48人次，到全国爱国主义教育示范基地参观，开展"寻访红色记忆，感受雄安新貌"活动，利用暑期组织全体思政课教师赴贵州进行实践研修等。2019年参加省内外培训18批40多人次，参加学术活动15批30多人次，先后形成学术交流论文20多篇。2020年组织马克思主义学院教师参加教育部"周末理论大讲堂""思政金课""骨干教师培训班""国防教育讲座"和《习近平总书记教育重要论述讲义》使用培训以及学校网络培训20余项300余人次。选派25人次教师参加全国中医药院校思想政治理论课建设交流会暨第六届教学协作会、第55届高等教育博览会暨思政论坛、全国"新时代思想政治教育前沿问题"高峰论坛、国家社会科学基金申报培训、全国高校思想政治教育高峰论坛等，开阔视野、广泛交流、提高认识、提升境界。组织教师到河北省保定市唐县白求恩柯棣华纪念馆和张家口市阳原县扶贫点进行实践研修，传承红色基因、体会祖国发展、了解精准扶贫、体察社情民情等，提高思政教师思想水平和理论水平，让思政教育与社会实际紧密结合。学校鼓励思想政治理论课教师学习和进修，攻读博士学位，并制定了轮转进修学习计划，保证每人每4年进修学习一次。

二、四个引路人：提高常态化育人引导力

2016年，习近平总书记在考察北京市八一学校时指出，广大教师要做学生锤炼品格、学习知识、创新思维、奉献祖国的引路人。"四个引路人"要求广大教师发挥好航标灯塔的指引作用，是做好大学生理想信念教育常态化应遵循的原则。"引路人"要引导学生明确人生目标，找到正确方向，增强奋斗动力，将来成为国家栋梁之才。

1. 德育常态化——做学生锤炼品格的引路人

塑造学生品格就要加强道德教育。习近平总书记强调："人无德不立，育人的根本在于立德。"[①]在道德教育中要将爱国主义作为一种意识形态和道德规范，引导学生热爱自己的国家，激发对祖国的深厚感情，培养学生具有爱国之情、报国之志，践行爱国行为，将来成为报效祖国的栋梁之才。要将中国梦作为引领大学生不断前进的根本动力，将中国梦教育作为始终贯穿于理想信念教育常态化的重要内容，引导大学生在第二个百年奋斗目标的新征程上，培养共产主义道德品质，增强战胜困难与挫折的勇气，用青春梦托起中国梦。大学生的道德品质对学生的成长成才具有重大影响，教师应具备高尚的道德情操，要利用自己的德行去引导学生、感化学生、影响学生、带动学生，做学生学习的榜样，做理想信念坚定的楷模，做到"其身正，不令而行"。

2. 智育常态化——做学生学习知识的引路人

作为教师，教书育人是本职。教师在提升学生专业知识储备量的同时，不能单纯传递知识，因为知识的讲授是有限的，要把科学有效的学习方法教授给学生，使学生能够触类旁通、融会贯通、灵活运用。引导学生不仅掌握良好的学习方法，还要注重培养学生自主学习、终身

---

① 《习近平在北京大学师生座谈会上的讲话》，《人民日报》2018年5月3日第2版。

学习的意识，善于主动利用各种资源不断提升自己。不论在哪门课程、哪个专业知识的讲授当中，教师都要融入理想信念教育常态化内容，引导大学生夯实马克思主义理论基础，具有科学的理论认知和分析问题、解决问题的能力。同时要教育大学生增强分辨是非曲直能力，在学生遇到困惑和感到迷茫时，教师要循循善诱，因势利导，最大化满足学生健康成长需求。做好学生知识的引路人，教师要提高自身学识水平，做到为学生提供一瓢水自己至少有一潭水或一片海。教师具有渊博的学识，能够让学生更加信服，有利于增强理想信念教育常态化的说服力和引导力。这样在为学生传授更多知识的同时，能够给予学生在树立理想信念方面更多的指导和帮助，为实现大学生理想信念教育常态化奠定基础。

3.创新教育常态化——做学生创新思维的引路人

在新时代背景下，网络信息技术的快速发展也带来了知识更新速度的迅猛加快。马克思恩格斯认为"时代"是对人类社会发展的某一特定阶段或时期的高度概括。[1]每个时代都有属于它自己的问题，通过准确地把握和解决这些问题才能把社会不断推向前进。创新思维就是新时代对人们提出的新要求，高校近年来也在大力开展创新创业教育。作为教师来说，要进一步增强创新意识，在教育教学领域勇于探索，尊重育人规律，开拓育人新模式，用创新精神引领教育教学改革，将创新思维渗透到育人全过程。要注重大学生创新精神培育，开展各种创新实践活动，增强学生的创新观和创新热情。在创新创业教育中也要引入创新育人理念，将创新创业教育与大学生理想信念教育常态化相结合，用中国创造、中国智慧启迪大学生的爱国热情、增强"四个自信"，这也是大学生理想信念教育常态化实现过程中对教师提出的新要求与新目标。

4.爱国主义教育常态化——做学生奉献祖国的引路人

中国步入新时代后，面临着许多机遇和挑战。作为教师要把爱国

---

[1]秦宣、郭跃军：《论马克思恩格斯的时代观》，《江西社会科学》2009年第1期，第53页。
[2]中共中央文献研究室：《习近平关于青少年和共青团工作论述摘编》，北京：中央文献出版社，2017年，第21页。

主义教育作为引导学生成长的重要任务,激励学生奉献社会、服务人民,为促进祖国发展矢志不渝、不懈奋斗。在实际工作中,教师要克服功利主义倾向,联系大学生思想实际,做马克思主义理论的传播者,引导大学生"把理想信念建立在对科学理论的理性认同上,建立在对历史规律的正确认识上,建立在对基本国情的准确把握上"[②],正确认识时代赋予大学生的责任和历史使命,使他们有足够的力量对抗全球多元文化、价值理念和网络信息化带来的挑战。同时,教师在教育教学过程中要克服功利主义倾向,注重修身律己、身先示范、身体力行、以身作则,将本职工作融入学校"大思政"格局当中,坚持经常性开展理想信念教育活动,引导大学生爱党爱国爱社会主义。

三、四个相统一：发挥常态化育人内驱力

2016年,习近平总书记在全国高校思想政治工作会议提出,要加强师德师风建设,坚持教书和育人、言传和身教、潜心问道和关注社会、学术自由和学术规范相统一。这"四个相统一"的要求,是新时代加强高校师德师风建设的根本遵循,也为教师推动大学生理想信念教育常态化发展增强了内驱力。

1.加强理想信念教育常态化理论研究,做学习型教师

面对世界风云变幻,大学生理想信念教育常态化并不是轻而易举就能实现的。每一位教师需要认清国家发展战略目标,加强理论研究,做学习型教师。一是加强理论学习,认真研读马克思主义经典著作,用党的创新理论武装头脑,增强自身理论水平,做到真学真信真讲真用,让科学理论入脑、入心。二是用科学理论指导自身工作,并融入理想信念教育工作中,注重自身言行、提升个人品质,影响和带动学生,在教育教学各环节有意识渗透理想信念教育常态化内容。三是将潜心问道与关注社会相统一,在注重理论学习的同时,教师要紧跟时代发展步伐,

关心国家大事，正确把握党和国家的战略决策与方针政策，时刻关注社会发展动态和世界未来趋势，为学生讲清楚坚定的理想信念对学生成才成长的作用，对中国革命、建设、改革成功的作用，以及对民族复兴的作用等，使大学生增强爱党爱国的信念，对社会主义事业充满信心，与国家同呼吸共命运，做到坚决听党话、跟党走。

2. 加强理想信念教育常态化实践探索，做应用型教师

教师不能只做理论家，还要做行动派。教师要在实践中将理论知识转化为现实认识与体验，只有通过实践才能构建完整的知识体系，增强教书育人本领。一是教师要在实践中了解社会、积累素材。通过深入实践，开展调查研究，能够增强大学生理想信念教育常态化的诠释力度和讲授深度，能够更好地将现实世界与马克思主义理论相对照。二是教师将实践中积累的经验传授给学生，引用现实中生动的、鲜活的、有吸引力的案例，帮助学生树立正确的理想信念，立志报效祖国，坚定为共产主义事业而奋斗的学习目标。三是教师在实践中要体现高尚师德，用仁爱之心关怀、爱护学生，让学生在教师身上感受到良好的师德师风，领悟到坚定的马克思主义信仰，从而转化为自身前进的动力。四是教师通过实践，把最新的知识和技术应用到教育教学工作中，特别是将新媒体技术应用于理想信念教育日常活动中，与学生拉近距离，经常性互动，让学生日有所学，日学而不察；日有所长，日用而不觉。

3. 加强理想信念教育常态化资源共享，做合作型教师

推进大学生理想信念教育常态化，不可能只依靠几位教师或几支团队就能完成，需要全体教师都树立常态化教育理念，自觉融入日常工作中，达到全员育人。一是深入挖掘理想信念教育常态化元素，要坚持以学生为中心，从学生的认知规律出发，结合教育教学工作特点和课程特点，找到理想信念教育的最佳切入点，有机融入，融入内容不宜过多，关键是要让学生真懂真信，切不可"楞拼凑""两张皮"。二是要充分

发挥思政课教师和思政工作者对大学生理想信念教育常态化的政治引领和指导作用，组建研究指导团队，总结育人经验，将理想信念教育常态化元素进行整合，相互学习借鉴引用，实现资源共享。三是各支教师队伍之间要相互配合，团结协作，以推进大学生理想信念教育常态化作为共同的育人目标，构建协同育人工作机制。

综上所述，习近平总书记提出的"四有""四个引路人""四个相统一"标准，是对新时代教师的最高要求，也是全体教师的行动指南。推动大学生理想信念教育常态化，教师作为主导力量，要学习好、领会好、贯彻好、落实好总书记的要求，遵循好教师的标准，不断提升大学生理想信念教育的专业化、科学化水平。

第六节 确定切实可行的常态化教育衡量指标

实现大学生理想信念教育常态化的前提必须搞清楚需要有哪些规范要求，建立健全哪些基础性制度、如何形成一个健全的运行体系等问题，归根结底，需要有一个衡量标准。衡量大学生理想信念教育常态化并非易事，但对于增强教育效果、促进工作开展十分重要和必要，所以必须"迎难而上"，尽量做到衡量评价工作的科学性与前瞻性相统一。大学生理想信念教育常态化内涵丰富，从不同层面来说衡量标准可能有所不同，涉及的范围也非常广泛。

一、科学合理：确立衡量指标选取原则

1. 主客观指标相结合的原则

理想信念的特征有主观性和客观性，在构建大学生理想信念教育常态化衡量指标体系时，需要将主观指标与客观指标相结合。由于理想信念

属于人的精神生活范畴，教育成果很难确定统一的标准，做到固定不变或准确量化也有一定的难度。对大学生理想信念教育常态化的衡量，不能仅仅依靠被教育者的个人内心体验和感受，而要从教育各个层面间接说明或反映常态化教育的实施成效。常态化教育的主观指标，主要是通过教育者和被教育者的个人主观体验或评价来反映，这个主观指标也会受到被教育者价值观念、社会阅历、文化修养等多方面的影响。主观指标由于具有很强的"主观性"，主要是通过主观评判打分来形成。为了客观全面地反映大学生理想信念教育常态化开展情况，需要把主观指标与客观指标结合起来，从正面和侧面、直接和间接来反映常态化教育成效。

2. 可操作性原则

衡量大学生理想信念教育常态化开展情况包含的内容非常广泛，因而选择的指标既要便于操作，也不能过多过细，要从中找到体现常态化教育的关键要素，能够综合反映总体状况。评判大学生理想信念教育常态化水平主要目的是为了调整教育策略，能够不断增强大学生理想信念教育实效、促进大学生长远发展、提升人才培养质量，实现"为党育人、为国育才"的目标。因此，指标的选取要具有可操作性和实用性，既简单明了、方便实用，又符合情理、得到认可，这样才能通过科学的指标衡量来不断提高理想信念教育针对性，提升常态化教育运行的规范化水平。

3. 相对性和动态性相结合的原则

大学生理想信念教育常态化的主体是现实生活中的大学生，在不同时代背景下和大学生成长的不同阶段，理想信念教育方式也不尽相同。大学生理想信念教育常态化的相对性决定了教育衡量指标的相对性。同时，理想信念教育常态化是一个动态过程，在常态化进程中要根据不同阶段和不同要求，选取的指标应具有一定的灵敏性和可调节度，能够科学反映存在的问题与不足。

二、多方参与：统筹衡量评价有效方式

对大学生理想信念教育常态化进行衡量评价是一项专业性很强的工作，需要引入第三方衡量评价机制，通过问卷调查、专题座谈、电话采访和大数据分析等形式，对比分析理想信念教育常态化实际成效。同时，要加强高校内部的自我评估，组建一支专业的评估队伍，既包括思想政治教育方面的专家、学者，也包括各层面的教师代表，还要选取了解学生思想动态和理想信念教育常态化工作的人员参与其中。队伍构

（表1）衡量指标体系基本框架

总目标	大学生理想信念教育常态化	
分目标	一级指标	二级指标
常态化教育的科学理念	1.各类人群对常态化教育理念的认知 2.顶层设计谋划	1.领导干部、教师、学生群体对常态化教育理念的知晓率和认同率 2.学校办学思想、整体规划和工作思路中的具体体现
常态化教育的运行机制	1.制度规范的价值认同 2.制度执行力	1.具有常态化教育工作体制和运行机制 2.具有常态化教育政策导向 3.具有常态化教育工作条件 4.加强常态化教育经费投入
常态化教育的内容资源	1.理论知识 2.特色内容	1.思政课程日常讲授内容 2.课程思政日常渗透内容 3.主题教育日常涉及内容 4.党团建设日常工作内容 5.素质拓展和社会实践内容 6.校园文化日常建设内容
常态化教育的载体介质	1.活动载体 2.网络载体 3.环境载体	1.常态化教育的载体介质种类 2.常态化教育的载体介质利用率 3.常态化教育的载体介质覆盖率
常态化教育的教师队伍	1.党政工团干部 2.专职教师 3.辅导员 4.管理服务人员	1.各类教师群体数量结构、素质能力 2.参与理想信念教育常态化的人数、参与形式和影响程度 3.各类教师群体常态化教育的作用发挥
常态化教育的成效评价	1.学生理想信念状况 2.学风成绩 3.正反面典型 4.社会反映	1.大学生政治理论素养 2.学风考风、学生科研和成绩状态 3.获奖表彰、批评处分 4.家长反馈、群众意见、媒体报道、第三方评价

成要注重专业性，不仅对思想政治教育专业知识了解，还要树立理想信念教育常态化理念，这样参与评价的结果也更具专业性，同时对于在衡量评价过程中出现的问题也能够及时地运用专业知识来加以分析研究，并提出解决对策。此外，大学生理想信念教育常态化直接作用于大学生群体，衡量其效果如何，离不开大学生的亲身感受，因此，衡量评价工作队伍中离不开广大学生的积极参与，他们也是一个重要的组成群体。

三、重点突出：搭建衡量指标基本框架

大学生理想信念教育常态化衡量指标的确定，对于检验理想信念教育常态化实施情况和教育成效等至关重要。衡量指标围绕大学生理想信念教育常态化的目标和任务，重点解决"评什么"问题。本着全面、客观、公正、准确的原则，构建衡量指标基本框架如下。

大学生理想信念常态化衡量指标体系包括科学理念、运行机制、内容资源、载体介质、教师队伍、成效评价六个衡量分目标，确立17个一级指标，并依次确定22个二级衡量指标。

四、评用结合：把握衡量评价主要环节

立足高校层面，着眼于大学生理想信念教育常态化体系构建，衡量评价过程可以从量化研究与质性研究两个方面进行，力求系统全面而且客观具体，同时要突出简单与明了，方便操作，能够落实落细。

1. 量化研究

所谓量化研究强调研究者对事物可观测的部分及其相互关系进行测量、计算和分析，以达到对事物本质的把握。[①]大学生理想信念教育

---

① 姚计海：《教育实证研究方法的范式问题与反思》，《华东师范大学学报（教育科学版）》2017年第3期，第65页。

常态化衡量评价过程中的量化研究可以着重从以下层面考虑。

一是对大学生理想信念教育常态化理念考量。理念决定思路。大学生理想信念教育常态化不能仅依靠某个部门或某些教师的力量，更不能简单依靠组织或行政手段，必须调动全体教师的积极性和主动性，每个人都能树立理想信念教育常态化理念，认真落实党和国家要求，结合日常本职工作，自觉参与到大学生理想信念教育常态化活动当中。因而全员树立常态化理念是首先应该考量的内容，要从认知度和认可度方面出发，可以通过走访、座谈、问卷、个别访谈等形式进行评价。

二是对大学生理想信念教育常态化载体介质考量。载体决定价值。大学生理想信念教育常态化不能仅仅依靠单一的载体介质，需要构建立体化、全方位、多渠道的育人平台。互联网平台搭建、思想政治理论课教学、课程思政、各种实践活动、文化活动等，都是推进大学生理想信念教育常态化的有效载体介质，可以通过实地察看平台建设、经费投入、载体使用率及师生满意度等情况进行考量。

三是对大学生理想信念教育常态化效果考量。方式决定成效。大学生理想信念教育常态化的最终结果要体现在教育成效上。在遵循理想信念教育规律的基础上，探讨并建立一个科学合理、操作可行的评价体系，是推进理想信念教育规范化、程序化以及检验理想信念教育常态化成效的重要途径和保障。要从大学生理想信念教育常态化指标入手，从不同层面，运用多种方法，确保评价要素的科学性。可以通过学生、家长、社会等不同人群对大学生理想信念教育常态化的满意度来考量。

2.质性研究

质性研究强调研究者通过与研究对象之间的互动对事物进行深入、

---

①姚计海：《教育实证研究方法的范式问题与反思》，《华东师范大学学报（教育科学版）》2017年第3期，第65页。
②《马克思恩格斯选集》第3卷，北京：人民出版社，2012年，第463页。

细致、长期的体验，对事物的现象进行整体性探究分析，得到比较全面的解释性理解或形成理论。①大学生理想信念教育常态化讲求的是教育质量，不是简单重复，是一种追求稳定发展的过程。

一是对大学生理想信念教育常态化运行机制考量。机制决定效能。运行机制是大学生理想信念教育常态化实现的关键环节。考量常态化运行机制，首先要看是否建立健全了大学生理想信念教育常态化的制度规范，制度运行是否平稳有效，是否得到广大师生的认同，是否能够在日常工作中严格执行，是否能够成为师生共同遵守的行为习惯，是否形成了一定的制度文化氛围等。

二是对大学生理想信念教育常态化内容资源考量。内容决定形式。恩格斯指出："我们不知道有任何一种力量能够强制处在健康清醒状态的每一个人接受某种思想。"②考量大学生理想信念教育常态化内容资源，主要看构建的内容是否具有较强的说服力和感召力，是否从大学生日常生活实践出发，能够得到学生的认同。一方面要诠释好中国特色社会主义理论体系的创新性，从大学生所处的现实社会存在、社会关系、社会环境中挖掘具有时代内涵的教育内容资源，增强阐释力、创新力和整合力；另一方面，大学生学习生活的现实世界，是理想信念产生的丰富源泉，要重点考量是否面向生活实践重新构建、汲取扩充了符合实际的理想信念教育常态化资源，并及时进行了优化、整合，让大学生在生活实践中能够真切感知、深刻领悟、自觉接受。内容的衡量与评价对于提升大学生理想信念教育常态化的科学性、规范性水平，巩固强化大学生理想信念教育常态化效果具有重要的导向作用。

三是对大学生理想信念教育常态化教师队伍考量。队伍决定发展。不存在教书而不育人的教育者，教书育人提法的真正用意在于强调教育者教书的同时，应该增强育人的自觉性。①考量大学生理想信念教育常态化教师队伍，重点看教师的常态化育人本领与能力。教育者的理想信念教育常态化能力是提高教育效果的前提条件，也是实现常态化教育目标的现实基础。通过教育主客体建立相互理解、情感融洽的师生关系，使理想信念教育常态化更具说服力和感召力。

3. 结果运用

做好大学生理想信念教育常态化衡量工作，是为了完善常态化绩效评估与激励机制，发挥好指标体系的"指挥棒"作用，不断改善大学生理想信念教育常态化工作，增强教育实效，因此要做好评估结果的运用工作。在保证衡量指标体系准确性和全面性的基础上，将结果作为衡量大学生理想信念教育常态化实效的重要依据，视情况进行经验分享或寻找差距与不足，不断进行整改提高。

当然，要看到大学生理想信念教育常态化衡量指标体系具有一定的局限性，同时评价结果也属于一种事后监督。在大学生理想信念教育常态化实现过程中，要从常态化角度加强制度建设，将理想信念教育常态化纳入大学生思想政治教育全过程，做好过程监督与结果评价的有机结合，为推进大学生理想信念教育常态化提供坚实保障。

---

① 鲁洁、王逢贤：《德育新论》，南京：江苏出版社，2000年，第461页。

结 语

高校肩负着培养社会主义事业合格建设者和可靠接班人的历史重任。教育引导大学生树立马克思主义信仰和社会主义、共产主义信念，对于落实立德树人根本任务，培养担当民族复兴大任的时代新人具有十分重要的现实意义。根据新时代大学生理想信念教育常态化现状以及存在问题，有针对性地探索推进大学生理想信念教育常态化的实践举措势在必行，这是破解当前部分大学生理想信念缺失、弱化、模糊不清甚至功利化的重要基础，是加强和改进大学生理想信念教育的重要切入点，是响应新时代党和国家关于思想政治工作决策部署的应有之义，也是当前高校思想政治工作的紧迫任务和使命担当。

本书以新时代大学生理想信念教育常态化为题展开研究，将文献研究、实证研究和案例研究有机结合，积极探索新时代大学生理想信念教育常态化的理论与实践问题。通过研究发现，推进大学生理想信念教育常态化在教育理念、教育制度、教育内容、教育载体、教师队伍、教育评价等方面还存在着很多问题。本书运用马克思主义立场观点和方法，在对大学生理想信念教育常态化存在问题及成因进行现实剖析和理论研究的基础上，明确提出：大学生理想信念教育常态化应以培养大学生成长成才为出发点，以培育大学生担当大任、成为全面发展的人为落脚点，以发挥理想信念教育的文化功能为着力点，以实现"三全育人"为关键点，从总体上进行架构，构建"科学理念引领、制度规范保障、内容资源重构、载体介质优化、教师队伍提升、衡量指标明确"的"六位一体"实现路径，为新时代大学生理想信念教育常态化提供了有效的理论支撑和实践借鉴。

通过上述研究，本书主要有以下三点结论：

（1）加强和改进大学生理想信念教育，是高校落实"立德树人"根本任务，培养新时代中国特色社会主义事业建设者和接班人的现实需要。

（2）推进大学生理想信念教育常态化，是增强教育的科学性指导性针对性，不断提升教育实效性的根本路径。

（3）实现大学生理想信念教育常态化，要加强顶层设计，科学架构，统筹推进，多措并举，持续深化"六位一体"的实现路径，引领新时代大学生群体筑牢理想信念之基，成为马克思主义的坚定信仰者和忠实践行者。

由于本人学术能力和研究时间所限，本书在研究中还存在诸多不足：一是在现状研究方面调研样本的分布还不够广泛，衡量指标的确定还需要在实践中不断调整优化。二是在研究的着力点方面，本文更多立足于高校层面探讨大学生理想信念教育常态化实现路径，而对社会和家庭层面的影响因素及实践对策的探索有待进一步丰富和强化。

作为一名从事大学生思想政治工作的教师，本人始终关注大学生思想政治教育的实效性，始终注重在实践中增强大学生理想信念教育的针对性，始终探索大学生理想信念教育常态化的可行性。我也希望能够在当前研究基础上，秉承对专业学习、学术研究及工作实践的热爱与执着、责任与信仰，不断完善本论文成果，有效提升自身开展大学生理想信念教育常态化研究的理论自觉和实践自信，更有效地助力大学生坚定理想信念。新时代背景下，教育和引导大学生筑牢信仰之基、补足精神之钙、把稳思想之舵，以中国梦激扬青春梦，培养成为社会主义事业建设者和接班人，这是作为高校思想政治教育工作者的责任，更是荣誉。推进大学生理想信念教育常态化任重而道远，对大学生理想信念教育常态化问题的研究与探索也将矢志不渝，砥砺前行！

参考文献

一、经典著作

[1] 马克思恩格斯选集（第1—4卷）[M].北京：人民出版社，2012.

[2] 马克思恩格斯文集（第1—10卷）[M].北京：人民出版社，2009.

[3] 列宁选集（第1—4卷）[M].北京：人民出版社，2012.

[4] 列宁专题文集 论社会主义 [M].北京：人民出版社，2009.

[5] 毛泽东选集（第1—4卷）[M].北京：人民出版社，2009.

[6] 毛泽东文集（第1—2卷）[M].北京：人民出版社，1993.

[7] 毛泽东文集（第3—5卷）[M].北京：人民出版社，1996.

[8] 毛泽东文集（第6—8卷）[M].北京：人民出版社，1999.

[9] 邓小平文选（第1—2卷）[M].北京：人民出版社，1994.

[10] 邓小平文集（上中下卷）[M].北京：人民出版社，2014.

[11] 江泽民文选（第1—3卷）[M].北京：人民出版社，2006.

[12] 胡锦涛文选（第1—3卷）[M].北京：人民出版社，2016.

[13] 习近平谈治国理政 [M].北京：外文出版社，2014.

[14] 习近平谈治国理政（第二卷）[M].北京：外文出版社，2017.

[15] 习近平谈治国理政（第三卷）[M].北京：外文出版社，2020.

[16] 习近平.知之深 爱之切 [M].石家庄：河北人民出版社，2015.

[17] 习近平.论中国共产党历史 [M].北京：中央文献出版社，2021.

[18] 中共中央文献研究室.习近平关于青少年和共青团工作论述摘编 [M].北京：中央文献出版社，2017.

[19] 中共中央党史和文献研究院.习近平关于"不忘初心、牢记使命"重要论述选编 [M].北京：党建读物出版社，中央文献出版社，2019.

二、中外著作

[20] 王彤,张世良.坚守初心,践行使命 炼就新时代好干部 [M].北京:中共中央党校出版社,2019.

[21] 韩庆祥.马克思的人学理论 [M].郑州:河南人民出版社,2011.

[22] 袁贵仁.马克思主义人学理论研究 [M].北京:北京师范大学出版社,2012.

[23] 张同善.马克思主义关于人的学说与教育 [M].北京:教育科学出版社,1992.

[24] 陈志尚.人学原理 [M].北京:北京出版社,2005.

[25] 祁志祥.人学原理 [M].北京:商务印书馆,2012.

[26] 肖前.马克思主义哲学原理 [M].北京:中国人民大学出版社,2006.

[27] 石亚玲.大学生理想信念教育研究 [M].北京:光明日报出版社,2020.

[28] 孙瑞婷.新时代大学生理想信念教育研究 [M].北京:中国社会科学出版社,2020.

[29] 傅君英.新时代大学生理想信念教育研究 [M].西安:西安电子科技大学出版社,2019.

[30] 王权海.理想信念教育 [M].北京:中国商务出版社,2018.

[31] 肖祥."中国梦"与大学生理想信念教育研究 [M].广州:暨南大学出版社,2017.

[32] 孙正聿.理想信念的理论支撑 [M].长春:吉林人民出版社,2014.

[33] 邱吉.信仰告白 [M].北京:中国青年出版社,2014.

[34] 刘建军.守望信仰 [M].北京:人民出版社,2013.

[35] 高占祥,王青青.信仰力 [M].北京:北京大学出版社,2012.

[36] 檀传宝.信仰教育与道德教育 [M].北京:教育科学出版社,1999.

[37] 黄明理.马克思主义魅力与信仰研究 [M].北京:人民出版社,2016.

[38] 韩瑞清.坚定理想信念 [M].石家庄:河北人民出版社,2015.

[39] 姜华.大学生理想信念教育研究 [M].重庆：西南师范大学出版社，2016.

[40] 魏茂峰，陈玙.学生理想信念的教育 [M].合肥：安徽人民出版社，2012.

[41] 陈勇，王欢.信仰导航"六个为什么"与大学生理想信念教育研究 [M].北京：中国青年出版社，2014.

[42] 宋清华.重建理想主义信念 [M].北京：中国社会科学出版社，2012.

[43] 彭绪琴.当代大学生理想信念教育研究 [M].北京：中共中央党校出版社，2008.

[44] 郑永廷.中国精神生活发展与规律研究 [M].广州：中山大学出版社，2012.

[45] 廖小琴.重构人的精神生活 [M].北京：中共编译出版社，2015.

[46] 赵希杰.理想信念之梦 [M].合肥：安徽大学出版社，2014.

[47] 金英，李翔.中国梦·青春梦 [M].北京：社会科学文献出版社，2018.

[48] 秦宣.为什么要坚持中国特色社会主义道路 [M].北京：中国人民大学出版社，2013.

[49] 王向明.为什么要信仰共产主义 [M].北京：中国人民大学出版社，2013.

[50] 邱吉，王易.轨迹——当代中国青年价值观变迁研究 [M].北京：人民出版社，2012.

[51] 骆郁廷.思想政治教育引论 [M].北京：中国人民大学出版社，2018.

[52] 宋广益.思想政治教育的生活化研究 [M].长春：东北师范大学出版社，2018.

[53] 王学俭.思想政治教育理论与实践问题的研究视角 [M].北京：中国人民大学出版社，2018.

[54] 韩振峰.新时代思想政治教育理论与实践问题研究 [M].北京：社会科学文献出版社，2019.

[55] 杨海军.思想政治教育情感载体研究 [M].北京：人民出版社，2019.

[56] 张翼翔.思想政治教育方法创新研究 [M].北京：人民出版社，2018.

[57] 杨娉.新媒体视角下大学生思想政治教育探新 [M].北京：中国纺织工业出版社，2018.

[58] 唐亚阳. 网络思想政治教育学 [M]. 北京：人民出版社，2016.

[59] 白显良. 隐性思想政治教育基本理论研究 [M]. 北京：人民出版社，2013.

[60] 于泉蛟. 思想政治教育接受结构研究 [M]. 北京：人民出版社，2015.

[61] 刘建军. 寻找思想政治教育的独特视角 [M]. 北京：中国人民大学出版社，2017.

[62] 骆郁廷. 思想政治教育原理与方法 [M]. 北京：北京师范大学出版社，2018.

[63] 罗玲. 新时代高校德育工作创新研究 [M]. 北京：中国农业出版社，2021.

[64] 鲁洁，王逢贤. 德育新论 [M]. 南京：江苏教育出版社，2002.

[65] 苏振芳. 当代国外思想政治教育比较 [M]. 北京：社会科学文献出版社，2008.

[66] 鲁洁. 道德教育的当代论域 [M]. 北京：人民出版社，2005.

[67] 叶舟. 红色文化与新时代高校理想信念教育研究 [M]. 南昌：江西人民出版社，2020.

[68] 顾博. 探索中国优秀传统文化与大学生思想政治教育的融合 [M]. 北京：九州出版社，2018.

[69] 韩桥生. 红色文化与理想信念教育 [M]. 南昌：江西人民出版社，2019.

[70] 赵勇. 传统文化和大学生思想政治教育 [M]. 天津：天津科学技术出版社，2018.

[71] 张微，付欣. 我国传统文化与思想政治教育的融合创新研究 [M]. 西安：西北工业大学出版社，2019.

[72] 朱晨静. 社会主义核心价值观日常生活化育研究 [M]. 北京：社会科学文献出版社，2018.

[73] 邹开煌. 求索综合实践活动常态化之路 [M]. 厦门：厦门大学出版社，2007.

[74] 罗文章，覃正爱. 道德的阳光：学雷锋常态化研究 [M]. 北京：人民出版社，2015.

[75] 孟宪平.社会主义核心价值体系建设常态化研究 [M].北京：人民出版社，2019.

[76] 季惠斌.大学生思想政治教育常态化发展研究 [M].沈阳：辽宁人民出版社，2018.

[77] 李新仓.雷锋精神与高校大学生思想政治教育常态化 [M].沈阳：辽宁大学出版社，2012.

[78] 涂尔干.道德教育 [M].陈光金，沈杰，朱谐汉译.上海：上海人民出版社，2006.

[79] 柯尔伯格.道德教育的哲学 [M].魏贤超，等译.杭州：浙江教育出版社，2000.

[80] 赫伯特·马尔库塞.单向度的人——发达工业社会意识形态研究 [M].张峰译.上海：上海译文出版社，1989.

[81] 宾克利.理想的冲突 西方社会中变化着的价值观念 [M].马元德译.北京：商务印书馆，1983.

[82] 马斯洛.人的潜能和价值 [M].林方，等，译.北京：华夏出版社，1987.

[83] 布里斯托.信念的魔力 [M].朱国安，秦裕，译.上海：上海人民出版社，1989.

[84] 拉瑞·P.纳希.道德领域中的教育 [M].刘春琼，解光夫译.哈尔滨：黑龙江人民出版社，2003.

[85] 鲁道夫·奥伊肯.人生的意义与价值 [M].万以，译.北京：北京理工大学出版社，2015.

[86] 苏霍姆林斯基.给教师的建议 [M].周蕖，王义高，刘启娴，等，译.武汉：长江文艺出版社，2018.

[87] 苏霍姆林斯基.年轻一代的道德理想教育 [M].陈炳文，译.长沙：湖南教育出版社，1984.

[88] 苏霍姆林斯基.培养学生的爱国主义精神 [M].尹曙初,刘尚勋译.长沙:湖南教育出版社,1984.

[89] 苏霍姆林斯基.怎样培养真正的人:给教育工作者的建议 [M].罗联辉译.长沙:湖南教育出版社,1987.

[90] 恩斯特·卡西尔.人论 [M].甘阳译.北京:西苑出版社,2003.

[91] 马克斯·韦伯.文明的历史脚步:韦伯文集 [M].黄宪起,张晓琳译.上海:上海三联书店,1997.

[92] 麦金德.民主的理想与现实 [M].武原,译.北京:商务印书馆,1965.

[93] 塞缪尔·斯迈尔斯.信仰的光芒 [M].北京:金城出版社,2011.

[94] 罗伯特·M.赫钦斯.美国高等教育 [M].汪利兵,译.杭州:浙江教育出版社,2001.

[95] 帕特丽夏·怀特.公民品德与公共教育 [M].朱红文译.北京:教育科学出版社,1998.

[96] 马斯洛.人类价值新论 [M].胡万福,等,译.石家庄:河北人民出版社,1988.

[97] 苏霍姆林斯基.教育的艺术 [M].肖勇,译.长沙:湖南教育出版社,1983.

[98] 苏霍姆林斯基.关于全面发展教育的问题 [M].王家驹,等,译.长沙:湖南教育出版社,1984.

[99] 安·谢·马卡连柯.论共产主义教育 [M].刘长松,杨慕之,译.北京:人民教育出版社,1981.

[100] 托先科.共产主义教育概论 [M].李元立,关怀,译.北京:工人出版社,1986.

[101] 基斯尔.哲学科学与信仰 [M].兰州:甘肃人民出版社,2013.

[102] 亚伯拉罕·马斯洛.动机与人格 [M].许金声,等,译.北京:中国人民大学出版社,2013.

[103] 休斯顿·史密斯.人的宗教 [M].刘安云,译.海口:海南出版社,2013.

[104] Sell, Alan P. F.Philosophical idealism and Christian belief[M].St. Martin's Press,1995.

[105] Guido Calabresi.Ideals, beliefs, attitudes, and the law: private law perspectives on a public law problem[M].Syracuse University Press,1985.

[106] Tyler, Charles Mellen.Bases of Religious Belief, Historic and Ideal; An Outline of Religious Study[M].GENERAL BOOKS,2010.

[107] Anthony Giddiness.Fourtheseson ideologue, in Artherand Mari Louise Kroger（edited）：Ideology and power iin the age of Lenininrunis[M]. St.Martin's Press,1991.

三、期刊论文

[108] 刘建军.论中国共产党人的信仰表述[J].马克思主义研究，2021(3).

[109] 袁祖社.公共价值的信念与美好生活的理想——马克思哲学变革的理论深蕴[J].中国社会科学，2019(12).

[110] 戚如强.习近平立德树人思想的理论渊源与精神实质[J].马克思主义研究，2018(7).

[111] 王树荫.习近平坚定共产党人理想信念的科学论述[J].马克思主义研究，2017(11).

[112] 王淑芹.论社会主义核心价值观建设的原则[J].哲学研究，2019(5).

[113] 孙伟平.价值观的力量——论习近平新时代中国特色社会主义思想的价值表达[J].哲学研究，2018(3).

[114] 刘社欣.论社会主义核心价值观的生成逻辑[J].哲学研究，2015(1).

[115] 刘谦.新时代加强社会主义思想道德建设的理论思考[J].教学与研究，2020(2).

[116] 杨德山.中共对理想信念信仰问题认识的历史考察：1978.12—1992.2 [J].教学与研究，2015(12).

[117] 冯秀军.新时空境遇中的当代大学生理想信念教育 [J].教学与研究，2011(4).

[118] 吴潜涛.正确理解理想信念的科学含义 [J].教学与研究，2011(4).

[119] 汪青松.恩格斯理想信念观与中国共产党人的中国梦 [J].当代世界与社会主义，2015(5).

[120] 黄明理.中国共产党集体主义价值信仰百年实践与理论演进研究 [J].马克思主义与现实，2021(6).

[121] 范宝舟.改革开放精神动力的唯物史观解读 [J].马克思主义与现实，2019(5).

[122] 徐瑞矫,史向军.新时代理想信念知行合一的内生动力研究 [J].毛泽东邓小平理论研究，2018(7).

[123] 陈世润,熊标.毛泽东理想信念观及其当代意义 [J].毛泽东邓小平理论研究，2013(3).

[124] 姜益.重视和加强理想信念教育——论理想信念是中华民族精神的"钙" [J].毛泽东邓小平理论研究，2014(12).

[125] 尹洁,郭霆.我国当代大学生理想信念的关注点及群体特征——实证分析的视角 [J].毛泽东邓小平理论研究，2014(6).

[126] 速继明.革命文化是维系民族长盛不衰、国家兴旺发达的强大精神动力 [J].毛泽东邓小平理论研究，2018(7).

[127] 魏荣,吴波.习近平关于坚定共产主义理想信念的重要论述研究 [J].中国特色社会主义研究，2016(5).

[128] 马莲,付文忠.青年价值观引导的日常生活向度探析——以马克思主义日常生活理论为视角 [J].中国特色社会主义研究，2017(3).

[129] 曾令辉. 当代大学生政治理想信念形成规律及对策 [J]. 高校理论战线, 2011(5).

[130] 黄蓉生. 论国际化背景下大学生理想信念教育 [J]. 高校理论战线, 2011(4).

[131] 陈华. 共同理想信念的培育与国家文化软实力的提升 [J]. 社会主义研究, 2012(3).

[132] 陈进华. 以"中国梦"引领大学生理想信念教育 [J]. 道德与文明, 2016(6).

[133] 陈瑛. 志于道, 据于德——理想信念与道德建设 [J]. 道德与文明, 2013(4).

[134] 廖小琴. 论青年理想信念教育常态化制度化的多维生成 [J]. 思想理论教育, 2021(12).

[135] 冯建军. 理想信念教育常态化制度化的实践内涵、理路与策略 [J]. 思想理论教育, 2021(12).

[136] 项久雨, 范海群. 青年理想信念教育常态化制度化的百年回顾与新时代推进理路 [J]. 思想理论教育, 2021(7).

[137] 李丹琪, 李辽宁. 青年理想信念教育常态化制度化的内涵要义与实现路径 [J]. 思想教育研究, 2020(10).

[138] 孔祥慧, 李新仓. 新时代青年大学生理想信念教育常态化机制研究 [J]. 思想教育研究, 2020(9).

[139] 尚洪波, 王刚. 新时代推动理想信念教育常态化、制度化的三重逻辑 [J]. 南京师大学报(社会科学版), 2020(4).

[140] 虞爱华. 推动理想信念教育常态化制度化 [J]. 红旗文稿, 2020(10).

[141] 白钰. 新媒体视阈下高校理想信念教育的创新路径 [J]. 教育理论与实践, 2021(24).

[142] 陈智, 叶红云. 哲学世界观在理想信念教育中的重要作用 [J]. 学校党建与思想教育, 2020(22).

[143] 曹峰,曹群.新时代大学生理想信念教育的理论逻辑及实践进路[J].思想教育研究,2020(2).

[144] 余一凡.习近平关于理想信念教育论述的基本思路和观点[J].思想理论教育导刊,2019(9).

[145] 冯刚,朱宏强.以习近平新时代中国特色社会主义思想引领青年理想信念教育[J].思想理论教育导刊,2018(11).

[146] 韩丽颖.论理想信念形成的三种形态[J].社会科学战线,2019(12).

[147] 刘萍.新时代加强大学生理想信念教育的有效策略研究[J].思想理论教育导刊,2019(7).

[148] 张瑞,赵君,张忠祥.习近平关于青年教育的重要论述研究综述[J].广西社会科学,2019(10).

[149] 冯刚,朱宏强.以习近平新时代中国特色社会主义思想引领青年理想信念教育[J].思想理论教育导刊,2018(11).

[150] 田永静,颜吾佴.世界多极化对大学生理想信念的影响及教育引导分析[J].湖南社会科学,2016(3).

[151] 何菲.团日活动对大学生理想信念教育的作用探析[J].山东社会科学,2015(S2).

[152] 徐礼堂.当代青年精神生活的引导路径分析[J].思想理论教育导刊,2018(8).

[153] 张兴海.高校要成为信仰播种机[J].求是,2014(9).

[154] 周强,黄发友.社会主义核心价值观背景下大学生理想信念培育路径研究[J].思想理论教育导刊,2016(11).

[155] 王德华.当代青年马克思主义者理想信念的内化路径[J].河北学刊,2013(4).

[156] 金宏伟.基于多元文化背景的大学生理想信念教育分层体系建构[J].湖北社会科学,2013(5).

[157] 张玉漫. 论当代大学生理想信念教育环境的优化 [J]. 湖北社会科学, 2013(1).

[158] 孙庆民. 马克思主义理想信念及其当代价值 [J]. 社会科学家, 2015(7).

[159] 胡琳, 朱明明. "中国梦"语境下大学生理想信念教育的切入和展开 [J]. 社会科学家, 2016(3).

[160] 李大健, 谭乐. 论以"共同理想教育"凝聚大学生 [J]. 湖南社会科学, 2016(2).

[161] 蒋蕾, 李艳. 新时代高校党员干部理想信念观建构的五重维度及其培育体系 [J]. 东北师大学报(哲学社会科学版), 2018(6).

[162] 王军福. 试论共产党员的信念、信仰和理想 [J]. 社会科学家, 2012(S1).

[163] 陈潭, 彭东琳. 列宁共产党员理想信念教育思想探微 [J]. 社会科学家, 2011(11).

[164] 朱丽霞, 喻学林. 论思想政治理论课对培育大学生理想信念的作用 [J]. 湖北社会科学, 2012(6).

[165] 李忠军. 当代中国铸魂育人问题论析 [J]. 社会科学战线, 2016(6).

[166] 刘建军. 试析思想政治教育过程中的重复施教 [J]. 思想理论教育导刊, 2014(8).

[167] 佟怡. 新形势下提升大学生理想信念教育有效性探析 [J]. 思想理论教育导刊, 2017(8).

[168] 刘建军. 思想政治教育话语转换的三重基础 [J]. 思想理论教育导刊, 2016(5).

[169] 吕遵, 史向军. 增强"95后"大学生理想信念教育实效性需要把握好的几个问题 [J]. 思想理论教育导刊, 2016(5).

[170] 周芳, 严敏. 中国共产党青年理想信念教育的发展历程与基本经验 [J]. 江汉论坛, 2021(9).

[171] 段妍. 中国共产党加强青年理想信念教育的百年历程与现实启示 [J]. 思想教育研究, 2021(8).

[172] 高良坚. 论高校党员干部理想信念教育的制度化建设 [J]. 学校党建与思想教育, 2015(13).

[173] 张再兴, 张瑜. 校园网络亚传播圈及其德育意义 [J]. 清华大学学报(哲学社会科学版), 2005(4).

[174] 张晓蕊, 黄世虎. 马克思主义人性观对高校思想政治教育的启示 [J]. 郑州大学学报(哲学社会科学版), 2013(6).

[175] 章康龙, 赵远远. 谈大学校园文化与理想信念教育的融合互动 [J]. 中国高等教育, 2012(12).

[176] 梁爱文. 中国梦与大学生理想信念教育的内在契合阐释 [J]. 中国教育学刊, 2015(S1).

[177] 崔成前. 面向大学生的三位一体"以文化人"育人环境探究 [J]. 思想理论教育导刊, 2018(4).

[178] 冯向东. 高等教育如何以文化人 [J]. 高等教育研究, 2018(5).

[179] 杨光. 高校思想政治教育以文化人的方法研究 [J]. 思想理论教育导刊, 2018(6).

[180] 吴云志, 刘根旺. 习近平青年理想信念重要论述研究综述 [J]. 思想理论教育导刊, 2019(9).

[181] 曹天航. 习近平理想信念理论的时代创新 [J]. 江苏社会科学, 2017(2).

[182] 查少刚, 杜孝军. 大学生理想信念教育的四重逻辑 [J]. 思想理论教育导刊, 2015(11).

[183] 郑敏. 增强大学生理想信念教育有效途径的思考 [J]. 思想理论教育导刊, 2014(5).

[184] 冯建军. 他者性:超越主体间性的师生关系 [J]. 高等教育研究, 2016(8).

[185] 程乔乔. 思想政治教育从主体性到主体间性的哲学思考 [J]. 教育教学论坛, 2014(28).

[186] 马万宾. 现代思想政治教育理论:从主体性到主体间性 [J]. 湖北社会科学, 2009(7).

[187] 肖丹.以战略思维全面推进当代青年理想信念教育[J].东北师大学报(哲学社会科学版),2016(5).

[188] 薛利锋.社会主义核心价值观引领大学生理想信念教育研究[J].东北师大学报(哲学社会科学版),2016(2).

[189] 龙献忠,唐征勋.列宁的青年德育思想"五论"及其当代昭示[J].湖南大学学报(社会科学版),2018(4).

[190] 赵司空.自由、日常生活与信仰——论东欧新马克思主义的现代性理论[J].山东社会科学,2018(8).

[191] 谢加书,董宏鹰.面向群众日常生活培育社会主义核心价值观研究[J].湖北社会科学,2014(9).

[192] 郑震.论日常生活[J].社会学研究,2013(1).

[193] 周海华,白璐,张锦刚.日常生活理论视阈下的经常性思想工作[J].求实,2012(S1).

[194] 谢加书.论马克思主义中国化研究的日常生活理论维度[J].湖北社会科学,2012(5).

四、学位论文

[195] 李月青.日常生活视阈下的理想信念教育[D].河北师范大学,2021.

[196] 邓晶艳.基于大数据的大学生日常思想政治教育创新研究[D].贵州师范大学,2021.

[197] 王光.大学生日常思想政治教育以人为本取向研究[D].东北师范大学,2021.

[198] 吕春宇.新时代学生思想政治教育方法整体建构研究[D].东北师范大学,2021.

[199] 吕遊.大学生中国特色社会主义理想信念教育创新研究[D].西安理工大学，2018.

[200] 季惠斌.大学生思想政治教育常态化发展研究[D].东北师范大学，2017.